高等职业教育"十三五"规划教材
CRH 动车组系列教材

动车组辅助供电配电系统与设备检修
——工学结合一体化课程解决方案

何洲红　侯梅英　著

西南交通大学出版社
·成　都·

内容简介

本书是为让学生习得动车组辅助供电、配电检修这一生产技能，而开发的一套课程方案。本书选取具有技术代表性，目前运营数量占优势的 CRH380A 型动车组和 CRH380BL 型动车组两种车型为课程载体，以对比的形式，针对辅助供、配电系统与设备检修，依次展开四个学习项目：系统认知，蓄电池、充电机与辅助变流器的检修，中、低压配线的检修，中、低压配电柜的检修。

本书既可供教师课堂教授时使用，也可供学生或一线工作者利用业余时间进行自学。

图书在版编目（CIP）数据

动车组辅助供电配电系统与设备检修：工学结合一体化课程解决方案 / 何洲红，侯梅英著. —成都：西南交通大学出版社，2019.6
ISBN 978-7-5643-6907-1

Ⅰ.①动… Ⅱ.①何… ②侯… Ⅲ.①动车–供电系统–设备检修–高等职业教育–教材②动车–配电系统–设备检修–高等职业教育–教材 Ⅳ.①U269

中国版本图书馆 CIP 数据核字（2019）第 103741 号

动车组辅助供电配电系统与设备检修
——工学结合一体化课程解决方案

何洲红　侯梅英 / 著　　　　责任编辑 / 李华宇
　　　　　　　　　　　　　　封面设计 / 严春艳

西南交通大学出版社出版发行
（四川省成都市金牛区二环路北一段 111 号西南交通大学创新大厦 21 楼　610031）
发行部电话：028-87600564　　028-87600533
网址：http://www.xnjdcbs.com
印刷：四川森林印务有限责任公司

成品尺寸　185 mm×260 mm
印张　12.75　　字数　317 千
版次　2019 年 6 月第 1 版　　印次　2019 年 6 月第 1 次
书号　ISBN 978-7-5643-6907-1
定价　35.00 元

课件咨询电话：028-87600533
图书如有印装质量问题　本社负责退换
版权所有　盗版必究　举报电话：028-87600562

前　言

2017 年 6 月 26 日 11 时 05 分，具有完全知识产权的两列中国标准动车组"复兴号"，在京沪高铁两端的北京南站和上海虹桥站双向发车成功，这标志着我国进入了标准动车组时代。2017 年 11 月 20 日，《铁路"十三五"发展规划》发布，到 2020 年，全国铁路营业里程达 15 万千米，其中高铁里程达 3 万千米。

《动车组辅助供电系统》一书于 2012 年 7 月出版，主要用于高等职业教育动车组检修技术专业和机车车辆专业动车组方向的专业课程教学，对动车组检修人才的培养起到了及时而有效的充实作用。但是，在这 6 年的教学实践过程中，我们也发现了诸多问题。

首先是高职特色不鲜明，以能力为本位、以应用为主旨的高职特征没有被体现出来。教学材料按照学科体系编排，侧重点放在如何介绍动车组的知识与原理，强调了知识的系统性和完整性，而应用性、实用性内容偏少。虽然该书对动车组一、二级检修技术等工作任务进行了介绍，教学目标与课堂设计也着重培养学生掌握和巩固理论知识，但未能与职业岗位所需求的核心能力培养有机结合，与培养高技能应用型人才的要求还存在很大差距。

其次是教材资料滞后，没有跟上动车组技术升级换代的速度。6 年前《动车组辅助供电系统》选择了 CRH_1、CRH_2、CRH_3、CRH_5 型动车组为课程载体，较为全面地介绍了当时的动车组辅助供电系统技术。然而高速动车组正式运营的短短 10 年间，我国高速动车组技术已由引进的 CRH_1、CRH_2、CRH_3、CRH_5 系列，历经消化吸收前期引进各方优秀技术的 CRH380 系列，进入了再创新的第 3 个阶段——中国标准动车组系列。该教材内容没能及时反映生产岗位一线的新知识、新技术、新工艺、新材料、新流程、新案例、新规范、新理念，没有跟上轨道交通行业企业岗位要求的客观变化，不能适应社会经济改革的不断深化和现代高新技术的飞速发展。

再次是教学技术手段落后，实训条件简陋。课堂教学以 PPT 展示为主，适用的视频、动画数量有限；课前预习、课后复习的指导和参考材料很少，2009 年建成的校级精品课程"动车组辅助供电系统检修"利用率相当低；动车组辅助电气实训室配置的辅助变流器、充电机与配电柜是按照 CRH_2 型动车组仿制的模型，无法进行通电操作，无法进行拆卸组装，仅仅局限于观察认知。

鉴于此，我们以教材为突破口，对新版教材做出了相应的改进，并对课程建设提出了一些构想，作为今后努力的方向。

一是新版教材《动车组辅助供电配电系统与设备检修》确立了以"动车组检修能力"为核心职业能力，围绕培养"动车组检修能力"这个焦点，依据《动车组机械师国家职业标准》，遴选动车组一、二级检修作业和应急故障处理为典型工作过程，抓住《CRH 系列动车组一、二级检修作业办法》和《CRH 系列动车组途中应急故障处理办法》等行业、企业规程规范的精髓，按照教学可执行性原则，设计了 4 个学习项目，而相关动车组结构、原理等理论知识成为背景式材料,由此提供了一种工学结合一体化课程解决方案。

项目一:系统认知。本项目抓住《CRH 系列动车组一级检修作业办法》的精髓,按照教学可执行性原则,设计了"辅助供、配电系统主要设备供电前的检查"和"辅助供、配电系统供电后的通电试验"2 个工作任务。

项目二:蓄电池、充电机与辅助变流器的检修。本项目抓住《CRH 系列动车组二级检修作业办法》和《蓄电池、充电机与辅助变流器使用维护说明书》的精髓,按照教学可执行性原则,设计了"蓄电池的检查、清洁及故障处理""充电机的检查、清洁及故障处理"和"辅助变流器的检查、清洁及故障处理"3 个工作任务。

项目三:中、低压配线的检修。本项目抓住《CRH380A 型动车组配线维护检修手册》《CRH380BL 型动车组配线使用维护说明书》和《CRH 系列动车组二级检修作业办法》的精髓,按照教学可执行性原则,设计了"CRH380A 型动车组中、低压配线的操作、保养及故障处理"和"CRH380BL 型动车组中、低压配线的操作、保养及故障处理"2 个工作任务。

项目四:中、低压配电柜的检修。本项目抓住《CRH 系列动车组二级检修作业办法》和《CRH 系列动车组途中应急故障处理办法》的精髓,按照教学可执行性原则,设计了"CRH380A 型中、低压配电柜的检查、清洁及故障处理"和"CRH380BL 型中、低压配电柜的检查、清洁及故障处理"2 个工作任务。

每个项目编排时,基本检修作业步骤以图文并茂的表格形式放在项目开头,表格后加注作业解析,对该作业的生产背景、安全注意事项、关键步骤、动作要领等做了点评;项目末尾配套设计了以强化安全、质量与时效意识为目的的实训考核标准;中间穿插了专业理论知识,要求学习者不仅要掌握系统运行、操作及检修技能,而且在一定程度上能够理解、分析系统的原理和工作过程,达到动车组机械师中级工的水平。

工学结合一体化课程以工作过程需要为逻辑纽带,链接和裁剪"必须、够用"的理论知识,而不是脱离实践地堆砌繁冗、超负荷的理论知识,使学习变得更加高效。

工学结合一体化课程引导学生在工作化的学习过程中,通过做然后知"困"的体验,领悟到知识学习的必要性和重要性,激发学习动力,变"要我学"为"我要学";同时学习的工作化,把工作任务训练作为重中之重,强化了学生"书上得来终为浅,绝知此事须躬行"的实践能力,促进学生对技能、知识到职业能力的全面构建。

二是充分运用现代信息技术,筹建在线开放课程学习平台。

动车组机械师国家职业标准中,提出了职业岗位对应的工作内容、技能要求、相关知识的工作要求,还提出了职业道德基本知识、职业操守、基础知识、设备工具的使用维护知识、相关法律法规和规章知识的基本要求。本书以工作过程为导向的工学结合一体化课程来实现这种综合职业能力的培养,强调要学习职业知识、职业技能和职业经验,强调学生在学习和工作过程中对职业知识和职业技术的深入理解和应用。

纸质教材因为篇幅、信息呈现方式单一等局限,无法满足上述要求。而基于计算机网络、大数据、云等信息技术的现代教育,具有教学信息海量化、教学演示多媒体化、教学交互方式多样化、教学资源共享化、教学形态多模式化、教学环境虚拟化、教学时空扩大化、教学效果反馈及时化等优势。信息技术正在深刻地影响着当代社会经济的方方面面,理所当然地也正在全面影响高等教育的变革和发展,信息化是教育现代化的必由之路。

动车组检修技术专业课程应该顺应时代潮流,主动借助智慧职教、智慧云、Abook 网站等成熟平台，进一步充实完善微课、动画、演示文稿、课程标准、教学设计、课程导学视频、实训文档、实践指导视频、习题库等配套数字资源，早日建成在线开放课程学习平台，紧跟动车组技术更新快的节奏，为培养动车组检修一线的生产、技术、管理、服务高技能应用型人才开垦出一片沃土。

由于作者水平有限，同时主观的课程解决方案也有待于教学实践的检验，书中难免存在不足之处，敬请同行们和广大读者批评指正。

最后，祝愿动车组检修技术这个年轻的专业，乘着我国高铁事业迅猛发展的东风，越走越稳健！越走越高远！

何洲红

2018 年 8 月 11 日于武汉

目 录

项目一　系统认知 ··· 1

　任务一　辅助供、配电系统主要设备供电前的检查 ·· 2

　　一、CRH380A 型动车组辅助供、配电系统主要设备供电前的检查作业 ················ 2
　　二、CRH380BL 型动车组辅助供、配电系统主要设备供电前的检查作业 ·············· 5
　　专业知识一　CRH380A 型动车组辅助供、配电系统概况 ······································ 10
　　专业知识二　CRH380BL 型动车组辅助供、配电系统概况 ···································· 12

　任务二　辅助供、配电系统供电后的通电试验 ·· 14

　　一、CRH380A 型动车组辅助供、配电系统供电后的通电试验作业 ······················ 14
　　二、CRH380BL 型动车组辅助供、配电系统供电后的通电试验作业 ···················· 18
　　专业知识一　CRH380A 型动车组辅助供、配电系统控制原理与工作过程 ············ 23
　　专业知识二　CRH380BL 型动车组辅助供、配电系统控制原理与工作过程 ·········· 26

　实训考核标准 ·· 29

　　一、辅助供、配电系统供电前检查作业考核标准 ·· 29
　　二、辅助供、配电系统通电试验作业考核标准 ·· 29

　思考题 ·· 31

项目二　蓄电池、充电机与辅助变流器的检修 ·· 32

　任务一　蓄电池的检查、清洁及故障处理 ·· 34

　　一、CRH380A 型动车组蓄电池的检查、清洁作业 ·· 34
　　二、CRH380BL 型动车组蓄电池的检查、清洁作业 ·· 37
　　专业知识一　CRH380A 型动车组蓄电池 ·· 44
　　专业知识二　CRH380BL 型动车组蓄电池 ·· 46

　任务二　充电机的检查、清洁及故障处理 ·· 48

　　一、CRH380A 型动车组充电机的检查、清洁作业 ·· 48
　　二、CRH380BL 型动车组充电机的检查、清洁作业 ·· 52
　　专业知识一　CRH380A 型动车组充电机 ·· 58
　　专业知识二　CRH380BL 型动车组充电机 ·· 60

任务三　辅助变流器的检查、清洁及故障处理 …… 64
　　一、CRH380A 型动车组辅助变流器的检查、清洁作业 …… 64
　　二、CRH380BL 型动车组辅助变流器的检查、清洁作业 …… 69
　　专业知识一　CRH380A 型动车组辅助变流器 …… 82
　　专业知识二　CRH380BL 型动车组辅助变流器 …… 87

实训考核标准 …… 93
　　一、蓄电池检查、清洁作业考核标准 …… 93
　　二、充电机检查、清洁作业考核标准 …… 94
　　三、辅助变流器检查、清洁作业考核标准 …… 94

思考题 …… 96

项目三　中、低压配线的检修 …… 97

任务一　CRH380A 型动车组中、低压配线的操作、保养及故障处理 …… 99
　　一、CRH380A 型动车组 KEIC 型电气连接器的操作、保养作业 …… 99
　　二、CRH380A 型动车组绝缘测量作业 …… 102
　　专业知识一　CRH380A 型动车组低压配线 …… 107
　　专业知识二　CRH380A 型动车组中压配线 …… 110

任务二　CRH380BL 型动车组中、低压配线的操作、保养及故障处理 …… 113
　　一、CRH380BL 型车辆间跨接电缆的检查作业 …… 113
　　二、CRH380BL 型动车组外接电源操作作业 …… 115
　　专业知识一　CRH380BL 型动车组低压配线 …… 118
　　专业知识二　CRH380BL 型动车组中压配线 …… 122
　　专业知识三　CRH380BL 型动车组接地装置 …… 127

实训考核标准 …… 128
　　一、电气连接装置检查、保养作业考核标准 …… 128
　　二、绝缘测量考核标准 …… 128
　　三、外接电源操作作业考核标准 …… 129

思考题 …… 131

项目四　中、低压配电柜的检修 …… 132

任务一　CRH380A 型动车组中、低压配电柜的检查、清洁及故障处理 …… 134
　　一、CRH380A 型动车组中、低压配电柜的检查、清洁作业 …… 134
　　二、CRH380A 型动车组故障处理基本操作作业 …… 139
　　专业知识一　CRH380A 型动车组中、低压配电柜 …… 146

专业知识二　电路图识读……………………………………………………154
任务二　CRH380BL 型动车组中、低压配电柜的检查、清洁及故障处理………157
　　一、CRH380BL 型动车组中、低压配电柜的检查、清洁作业…………………157
　　二、CRH380BL 型动车组故障处理基本操作作业………………………………161
　　三、CRH380BL 型动车组接地操作作业…………………………………………167
　　专业知识一　CRH380BL 型动车组中、低压配电柜……………………………172
　　专业知识二　电气故障诊断………………………………………………………188

实训考核标准………………………………………………………………………190
　　一、配电柜检查、清洁作业考核标准……………………………………………190
　　二、故障处理基本操作作业考核标准……………………………………………190
　　三、CRH380BL 型动车组接地操作作业考核标准………………………………191

思考题………………………………………………………………………………193

参考文献………………………………………………………………………………194

项目一　系统认知

【项目导入】

动车组一级检修，又称双日检，是在 48 h 以内进行的检查作业，其中 CRH380BL 型动车组一级检修的周期为：优先依据走行累计 4 000 km，其次依据运行累计时间 48 h。

在动车运用所检修线上，以编组状态，对主回路和辅助供电回路的电气设备、制动装置、服务电气、空调与换气装置、车体及客室等进行外观、安装状态和性能检查。若发现偶发故障，应利用动车组运用间隙及时处理，同时完成消耗部件的调整、补充或更换。

本项目对照《动车组一级检修作业办法》设计了辅助供、配电系统的日常检查作业和通电试验作业两个典型工作任务，用于开展技能训练。

在学习过程中，建议以上述两个检修作业为抓手，结合后续专业知识的研讨，解决对动车组辅助供、配电系统结构组成的系统化认识，以及动车组辅助供、配电系统工作原理、工作过程的系统化理解这个首要问题。

为了强化职业技能的掌握、专业知识的运用，建议采取"对比-迁移"策略，拓展电工本技能训练和电工基础理论复习。

【学习要求】

项目	职业能力		相关知识	
	工作任务	基本技能	专业知识	基础理论
系统认知	任务一：能遵循《动车组一级检修作业办法》，对辅助供、配电系统主要设备进行供电前的检查	应用常用检查法	理解 CRH380A 型动车组辅助供、配电系统概况；理解 CRH380BL 型动车组辅助供、配电系统概况	复习电路、三相交流电路、电功率知识
	任务二：能遵循《动车组一级检修作业办法》，对辅助供、配电系统进行供电后的通电试验	应用供电与断电的操作顺序	理解 CRH380A 型动车组辅助供、配电系统控制原理与工作过程；理解 CRH380BL 型动车组辅助供、配电系统控制原理与工作过程	复习计算机网络的构成与工作方式

任务一 辅助供、配电系统主要设备供电前的检查

一、CRH380A 型动车组辅助供、配电系统主要设备供电前的检查作业

作业安排：单人。
作业范围：1~3 车，第一牵引单元，也是第一供电单元。
劳保准备：穿工作服、劳保鞋，戴安全帽，佩戴标志。
工具准备：手电筒、对讲机、棉布。
作业路线：如图 1-1 所示，①~⑩为作业节点，实线线路表示车内作业，虚线线路表示地沟作业。

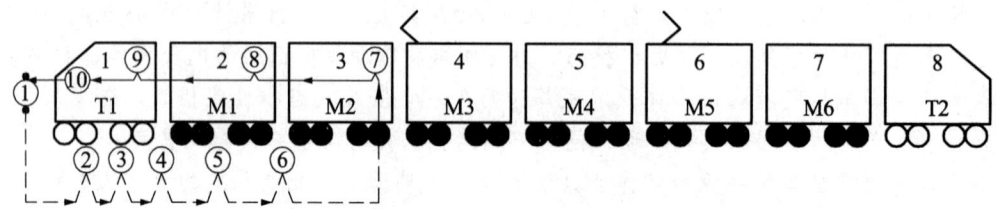

图 1-1 CRH380A 型动车组辅助供、配电系统供电前的检查作业路线

①位是作业起点，位于列车 1 号车厢端部的中层检修平台，确认安全防护后，进入地沟。②、③位分别指 1 号车厢下机器箱的辅助电源装置 APU 和辅助整流器 ATr。④位指 1 号车与 2 号车之间的车端电气连接。⑤位指 2 号车厢下机器箱的蓄电池箱。⑥位指 2 号车与 3 号车之间的车端电气连接，从 3 号车厢二位端门上车，进入车内作业。⑦位指 3 号车厢配电柜。⑧位指 2 号车厢配电柜。⑨位指 1 号车厢配电柜。⑩位指驾驶室操作台，驾驶室作业完成，下车回到①位，撤除防护号志，整套检查作业完毕。

作业步骤：如表 1-1 所示。

表 1-1 CRH380A 型动车组辅助供电系统供、配电前的检查作业

作业时间	30 min		
安全注意	1. 作业前确认接触网断电，接地杆可靠插设； 2. 止轮器设置正确； 3. 防护号志设置正确； 4. 进行地沟检查作业时，应戴安全帽； 5. 因入库不久的制动盘、闸片等处于高温，不允许直接触摸		
序号	检查目标	质量标准	图片备注
1	安全防护	接地杆可靠插设； 止轮器正确设置； 防护号志正确设置	

续表

序号	检查目标	质量标准	图片备注
2	辅助电源装置下底板	底板无变形、缺损； 安装螺栓外观状态良好、紧固、无缺失，防松标记清晰、无错位	
3	辅助整流器下底板	底板无变形、缺损； 安装螺栓外观状态良好、连接紧固、无缺失，防松标记清晰、无错位	
4	车端电气连接（1号车与2号车之间）	密接车钩下的电气连接器外观状态良好、连接紧固、无缺损； 两车端各线卡、管卡、护套等外观无异常； 车体各跨接线连接紧固、无缺失、无异常	
5	蓄电池箱下底板	底板无变形、缺损； 安装螺栓外观状态良好、紧固、无缺失，防松标记清晰、无错位	
6	车端电气连接（2号车与3号车之间）	密接车钩下的电气连接器外观状态良好、连接紧固、无缺损； 两车端各线卡、管卡、护套等外观无异常； 车体各跨接线连接紧固、无缺失、无异常	
7	车内配电柜（3号车）	箱体无变形、破损； 柜门锁闭良好； 柜内元器件、部件安装牢固，线路安装紧固，外观无异状，防松标记清晰、无错位； 各开关、闸刀处于正确位置	
8	车内配电柜（2号车）	箱体无变形、破损； 柜门锁闭良好； 柜内元器件、部件安装牢固，线路安装紧固，外观无异状，防松标记清晰、无错位； 各开关、闸刀处于正确位置	
9	车内配电柜（1号车）	箱体无变形、破损； 柜门锁闭良好； 柜内元器件、部件安装牢固，线路安装紧固，外观无异状，防松标记清晰、无错位； 各开关、闸刀处于正确位置	

续表

序号	检查目标	质量标准	图片备注
10	驾驶室操纵台	牵引手柄、换向手柄外观无损伤，安装无松动，活动无卡滞、脱挡； 制动手柄锁闭机构作用良好； 手柄外观无损伤，安装无松动，活动无卡滞、脱挡； 检查完毕后将制动手柄置于"快速"挡位； 断开"列车无线蓄电池"开关，此时驾驶台蓄电池电压表应为 87 V 以上； 按下切换按钮，无线电蓄电池电压应为 90 V 以上； 司机室各配电柜，柜内元器件、部件安装牢固，线路安装紧固，外观无异状，防松标记清晰、无错位； 各开关、闸刀处于正确位置； 中央控制装置安装紧固，外观无异状，引入和引出光纤及航空插头无松动、角度合理	
11	防护号志	撤除防护号志	

作业解析：

1. 生产背景

CRH380A 型单列动车组的一级检修作业，配备 1 个作业小组，由 4 名作业人员和 2 名辅助检查人员组成。①、②号作业人员负责车内设备、司机室设备、车载信息系统、车顶设备检查及相关性能试验。③、④号作业人员负责车体、裙板、底板、转向架、钩缓连接、制动、车端连接等下部检查。2 名辅助人员协助检查，具体负责动车组进库清道、接车检查，配合①、②号作业人员车顶作业时升降受电弓。该作业属于安全检查，责任大，但检查内容多，检修时间紧，通常要求在 2 h 内完成。过程大致如下：

（1）动车组入库时，2 名辅助人员分别在动车所入库的库门两侧接车，听取轮对及车下设备运转有无异音，检查车号和目的地显示器、侧门关闭及指示灯显示和风机运转等状态。

（2）动车组在库内停妥后，辅助人员向①号作业人员报告接车情况。①号作业人员与随车机械师交接运行重点故障，领取主控钥匙、司机室钥匙；②号作业人员进入司机室断电降弓，按下 EGCS 放电 1 min，放电结束后断开 EGCS 和接地保护开关，将制动手柄置于"拔取"位，牵引手柄置于"切"位，方向手柄置于"关"位，并挂"禁动"牌；出库方向的③、④号作业人员确认止轮器设置情况，并插设安全号志。

（3）①、②、③、④号作业人员会合，掌握轮对检测装置检测情况及调度、随车机械师、辅助人员报告的故障，确认接触网断电、接地杆设置，开始作业。

（4）①、②、③、④号作业人员分别按照规定的作业线路实施检查，防止漏检或重复作业，并协调一致，保证时效。

2. 作业要点

（1）动车组一级检修作业科学、高效，但过于复杂，不适合教学。本书依据一级检修作业的原则，兼顾动车组技术特点和现场作业的岗位要求，选择 1~3 号车第一供电单元，设计了专门针对辅助供、配电系统主要设备供电前的检查作业，既保证了系统知识点的相对完整，又降低了难度，还确定了 30 min 的作业时间，保证了 45 min 一个基本教学时段能完成该教学任务，实现了教学的可行性。

（2）"安全高于一切"是铁路运输行业的宗旨，也是铁路职工的第一职业操守，体现在本技能训练中：作业前，穿戴好劳保用品，确认接触网断电，接地杆可靠插设，止轮器设置正确，防护号志设置正确；作业中，进行地沟检查作业时应佩戴安全帽，制动盘、闸片等处于高温，不允许直接触摸；作业后，应撤除防护号志。

（3）树立"作业路线"的概念，养成遵循"作业路线"进行检查的习惯。

（4）强化常用检查方法的训练。

① 视觉、嗅觉检查。电路、电气设备出现故障时，通常其导线和元件表现为高温，热量积聚到一定程度，会产生浓烈的焦糊味，甚至出现火花，因此，通过眼睛看和鼻子闻便可发现较浅显的故障部位。动车组上大功率电路、电气设备的安装大多采用有防松标记的螺纹连接，因此，通过观察防松标记是否错位可以判断安装状态。机器部件外观的变形、变色、裂纹、磨耗和腐蚀等情况，通常也由视觉检查发现。

② 听觉检查。机器运转的声音可以直接反映设备运动状态的好坏，通过耳朵或听诊棒听声可以判断运动机械正常与否。

③ 触觉检查。对于小功率或小型的线路和器件，一般需要手动轻摇来判断线路和器件的安装状态。另外，用手背轻触电气件表面，根据温度高低可以初步判断故障，这也是一种常用的检查方法。

（5）通过本项目的训练，让学生熟悉 CRH380A 型动车组一个完整的动力单元中辅助供、配电主要设备的安装位置和外观特征，建立起感性认知；通过遵照作业路线进行检查作业，让学生熟练常用检查方法，建立起肢体记忆；通过限定作业时间的训练，让学生一开始就形成时效意识。

二、CRH380BL 型动车组辅助供、配电系统主要设备供电前的检查作业

作业安排：单人。
作业范围：1~4 车，第一牵引单元，也是第一供电单元。
劳保准备：穿工作服、劳保鞋，戴安全帽，佩戴标志。
工具准备：手电筒、对讲机、棉布、棘轮扳手、手套。
作业路线：如图 1-2 所示，①~⑰为作业节点，实线线路表示车内作业，虚线线路表示地沟作业。

①位是作业起点，位于列车 1 号车厢端部中层检修平台，确认安全防护后，进入地沟。②位指端车 01 车厢下机器箱车载电源分线箱。③位指 01 车与 02 车之间的车端跨接电缆。④、⑤位分别指变压器车 02 车厢下的单辅助变流器和车载电源分线箱。⑥位指 02 车与 03 车之间的车端跨接电缆。⑦位指变流器车 03 的车下机器箱车载电源分线箱。⑧位指 03 车与 04 车之

间的车端跨接电缆。⑨、⑩、⑪、⑫位分别指中间车 04 的车下机器箱的双辅助变流器、蓄电池、充电机和车载电源分线箱，从 04 车厢二位端门上车，进入车内作业。⑬位指 04 车厢各种配电柜。⑭位指 03 车厢各种配电柜。⑮位指 02 车厢各种配电柜。⑯位指 02 车厢各种配电柜位。⑰位指驾驶室操作台，驾驶室作业完成，下车回到①位，撤除防护号志，整套检查作业完毕。

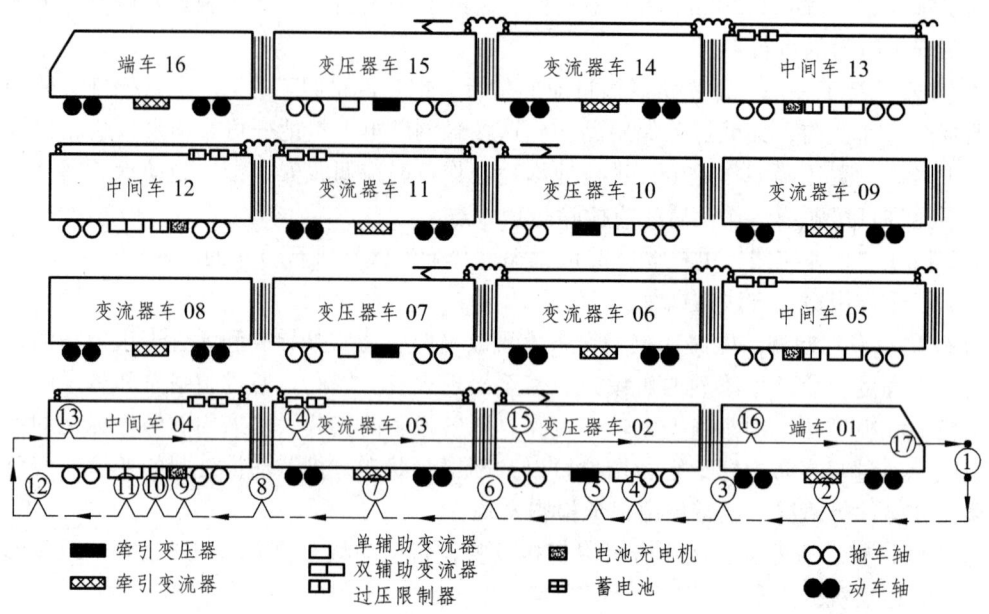

图 1-2 CRH380BL 型动车组辅助供、配电系统供电前的检查作业路线

作业步骤：如表 1-2 所示。

表 1-2 CRH380BL 型动车组辅助供、配电系统供电前的检查作业

作业时间	40 min		
安全注意	1. 作业前确认接触网断电，接地杆可靠插设； 2. 防护号志设置正确； 3. 进行地沟检查作业时，因入库不久的制动盘、闸片等处于高温，不允许直接触摸		
序号	检查目标	质量标准	图片备注
1	安全防护	接地杆可靠插设； 止轮器正确设置； 防护号志正确设置	
2	车载电源分线箱下盖板	盖板安装状态良好、无变形、无缺损； 螺栓紧固，防松标记无错位	
3	车端跨接电缆	跨接电缆外观完好，无损伤、无切口； 电缆连接端子螺栓紧固，防松标记无错位	

续表

序号	检查目标	质量标准	图片备注
4	单辅助变流器底板	底板无明显变形及裂纹； 各安装螺栓紧固，防松标记无错位	
5	车载电源分线箱下盖板	盖板安装状态良好、无变形、无缺损； 螺栓紧固，防松标记无错位	
6	车端跨接电缆	跨接电缆外观完好，无损伤、无切口； 电缆连接端子螺栓紧固，防松标记无错位	
7	车载电源分线箱下盖板	盖板安装状态良好、无变形、无缺损； 螺栓紧固，防松标记无错位	
8	车端跨接电缆	跨接电缆外观完好，无损伤、无切口； 电缆连接端子螺栓紧固，防松标记无错位	
9	双辅助变流器底板	底板无明显变形及裂纹； 各安装螺栓紧固，防松标记无错位	
10	蓄电池箱底板	底板无明显变形及裂纹； 各安装螺栓紧固，防松标记无错位	
11	充电机箱底板	底板无明显变形及裂纹； 各安装螺栓紧固，防松标记无错位	
12	车载电源分线箱下盖板	盖板安装状态良好、无变形、无缺损； 螺栓紧固，防松标记无错位	
13	车厢配电柜	柜门锁闭良好； 箱体无变形、破损； 柜内元器件、部件安装牢固，无异常； 线路安装紧固，外观无异状； 各开关处于正确位置	
14	车厢配电柜	柜门锁闭良好； 箱体无变形、破损； 柜内元器件、部件安装牢固，无异常； 线路安装紧固，外观无异状； 各开关处于正确位置	
15	车厢配电柜	柜门锁闭良好； 箱体无变形、破损； 柜内元器件、部件安装牢固，无异常； 线路安装紧固，外观无异状； 各开关处于正确位置	

续表

序号	检查目标	质量标准	图片备注
16	车厢配电柜	柜门锁闭良好； 箱体无变形、破损； 柜内元器件、部件安装牢固,无异常； 线路安装紧固,外观无异状； 各开关处于正确位置	
17	驾驶室操作台	各手柄外观无损伤,安装无松动,活动无卡滞、脱挡； 各手柄置于正常位置； 操作台其他元器件安装牢固,外观无异状； 司机室各配电柜,柜内元器件、部件安装牢固,线路安装紧固,外观无异状,防松标记清晰、无错位； 各开关、闸刀处于正确位置； 中央控制装置,安装紧固,外观无异状,引入和引出光纤及航空插头无松动、角度合理	
18	防护号志	撤除防护号志	

作业解析：

1. 生产背景

CRH380BL 型长编动车组一级检修，配备 2 个作业小组，由 8 名作业人员和 2 名辅助检查人员组成。每个作业组对 1 组动车组的 8 辆车进行检修，作业流程和检修线路分别按 8 编组动车组执行。主控钥匙、供断电申请、各控制系统试验由动车组出库方向作业小组的①号作业人员负责，08～09 车间车钩的检查由动车组出库方向作业小组的③、④号作业人员负责。辅助检查人员执行 8 编组动车组作业标准。

CRH380BL 型长编动车组一级检修属于安全检查，责任大，但检查内容多，检修时间紧，通常要求在 2 h 内完成。

动车组入库时，2 名辅助人员分别在动车所入库的库门两侧接车，听取轮对及车下设备运转有无异音，检查车号和目的地显示器、侧门关闭及指示灯显示和风机运转等状态，向①号作业人员报告。

动车组在库内停妥后，①号作业人员到调度室了解动车组运行重点故障，申请断电作业，领取主控钥匙、司机室钥匙；②号作业人员确认接触网断电、接地杆设置情况。辅助人员设置外接电源后，进入 01 号司机室确认动车组降弓断电，检查动车组停放制动施加到位。①、②号作业人员挂"禁动"牌；③、④号作业人员在 01 车前插设安全号志。

①、②、③、④号作业人员相互联系并确认后开始作业。

①、②、③、④号作业人员分别按照规定的作业线路实施检查，防止漏检或重复作业，

并协调一致，保证时效。

2. 作业要点

（1）以上是动车所检修的实际状况，作业流程科学、高效，但不适合教学。本书依据一级检修作业的原则，兼顾动车组技术特点和现场作业的岗位要求，选择 01~04 车第一供电单元，设计了专门针对辅助供电系统主要设备供电前的检查作业，既保证了系统知识点的相对完整，又降低了难度，还确定了 40 min 的作业时间，保证了 45 min 一个基本教学时段能完成该教学任务，实现了教学的可行性。

（2）"安全高于一切"是铁路运输行业的宗旨，也是铁路职工的第一职业操守，体现在本技能训练中：作业前，穿戴好劳保用品，确认接触网断电，接地杆可靠插设，防护号志设置正确；作业中，进行地沟检查作业时应戴安全帽，制动盘、闸片等处于高温，不允许直接触摸；作业后，应撤除防护号志。

（3）树立"作业路线"的概念，养成遵循"作业路线"进行检查的习惯。

（4）强化视觉、嗅觉、听觉、触觉等常用检查方法的训练。

（5）通过本项目的训练，让学生熟悉 CRH380BL 型动车组一个完整的动力单元中辅助供电主要设备的安装位置和外观特征，建立起感性认知；通过遵照作业路线进行检查作业，让学生熟练常用检查方法，建立起肢体记忆；通过限定作业时间的训练，让学生一开始就形成时效意识。

3. 其他

车下辅助供电系统主要设备力矩检查如表 1-3 所示。

表 1-3 CRH380BL 型动车组辅助供电系统主要设备力矩检查

序号	部位	规格	紧固力矩/(N·m)
1	单辅助变流器	M8	17.2
2	单辅助变流器	M10	28
3	单辅助变流器	M12	58
4	单辅助变流器	M20	275
5	双辅助变流器	M8	17.2
6	双辅助变流器	M10	28
7	双辅助变流器	M12	58
8	双辅助变流器	M20	275
9	蓄电池	M8	17.2
10	蓄电池	M10	28
11	蓄电池	M20	275
12	充电机	M10	28
13	充电机	M20	275

专业知识一 CRH380A 型动车组辅助供、配电系统概况

辅助供电系统的电能输入来自牵引供电系统，除 CRH2/CRH380A 型动车组采用主辅分离独立绕组供电外，其余车型都选择主辅一体共用绕组供电，输入来自牵引变流器中间环节。辅助系统在牵引系统所占的能耗如表 1-4 所示。

表 1-4　辅助供电系统能耗参数

	CRH2	CRH380A	CRH3	CRH380B	CR400AF	CR400BF
牵引变压器输入功率/kVA	3 060×2	3 855×3	5 848×2	5 848×2	6 300×2	6 433×2
辅助变流器输入功率/kVA	490×2	227×2+70×1	160×6	160×6	260×4	200×4
辅助能耗占比/%	16	4.5	8	8	8	6

注：CRH2 型动车组辅助变流器输入功率实际采用的是牵引变压器 3 次绕组的输入功率。

辅助供电系统在动车组中承担着为高压电气装置之外的所有电气装置提供电能的任务。通常，由多套蓄电池与充电机组，并联到 DC 110 V 列车母线，提供不间断低压直流电；同时由多套辅助变流器，并联到 3Ø AC 380 V、50 Hz 列车母线，提供中压交流电。

图 1-3 所示为 CRH380A 型动车组辅助供、配电系统电路。

图 1-3　CRH380A 型动车组辅助供、配电系统电路

CRH380A 型动车组辅助供电系统由 5 条交流母线和 6 条直流母线贯穿全列，将分散布局的若干交流供电单元和直流供电单元与 8 个车厢的相应负载连接在一起。

5 条交流母线自上而下依次是：

704 线、705 线，由 M1-2 号车的 MTr3 次侧和 M5-6 号车的 MTr3 次侧提供 400 V（+24%~−31%）1Ø 50 Hz 有瞬间停机的单相交流电；在 M4-5 号车，704、705 列车母线由 ACK2 接触器一分为二。该母线主要负载为各车厢的空调装置、换气装置和开水炉，在 T1-1 号车和 T2-8 号车向 APU 供电。

704 线、705 线上设置了 2 个外接电源插座，分别位于 M1-2 号车和 M5-6 号车。

771 线、781 线、791 线，由 T1-1 号车的 APU 和 T2-8 号车的 APU 提供 400 V（±10%）3Ø 50 Hz 有瞬间停机的三相交流电，功率为 2×123 kVA；在 M3-4 号车，771、781、791 列车母线由 BKK 接触器一分为二。该母线主要负载为 M1-2 号、M2-3 号、M5-6 号、M6-7 号动力车厢的三相电动机，即 MTOPM、CIBM、MMBM、MTrBM、空气压缩机，同时在 T1-1 号车和 T2-8 号车向 ARF 供电。

M3-4 号车和 M4-5 号车的 CIBM、MMBM、MTrBM 三相电动机，由 M4-5 号车的 APU3 供电，它们自成体系，正常情况下独立于 771、781、791 列车母线体系，当发生故障时，可由 771、781、791 列车母线体系实现扩展供电。

302 线，由 T1-1 号车的 ARF 和 T2-8 号车的 ARF 提供 220 V（±10%）1Ø 50 Hz 有瞬间停机的单相交流电，功率为 2×12 kVA；在 M4-5 号车，302 列车母线一分为二。该母线负载为 M4-5 号车餐饮用电器。

202 线，由 T1-1 号车的 ARF 和 T2-8 号车的 ARF 提供 100 V（±10%）1Ø 50 Hz 有瞬间停机的单相交流电，功率为 2×12 kVA；在 M3-4 号车与 M4-5 号车之间，202 列车母线一分为二。该母线主要负载为各车厢的空调控制、显示装置和上水装置等。

251 线，由 T1-1 号车的 APU 和 T2-8 号车的 APU 提供 100 V（+26%～41%）1Ø 50 Hz 有瞬间停机的单相交流电，功率为 2×22 kVA；在 M3-4 号车与 M4-5 号车之间，251 列车母线一分为二。该母线主要负载为各车厢的加热器。

6 条直流母线自上而下依次是：

102 线，当无外接电源或升弓合闸前，由 M1-2 号车、M4-5 号车、M6-7 号车的蓄电池组提供 100 V（+10%～30%）不间断直流电；在 M2-3 号车与 M3-4 号车之间，M4-5 号车与 M5-6 号车之间，102 列车母线分为三段。该母线主要负载为 T1-1 号车和 T2-8 号车的运转控制，以及 M2-4 号车和 M5-6 号车的辅助空气压缩机。

103 线，当列车正常运行时，由 T1-1 号车的 ARF 和 T2-8 号车的 ARF 提供 100 V（±10%）直流电，功率为 2×58 kVA。该母线主要负载为各车厢的辅助电路、信息控制装置、制动装置、关门装置、烟火报警等。

103B 线，正常情况下，由 103 线提供 100 V（±10%）直流电；每节车厢独立布线，没有贯通。该母线主要负载为广播装置、应急灯、污物处理等。

115 线，由 103 线提供 100 V（±10%）直流电；在 M2-3 号车与 M3-4 号车之间，M4-5 号车与 M5-6 号车之间，115 列车母线分为三段。该母线主要负载为各车厢的空调控制、自动门、日光灯、逆变电源等。

118A 线，正常情况下，由 T2-8 号车的专用蓄电池组提供 100 V（±10%）直流电。该母线负载为 T1-1 号车和 T2-8 号车的列车干线。

172M 线，在供电系统发生严重故障时，由 M2-3 号车和 M6-7 号车的紧急蓄电池组提供 100 V（±10%）直流电。该母线主要负载为各车厢的紧急通风、信息控制装置、制动装置、关门装置、烟火报警等重要设备。

与 CRH2A 型动车组相比，CRH380A 型动车组将中间的 4、5 号车改为动车，增加了一个牵引动力单元。随之辅助供电系统在 5 号车增设了 APU3，没有改变 CRH2A 型动车组辅助系统原设置，自成体系，专门为 4、5 号车的辅助电动机供电。

与 CRH2A 型动车组相比，CRH380A 型动车组还增加了 2 组紧急蓄电池，以应对严重故障的发生。

与 CRH2A 型动车组相比，CRH380A 型动车组取消了各客室的 AC 220 V 插座，减少了 302 线路的故障概率。

专业知识二　CRH380BL 型动车组辅助供、配电系统概况

图 1-4 所示为 CRH380BL 型动车组 01~08 车辅助供、配电系统电路。

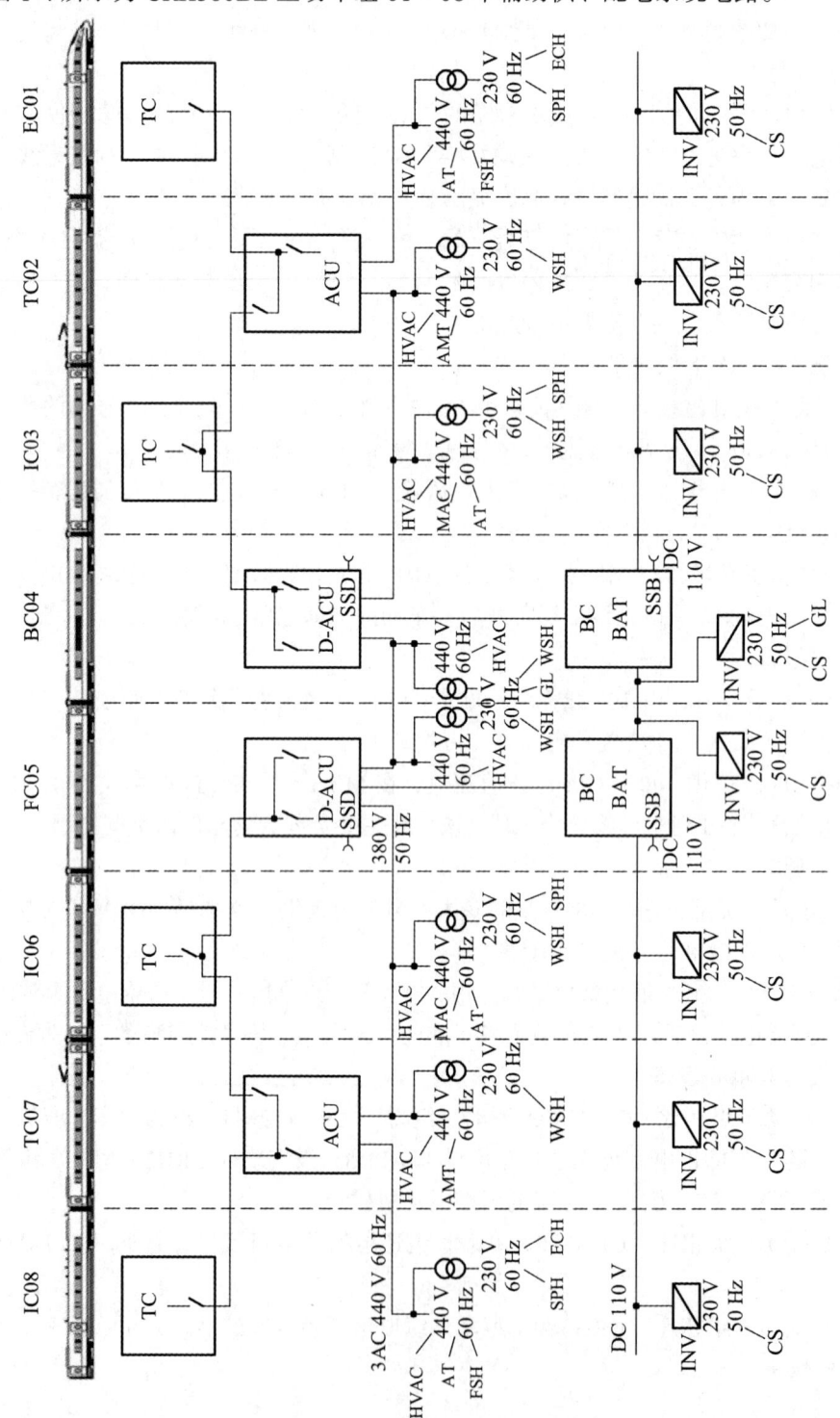

图 1-4　CRH380BL 型动车组 01~08 车辅助供、配电系统电路

CRH380BL 型动车组 01~08 车与 16~09 车辅助供电系统设置完全对称，并完全独立，因此，01~08 半列车的情况与 16~09 半列车的情况一样。

如图 1-4 所示，CRH380BL 型动车组 01~08 车有 1 组 3Ø AC 440 V 60 Hz 的交流母线和 1 组 DC 110 V 直流母线贯穿半列车，将分散布局的若干交流供电单元和直流供电单元与 8 个车厢的相应负载，连接在一起。

3Ø AC 440 V 60 Hz 交流母线，由 TC02 车和 TC07 车的单辅助变流器（ACU），以及 BC04 车和 FC05 车的双辅助变流器（D-ACU）并网供电。该母线上的主要负载为 8 个车厢的空调装置（HVAC）、牵引系统辅助装置（AT）、主变压器辅助装置（AMT）、主空气加热器（MAC）等。其中供水系统加热（WSH）、砂管加热器（SPH）、挡风玻璃加热器（FSH）和自动车钩加热器（ECH）、厨房电气（GL）需要经过单相变压器降压为 AC 230 V 后使用。在 BC04 车和 FC05 车还有蓄电池充电机 BC，它们也是由 3Ø AC 440 V 60 Hz 交流母线供电。

3Ø AC 440 V 60 Hz 交流母线设置了外接电源插座，位于 BC04 车和 FC05 车的双辅助变流器（D-ACU）箱体上，允许接通 3Ø AC 380 V 50Hz 交流电。

DC 110 V 直流母线，由 BC04 车和 FC05 车的蓄电池充电机组（BC-Bat）并网供电。该母线上的主要负载为 8 个车厢的逆变器（INV），逆变器 INV 将 DC 110 V 电压转换为 AC 230 V 50 Hz 电压，再供清洁用插座（CS）和厨房电气（GL）使用。

DC 110 V 直流母线也设置了外接电源插座，位于 BC04 车和 FC05 车的蓄电池充电机组（BC-Bat）箱体上。

与 CRH380A 型动车组相比，第一个不同点是：CRH380BL 型动车组的辅助变流器单元（ACU）和双辅助变流器单元（D-ACU）的输入端连接至牵引变流器（TC）的中间电路，当列车通过分相区段或其他情况下，出现接触网电源无电时，牵引电机用作发电机运行，只要列车最低速度约为 50 km/h、分相段电源为 25 kV 时，可以通过中间牵引电路的电源继续提供 3Ø AC 440 V 60 Hz 交流电。因此，CRH380BL 型动车组的交流母线没有瞬间断电现象。

与 CRH380A 型动车组相比，第二个不同点是：CRH380BL 型动车组的交流母线、直流母线完全贯穿半列车，没有断点。

综合 CRH380A 型动车组和 CRH380BL 型动车组，其辅助供电系统具有以下特点：

（1）采用贯通全列的供电母线，并且由多套电源同时供电。以交流母线为例，CRH380A 型动车组由 2 套 APU 供电，CRH380BL 型动车组由 2 套 ACU 和 2 套 D-ACU 供电，其优点是可以提高供电可靠性，当出现 1 套设备故障时，仍然能保证母线上重要负载的正常工作。

（2）由于辅助供电系统承担着为高压牵引电器以外所有设备的供电任务，负载种类繁多，需要提供的电源规格多，同时安装位置几乎遍布车体，因此，配线、布线极其复杂。

任务二 辅助供、配电系统供电后的通电试验

一、CRH380A 型动车组辅助供、配电系统供电后的通电试验作业

作业安排：单人。
作业范围：1 号车驾驶室操纵台（见图 1-5），1 号车侧部。
劳保准备：穿工作服、劳保鞋，戴安全帽，佩戴标志。
工具准备：手电筒、对讲机、手套、IC 卡、主控钥匙、防护号志。

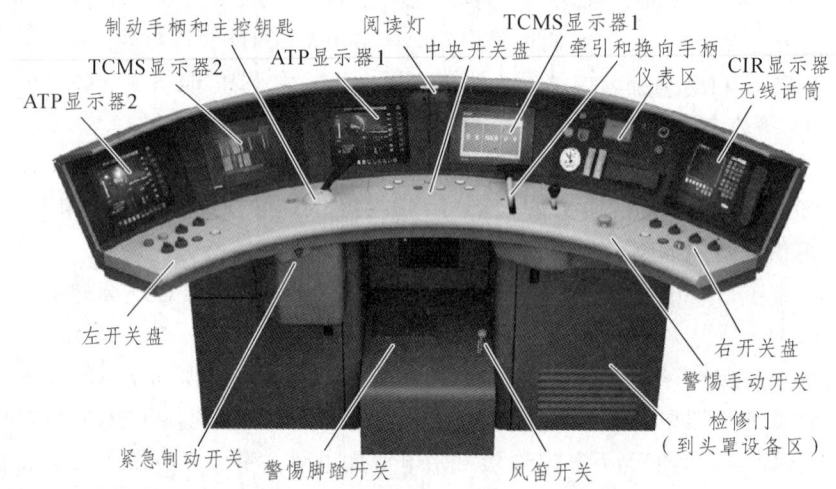

图 1-5 CRH380A 型动车组司机室操纵台

作业步骤：如表 1-5 所示。

表 1-5 CRH380A 型动车组辅助供、配电系统通电试验作业

作业时间	15 min		
安全注意	1. 确认接地杆撤除； 2. 确认止轮器设置状态； 3. 确认防护号志设置正确		
序号	操作目标	质量标准	图片备注
1	防护号志	正确设置防护号志	
2	司机室主要配电盘	确认司机室 NFB 盘"保护接地""救援转换装置""机车电源""辅助制动""救援指令"开关在断开位，司机控制开关盘、操纵台各开关、手柄位置正确，闭合"列车无线"开关	

续表

序号	操作目标	质量标准	图片备注
3	制动控制器	确认制动手柄处在"拔取"位,插入主控钥匙,顺时针旋转到"投入"位,解锁制动控制器	
4	MON 系统	将制动手柄移动至"快速"位,激活占用司机室,MON 系统启动。将 MON 显示页面切换至"电源电压页面",确认蓄电池电压不低于 87 V	
5	驾驶台列车故障显示屏	在动车组无故障,且总风压不低于 640 kPa 时,"紧急制动""电气设备""VCB"相应"单元"灯点亮,其余均应熄灭	
6	MON 显示屏	通过 MON 显示屏"车辆信息"第二页,确认 EGS 断开;通过"行驶状态"页面确认列车编组正确	
7	受电弓	右旋司机室转换开关盘内的"受电弓升起"扳钮,升起受电弓,然后通过 MON 显示屏确认受电弓的升起状态	
8	VCB	右旋司机室转换开关盘内的"VCB 合"扳钮,或按下司机操纵台上"VCB 合"按钮,闭合 VCB;然后在操纵台的网压表中确认接触网供电正常,并确认故障显示屏中"VCB"灯和"电气设备"灯熄灭	
9	MON 显示屏"电源电压"页面	将 MON 显示页面切换至"电源电压"页面,确认变压器三次侧电压值、辅助电源电压值和直流控制电源电压值	

续表

序号	操作目标	质量标准	图片备注
10	MON显示屏"供电分类"页面	将MON显示页面切换至"供电分类"页面,确认MTr、ACK1、ACK2、APU、BKK均处于正常状态	
11	1车侧面	在1车APU、ARf相应位置,倾听风机运转声音,应正常、无异响	
12	VCB	按压司机操纵台上的"VCB断"按钮,VCB断开,确认故障显示屏"电气设备""VCB"相应"单元"灯点亮	
13	受电弓	按压按压司机操纵台上的"降弓"按钮,确认MON显示屏中受电弓处于降弓状态	
14	司机室主要配电盘、制动控制器	各开关、扳钮、按钮、手柄复位,拔出主控钥匙	
15	防护号志	撤除防护号志	

作业解析:

1. 生产背景

本作业在供电前检查作业完成后进行,按照《CRH系列动车组一级检修作业办法》,CRH380A型动车组供电后一级检修作业由①、②、③、④号作业人员4人组成的检修小组协作进行。

接触网供电前,③、④号作业人员负责确认地沟无人作业,②号作业人员负责确认车顶无人作业,符合供电安全条件后,①号作业人员办理接触网供电手续。

在接地杆撤除、接触网供电后,①号作业人员升弓供电,确认电压表数值正常后,合主断路器(VCB),并在列车网络控制系统MON显示器上开启全列空调装置。

①、②号作业人员分别在车内进行检查及试验,③、④号作业人员进行车体两侧的检查。

作业结束后,①号作业人员断电降弓,并将BV手柄置拔取位,撤除方向手柄禁动牌,②号作业人员撤除安全号志。

①号作业人员交还主控钥匙、司机室钥匙及IC卡,向调度报告作业完毕,同时集合②、

③、④号作业人员，确认、登记检查故障情况。

2. 作业要点

（1）根据教学的需要，本项目只截取了辅助供电系统正常启动这一部分，省略了开启全列空调装置、制动试验、牵引试验，降低了学生学习的难度，提高了教学的针对性和可行性。

（2）由于辅助电气系统的电能来自牵引供电，必须首先进行"升弓合闸"操作。而复杂设备的操作有严格的顺序要求，在本技能训练中一定要注意：供电操作时，先升弓再合闸；断电操作时，先断闸再降弓。

（3）任务一是供电前的外观检查，系统设备处于非工作状态，通过外在的有无配件缺失、安装是否牢固和有无显著的异状等静态指标，来初步判断系统、设备的质量；但对于确定动车组是否达到"出库质量标准"，是不够的。因此，还需要配套本任务供电后的通电试验，在启动系统、设备的条件下，通过观测其动态性能指标、能否实现主要功能等，进一步判断动车组的质量，这样才构成一套完整的检查作业。

（4）CRH380A 型动车组的辅助电源装置 APU 等，属于列车网络控制系统（MON 系统）中的智能化控制单元。因此，在操作过程中，只要激活 MON 系统，一旦升弓合闸成功，将 25 kV 50 Hz 电能输入牵引主电路，辅助供电系统的各部件就在 MON 系统的指挥下，有条不紊地依次启动；而一旦断闸降弓，辅助供电系统的各部件又在 MON 系统的指挥下，有条不紊地反依序关闭。所以，在本作业中通过 MON 显示屏的"电源电压"页面和"供电分类"页面，监测电压数值和设备状态，就能全面掌控辅助供、配电系统的状况。

（5）司机室是司机获取信息，做出决策并对有关系统进行指令控制、驾驶列车完成各种任务的工作场所。CRH380A 型动车组两端各设置一个司机室，两个司机室具有相同的结构与功能，列车运行控制由激活端司机室实施，只有在另一端司机室未被激活时，才能通过制动控制器钥匙激活司机室。

操纵台是司机室内最主要的设备，司机通过它实现了对列车的操控。MON 显示屏（见图1-6）是 CRH380A 型动车组网络控制与信息管理系统 TCMS 的人机界面，在操纵台上设置了 2 个 MON 显示屏，互为冗余。正确地理解界面体系结构、内在的逻辑关系，合理、熟练地使用相关数据、图表等信息，是掌握动车组操作与试验技能的关键。

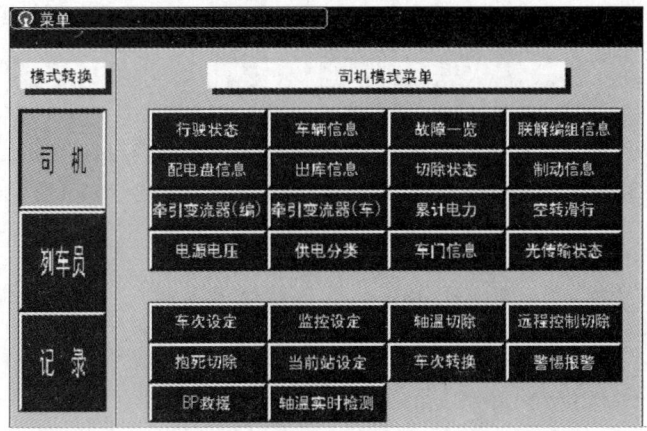

图 1-6　CRH380A 型动车组 MON 信息显示界面

二、CRH380BL 型动车组辅助供、配电系统供电后的通电试验作业

作业安排：单人。
作业范围：1号车驾驶室操纵台（见图1-7），2号车、4号车侧部。
劳保准备：穿工作服、劳保鞋，戴安全帽，佩戴标志。
工具准备：手电筒、对讲机、手套、防护号志。

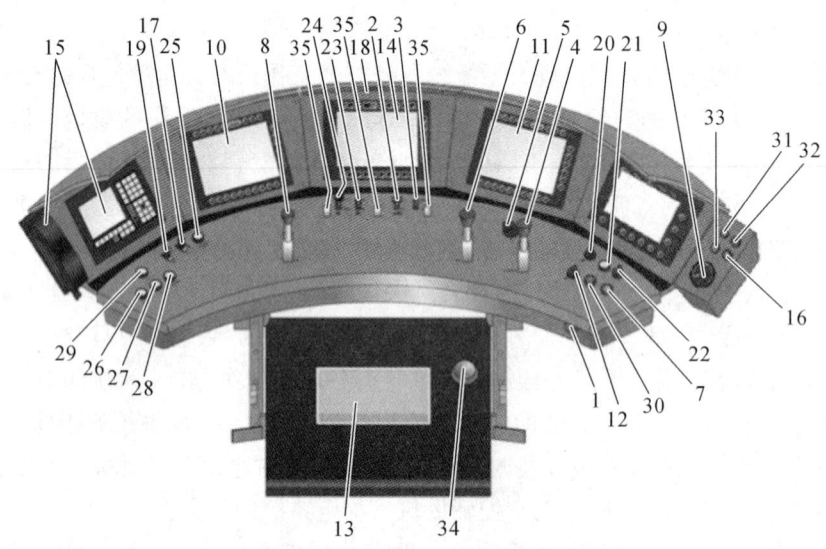

图 1-7 CRH380BL 型动车组司机室操纵台

1—紧急停车指令按钮（=21-S01），红色蘑菇状，用于断开主断路器，并降弓。
2—受电弓拨动开关（=21-S02），控制整列车所有受电弓升起或降落，有3种工作模式：① 升弓；② 降弓；③ 降弓撒砂。
3—主断路器拨动手柄（=21-S03），操作列车主断路器，具有2种工作模式：① 闭合；② 断开。
4—速度设定控制器（=22-S01），可以在（0, V_{max}）范围设定列车运行速度。
5—列车行驶方向开关（=22-S01），确定列车行驶方向，有3种工作模式：① F——前进；② 0——无方向；③ R——倒车。司机室占用钥匙（=22-S04）激活司机室时，此开关才被激活。
6—牵引力控制器（=22-S01），使用电位计确定牵引力：①"0"——已使用牵引力，辅助变流器未计时；②"EN"——已使用牵引力，当列车静止时，牵引箱/牵引电机的风扇已启动，辅助变流计时；③ 预设牵引力工作范围（P_0, P_{max}）。
7—司机占用钥匙（=22-S04），用于激活司机室：① 开启；② 关闭。只有司机室占用钥匙处于"关闭"位置时，才能取出钥匙。
8—司机制动手柄（=28-S01），激活制动模式手柄：①"OC"——超控旅客激活紧急制动；②"RE"——运转位；③"1A, 1B, 2, 3, 4, 5, 6, 7, 8"——行车制动（8为最大制动挡）；④"EB"——紧急制动。
9—模拟速度表（=41-P04），指示列车运行速度。
10—司机室 TCMS 左侧人机界面（=42-K01），用于控制和监测车辆，与右侧司机人机界面互为冗余。
11—司机室 TCMS 右侧人机界面（=42-K02），用于控制和监测车辆，与左侧司机人机界面互为冗余。
12—指示灯调节控制开关（=42-S06），用于调节指示灯的明暗度：① 明；② 暗。
13—ASD 脚踏板（=43-S27），激活 ASD 单元。
14—左 ATP 人机界面（=44-K24），通告和操作，与右 ATP 人机界面互为冗余。

15—右ATP人机界面（=44-K24），通告和操作，与左ATP人机界面互为冗余。
16—GSM-R列车无线电对讲机和CIR人机界面（=48-T10），用于司机通信信息的处理和显示。
17—火警按钮（=49-P01），火警回路触发指示。
18—前照灯/信号灯/远照灯拨动开关（=51-S11），启动外部照明设备。
19—时刻灯表（=52-E99），司机台上的时刻表照明：① 开启；② 关闭；③ 变暗。
20—司机室照明拨动开关（=52-S05），启动司机室照明设备："1"——开启；"0"——关闭。
21—雨刷工作模式选择开关（=71-S03），启动雨刷："0"——关闭；"Ⅰ"——停止；"Ⅱ"——间歇工作；"Ⅲ"——连续工作。
22—清洗按钮（=71-S04），启动雨刷的清洗装置。
23—雨刷速度选择开关（=71-S06），在8个速度挡位中选择雨刷刷洗速度。
24—喇叭拨动开关（=71-S06），根据列车运行地理位置，手动选择风笛工作模式：① 高音；② 低音。
25—撒砂拨动开关（=72-S01），在列车上，启动撒砂功能：① 前轮对（行驶方向）撒砂；② 全部轮对撒砂。
26—前车钩罩开/ASC 2 km/h（=74-S06），打开前车钩罩，激活ASC连挂模式，白色按钮。
27—左侧门释放（=80-S01），释放列车号左侧门，白色按钮。
28—关门（=80-S02），关闭列车左、右侧车门，白色按钮。
29—右侧门释放（=80-S03），释放列车右侧门，白色按钮。
30—开门（=80-S04），开门，白色按钮。
31—GFX按钮（=44-S02），手动操作列车，通过分相区间，没有OCS（列车运行控制系统），蓝色按钮。
32—GFX工作指示按钮（=44-P02），GFX准备运行指示按钮，绿色按钮。
33—GFX故障（=44-P01），GFX系统故障指示，红色指示按钮。
34—GFX分相区间（=44-P03），指示一个分相区间信号（没有ATP），蓝色按钮指示。
35—风笛脚踏开关（=71-K15），脚踏同时激活2个喇叭。
36—时刻表框。
37—ATP确认（=44-S01），接收ATP工作（人机界面菜单显示）。

作业步骤： 如表1-6所示。

表1-6 CRH380BL型动车组辅助供、配电系统通电试验作业

作业时间	15 min		
安全注意	1. 确认接地杆撤除； 2. 确认防护号志设置正确		
序号	操作目标	质量标准	图片备注
1	防护号志	正确设置防护号志	
2	安全保护开关柜、操纵台、故障开关柜	检查左侧安全保护开关柜均在闭合位；司机操纵手柄及开关位置正确；检查故障开关柜内"列控车载设备隔离开关"在"运行"位，"列控车载设备冗余开关"在1系或2系，"接地钥匙"在"开"位	

续表

序号	操作目标	质量标准	图片备注
3	TCMS	司机室故障开关控制台上的控制开关"电池"（=32–S01）置"开"位，开启蓄电池，占用司机室，激活 TCMS。通过 HMI 确认列车配置正确，发现当前故障信息时，及时处理	
4	受电弓	升起受电弓	
5	主断路器	闭合主断路器	
6	HMI	确认辅助电源状态	
7	2号车车侧	在2号车车侧单辅助变流器对应位置，倾听风机运转声音，应正常、无异音	
8	4号车车侧	在4号车车侧双辅助变流器和充电机对应位置，倾听风机运转声音，应正常、无异音	
9	制动手柄	施加停放制动	
10	各开关柜、操纵台	断开"列控车载设备系统电源"开关；断开方向开关；牵引手柄置"0"位；确认HMI屏换端标识后，拔出主控钥匙，退出司机室占用	
11	安全号志	撤除安全号志	

作业解析：

1. 生产背景

本作业在供电前检查作业完成后进行，按照《CRH 系列动车组一级检修作业办法》，CRH380BL 型动车组半列车，供电后一级检修作业由①、②、③、④号作业人员 4 人组成的检修小组协作。

接触网供电前，③、④号作业人员负责确认地沟无人作业，②号作业人员负责确认车顶无人作业，符合供电安全条件后，①号作业人员办理接触网供电手续。

在接地杆撤除、接触网供电后，①号作业人员升弓供电。

①、②号作业人员分别在车内进行检查及试验，③、④号作业人员进行车体两侧的检查。

作业结束后，①、②号作业人员断电降弓，撤除方向手柄禁动牌，③、④号作业人员撤除安全号志。

①号作业人员交还主控钥匙、司机室钥匙，向调度报告并登记作业完毕，同时集合②、③、④号作业人员，确认、登记检查故障情况。

2. 作业要点

（1）根据教学的需要，本项目只截取了辅助供电系统正常启动这一部分，省略了开启全列空调装置、制动试验、牵引试验，降低了学生学习的难度，提高了教学的针对性和可行性。

（2）由于辅助电气系统的电能来自牵引供电，必须首先进行"升弓合闸"操作。而复杂设备的操作有严格的顺序要求，在本技能训练中一定要注意：供电操作时，先升弓再合闸；断电操作时，先断闸再降弓。

（3）任务一是供电前的外观检查，系统设备处于非工作状态，通过外在的有无配件缺失、安装是否牢固和有无显著的异状等静态指标，来初步判断系统、设备的质量；但对于确定动车组是否达到"出库质量标准"，是不够的。因此，还需要配套本任务二供电后的通电试验，在启动系统、设备的条件下，通过观测其动态性能指标、能否实现主要功能等，进一步判断动车组的质量，这样才构成一套完整的检查作业。

（4）CRH380BL 型动车组的充电机（BC）、辅助变流器（ACU）等，属于列车网络控制系统（TCMS）系统中的智能化控制单元，因此，在操作过程中，只要激活 TCMS，一旦升弓合闸成功，将 25 kV 50 Hz 电能输入牵引主电路，辅助供电系统的各部件就在 TCMS 的指挥下，有条不紊地依次启动；而一旦断闸降弓，辅助供电系统的各部件又在 TCMS 的指挥下，有条不紊地反次序关闭。所以，在本作业中通过 HMI 显示屏的"i"页面，监测电压数值和设备状态，就能全面掌控辅助供、配电系统的状况。

（5）CRH380BL 型动车组司机室设计为单人驾驶模式，司机操纵台设置在中央位置，是CRH380BL 型动车组的主要操作设备。它的设计遵循 UIC 651 标准，符合现代人机工程学设计原理。

CRH380BL 型动车组 TCMS 的人机界面是 MMI 显示屏，在操纵台正立面左右两侧设置 2个 MMI 显示屏，互为冗余，其外观如图 1-8 所示。与 CRH380A 型动车组的 MON 显示屏的操作有较大差异，要求学习者重点研习、熟练掌握。同样正确地理解界面体系结构、内在的逻辑关系，合理、熟练地使用相关数据、图表等信息，是掌握动车组操作与试验技能的关键。

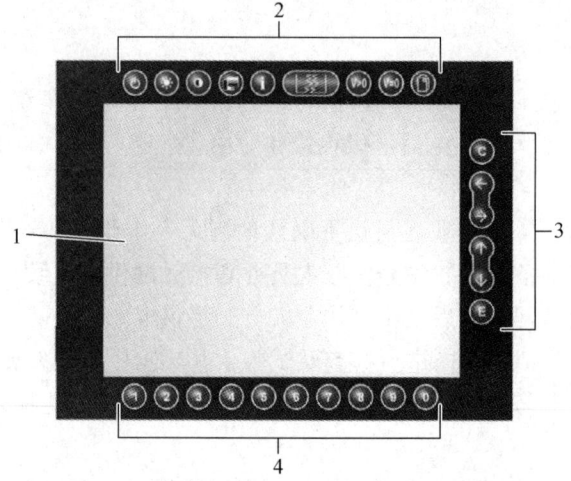

图 1-8　CRH380BL 型动车组 HMI 显示屏

1—显示屏区域；2—硬件操作区；3—光标和硬件输入区；4—键盘软件（10 位）区域

专业知识一　CRH380A 型动车组辅助供、配电系统控制原理与工作过程

CRH380A 型动车组辅助电源装置（APU）配置了功能完整的控制器（带有控制软件和硬件的组成），即如图 1-9 所示的"辅助电源"智能节点。"辅助电源"智能节点通过电流环传送线，连到相对应的车厢终端装置，由终端装置接入由 2 个中央装置与 8 个终端装置依靠光纤双重环网构成的列车网。CRH380A 型动车组的列车网络控制与信息管理系统，即 TCMS，通过这样的两级网络进行数据传输和信息共享，并实施控制、监测和诊断，从而更好地协调指挥和管理动车组的各子系统。

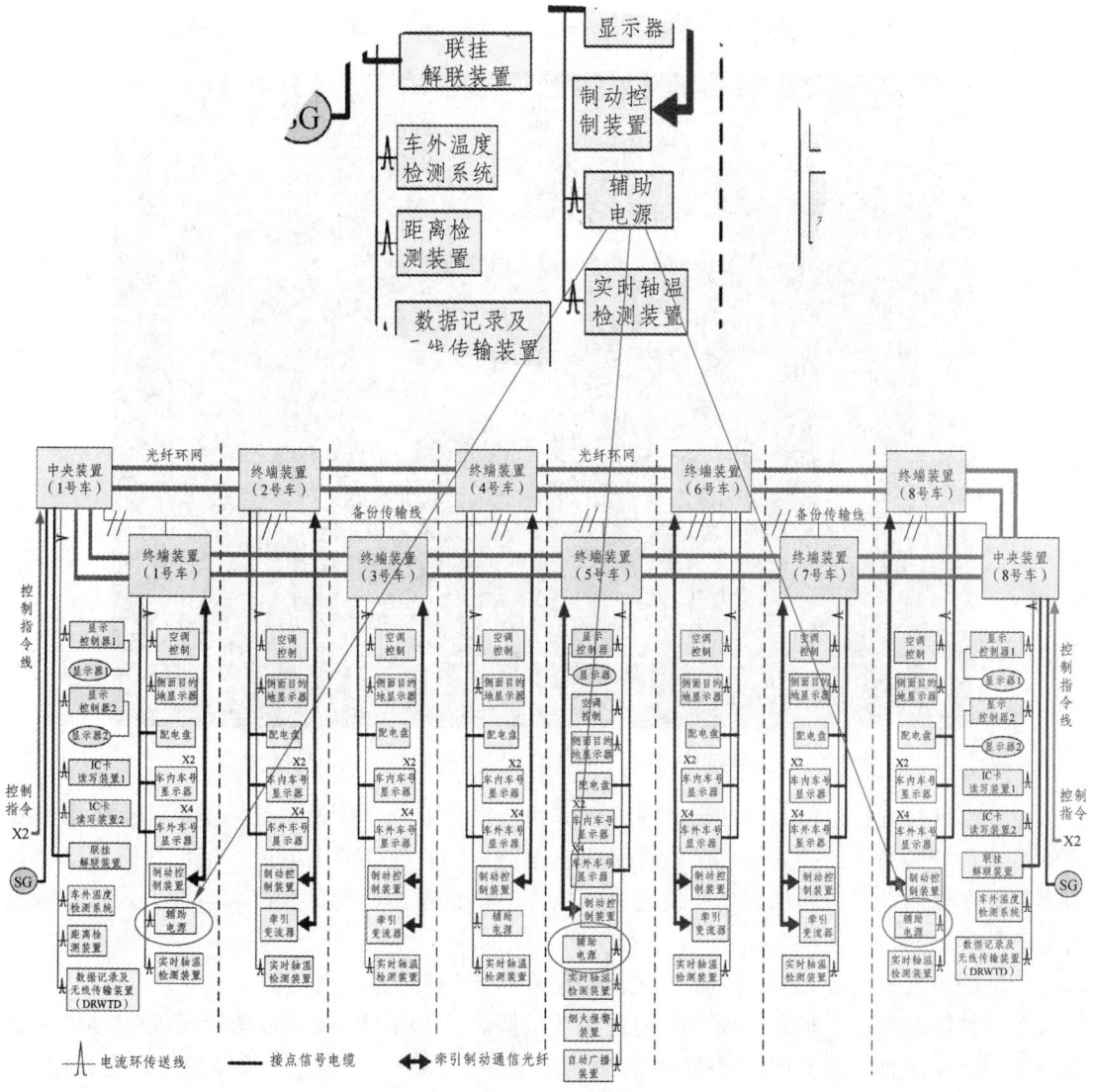

图 1-9　CRH380A 型动车组辅助电源控制单元

CRH380A 型动车组辅助供电系统的工作过程，正是在 TCMS 的协调、指挥和管理下，按照一定的逻辑规则，启动→并网→负载投入（当发生故障时自动减载）。

动车组的启动，由于系统集成及技术要求，有其内在的规律性，通常顺次经历三个阶段。第一阶段，低压直流系统启动，主要有照明设备、网络控制系统与两级设备，还有受电弓、主断路器传统控制电路，发生于升弓合闸前，由车载蓄电池供电；第二阶段，中压交流系统启动，主要有牵引通风机、制动空气压缩机等牵引制动辅助装置和客室空调机组，为列车运行做好准备工作，此时发生于升弓合闸之后，牵引主电路除电机变流器和牵引电机外均投入工作，从牵引变流器中间直流环节取电的辅助变流器启动，并网到中压交流母线上，为上述设备供电，与此同时充电机陆续启动，直流母线转由充电机供电，蓄电池也从放电状态转为充电状态；第三阶段，牵引电机驱动，由司机在行车信号给定的条件下启动运行。

图 1-10 所示为 CRH380A 型动车组 MON 信息显示——供电分类页面，描述了辅助供电系统主要设备 MTr 三次侧、ACK1、ACK2、APU、ATr、BKK、BKK2 的工作状态。

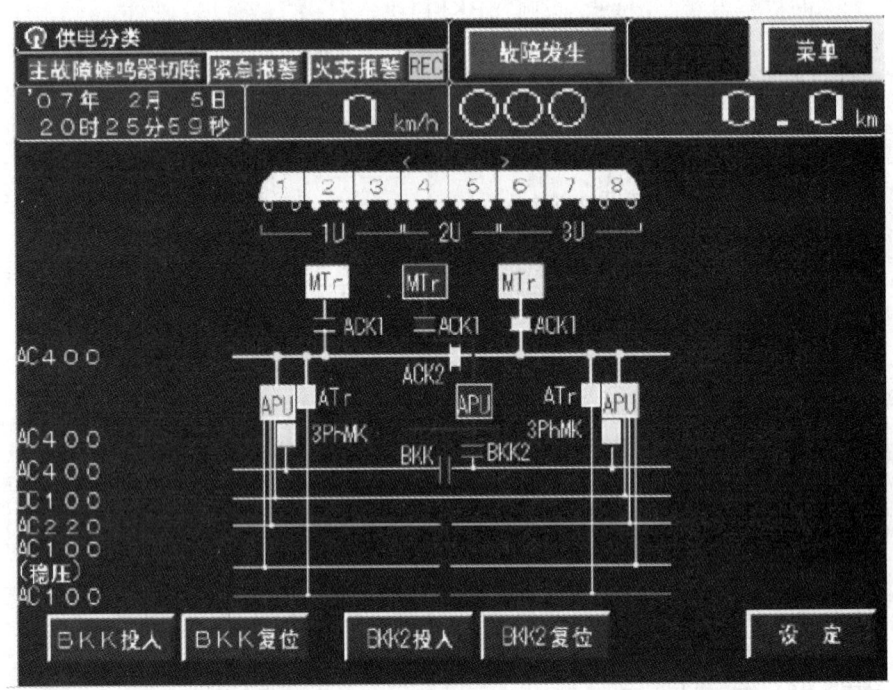

图 1-10　CRH380A 型动车组 MON 信息显示——供电分类页面

由此可见，辅助供电系统的启动位于动车组启动的前两个阶段，首先蓄电池承担第一阶段的照明和控制系统，接着第二阶段在牵引主电路中间直流环节上电后，辅助变流器启动，为客服及牵引制动系统辅助设备提供电力，而充电机也作为交流负载投入运行，接替蓄电池为直流负载供电。

当辅助系统或设备发生故障时，TCMS 能指挥相关控制器实现自动减载。

第一种情况是 2 号车或 6 号车的 MTr 发生故障，无法向 1∅ AC 400 V 母线供电。MON 系统接收到故障信息时，会在驾驶室 MON 显示屏上声光报警，司机点开故障信息，查看详细。根据处理提示，司机首先会通知随车机械师进行小复位，如果复位无效，司机点开"远程控制切除"页面，实施"ACK2 投入"操作。此时，该指令通过中央装置传递到列车网，假如是

2号车MTr故障，则2号车终端装置得到指令后，先断开其ACK1；随后，5号车终端装置，接通ACK2，由6号车的MTr向全列1Ø AC 400 V母线供电；同时1~8号车的终端装置通知各车空调"半载运行"。

第二种情况是1号车或8号车的APU发生故障，无法向3Ø AC 400 V母线供电。MON系统接收到故障信息时，会在驾驶室MON显示屏上声光报警，司机点开故障信息，查看详细。根据处理提示，司机首先会通知随车机械师进行小复位，如果复位无效，司机点开图1-10所示的"供电分类"页面，实施"BKK投入"操作。此时，该指令通过中央装置传递到列车网，4号车终端装置按指令接通BKK，假如是1号车APU故障，则由8号车的APU向全列3Ø AC 400 V母线供电。由于APU功率设计冗余较大，1~8号车的空调维持"全载运行"。

第三种情况是5号车的APU发生故障，无法向4、5号车的牵引、制动辅助电动机供电。MON系统接收到故障信息时，会在驾驶室MON显示屏上声光报警，司机点开故障信息，查看详细。根据处理提示，司机首先会通知随车机械师进行小复位，如果复位无效，司机点开图1-10所示的"供电分类"页面，实施"BKK2投入"操作。此时，该指令通过中央装置传递到列车网，5号车终端装置按指令接通BKK2，由8号车的APU向4、5号车的牵引、制动辅助电动机供电。

动车组的控制指令、状态信息、故障信息是基于现场总线的实时通信网络传输的，可以说通信网络是动车组信息的大动脉，顺畅的通信网络是动车组正常运行的根本保证，动车组通信网络已经成为现代动车组工作、运行的核心。

CRH380A型动车组的通信网络采用列车级和车辆级两级网络结构。列车级网络为实现列车级运行控制，以中央装置为中心，通过光纤介质的双重环路和双绞线介质的自诊断传输线连接各车厢终端装置，连接各车厢终端装置；车辆级网络以终端装置为中心，主要通过电流环传输线，连接车厢内各智能单元，而牵引、制动控制指令采用光纤介质。

由列车通信网络搭建成的动车组网络控制与信息管理系统是实现动车组功能的关键，也是动车组监测和诊断的核心。

CRH380A型动车组网络控制与信息管理系统通过传输信息和控制指令，对车上主要设备进行管理。为了提高可靠性，中央装置、列车级网络等重要部件采用了冗余设计；而微处理器控制的牵引、制动、辅助供电、空调、旅客信息系统、车门等智能节点，能够接收控制指令，并对运行状态进行检测，将处理过的信息通过网络接口，经终端装置传送至中央装置。其中某些高级别的微处理器控制单元（即智能节点），具有启动和运行自诊断测试程序功能，还能通过网络接口向中央装置提供诊断信息，诊断项目通常包括牵引、制动、辅助供电的状态，走行部的安全性，旅客安全设施（如车门）的状态等。

专业知识二　CRH380BL 型动车组辅助供、配电系统控制原理与工作过程

CRH380BL 型动车组的辅助变流器 ACU、D-ACU 和充电机 BC 均配置了功能完整的控制器（带有控制软件和硬件的组成），如图 1-11 所示。控制器通过车辆总线 MVB，连到车辆控制单元，再经网关 GW，连接到列车总线 WTB，融入 TCMS（即列车网络控制及信息管理系统），TCMS 通过这两级网络进行数据传输和信息共享，并实施控制、监测和诊断，从而更好地协调指挥和管理动车组的各子系统。

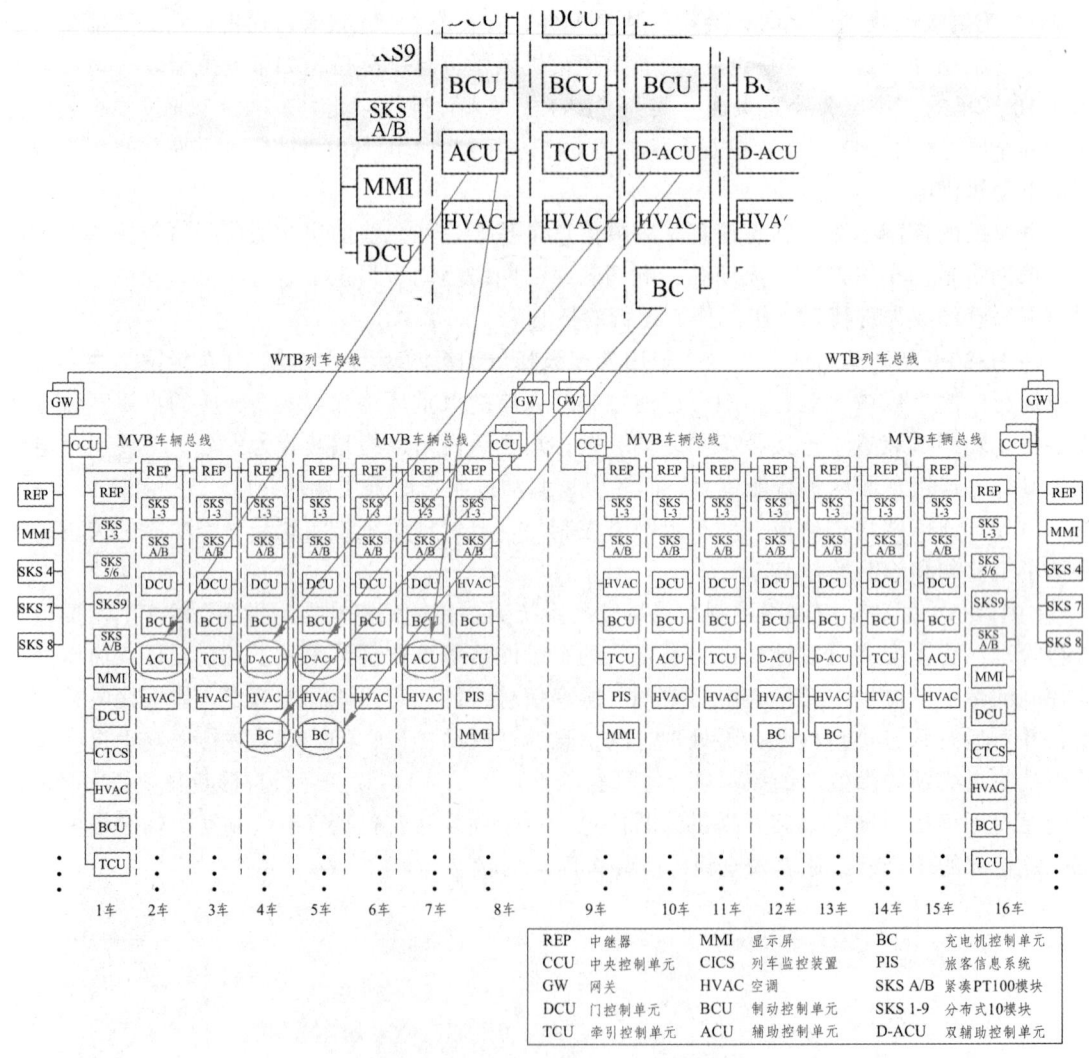

图 1-11　CRH380BL 型动车组辅助变流器、充电机控制单元

图 1-12 所示为 CRH380BL 型动车组驾驶室左侧 MMI 基本显示界面。
图 1-13 所示为 CRH380BL 型动车组驾驶室右侧 MMI 基本显示界面。

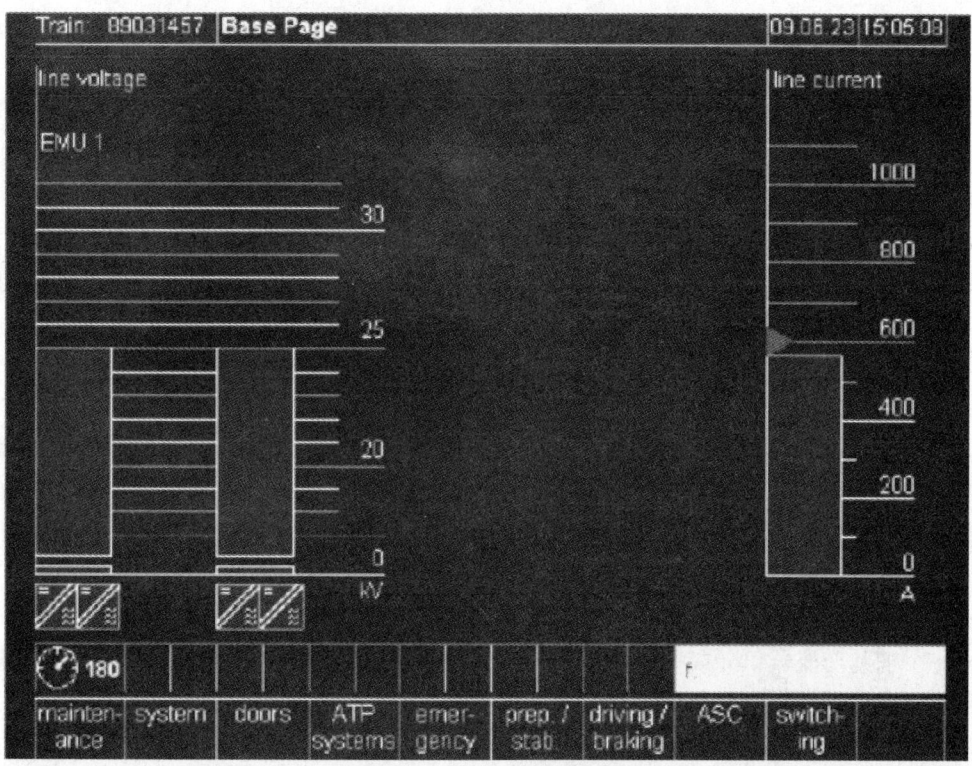

图 1-12 CRH380BL 型动车组左侧 MMI 基本显示界面

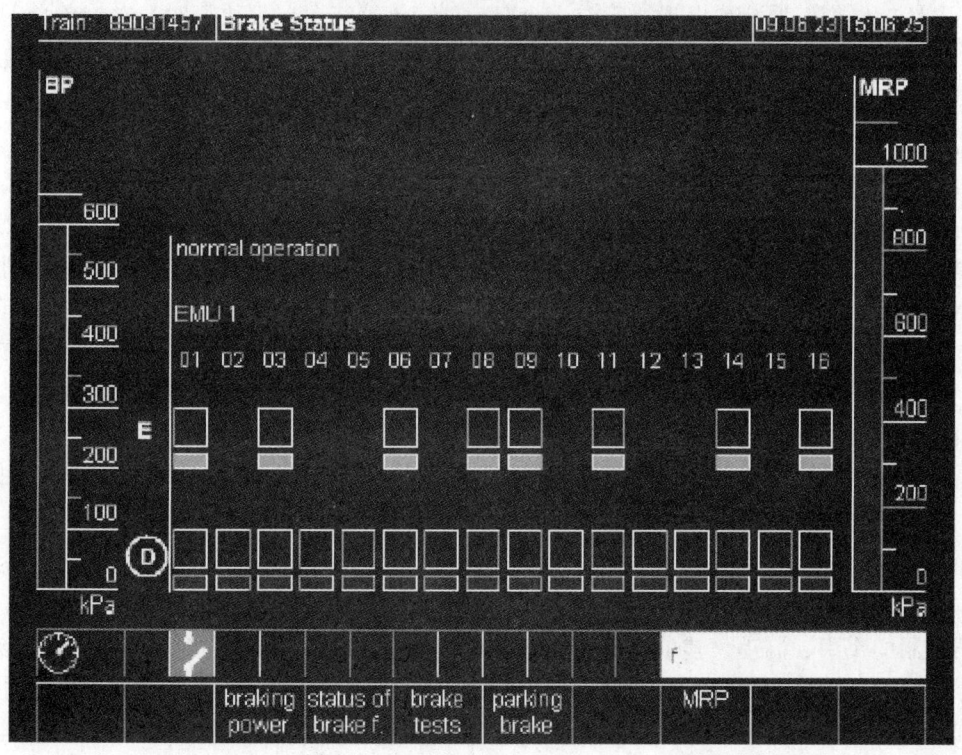

图 1-13 CRH380BL 型动车组右侧 MMI 基本显示界面

CRH380BL型动车组辅助供电系统的工作过程，正是在TCMS的协调、指挥和管理下，按照一定的逻辑规则，启动→并网→负载投入（故障时自动减载）。

动车组的启动，由于系统集成及技术要求，有其内在的规律性，通常顺次经历三个阶段。第一阶段，低压直流系统启动，主要有照明设备、网络控制系统与两级设备，还有受电弓、主断路器传统控制电路，发生于升弓合闸前，由车载蓄电池供电；第二阶段，中压交流系统启动，主要有牵引通风机、制动空气压缩机等牵引制动辅助装置和客室空调机组，为列车运行做好准备工作，此时发生于升弓合闸之后，牵引主电路除电机变流器和牵引电机外均投入工作，从牵引变流器中间直流环节取电的辅助变流器启动，并网到中压交流母线上，为上述设备供电，与此同时充电机陆续启动，直流母线转由充电机供电，蓄电池也从放电状态转为充电状态；第三阶段，牵引电机驱动，由司机在行车信号给定的条件下启动运行。

由此可见，辅助供电系统的启动位于动车组启动的前两个阶段，首先蓄电池承担第一阶段的照明和控制系统，接着第二阶段在牵引主电路中间直流环节上电后，辅助变流器启动，为客服及牵引制动系统辅助设备提供电力，而充电机也作为交流负载投入运行，接替蓄电池为直流负载供电。

当辅助系统或设备发生故障时，TCMS能指挥相关控制器实现自动减载。

当一个辅助变流器单元或一个牵引变流器出现故障时，TCMS得到信息，在HMI显示屏上显示，其余的辅助变流器单元将继续为交流车载电源网络供电，负载无须减少。

当双辅助变流器单元中的一个辅助变流器装置出现故障时，双辅助变流器装置中的另一个辅助变流器装置可继续操作，不受限制。

当两个辅助变流器装置出现故障或一个双辅助变流器装置出现故障时，TCMS将只需减少与旅客暖通设备相关的负载（空调或加热部件），同时确保为牵引辅助装置、主空气空压机和电池充电器继续供电。

动车组的控制指令、状态信息、故障信息是基于现场总线的实时通信网络传输的。可以说，通信网络是动车组信息的大动脉，顺畅的通信网络是动车组正常运行的根本保证，动车组通信网络已经成为现代动车组工作、运行的核心。

CRH380BL型动车组的通信网络，基于IEC61375-1构建TCN网，也分为两级，即列车总线WTB和车辆总线MVB。CRH380BL型动车组分为4个牵引单元TU，每个牵引单元包含4辆车，即01~04车、05~08车、09~12车、13~16车。牵引单元内部通信，由各车厢的MVB中继器连成一个MVB总线段，车厢内的各智能节点也由MVB连成一体；WTB则将4个牵引单元连接起来，由TCN网关实现必要的列车级数据交换和路由任务。

由列车通信网络搭建成的动车组网络控制与信息管理系统是实现动车组功能的关键，也是动车组监测和诊断的核心。

CRH380BL型动车组网络控制与信息管理系统通过传输信息和控制指令，对车上主要设备进行管理。为了提高可靠性，CCU、网关与列车级网络等重要部件采用了冗余设计；而微处理器控制的牵引、制动、辅助供电、空调、旅客信息系统、车门等智能节点，能够接收控制指令，并对运行状态进行检测，将处理过的信息通过网络接口，传送至TCMS。其中某些高级别的微处理器控制单元（即智能节点），具有启动和运行自诊断测试程序功能，还能通过网络接口向TCMS提供诊断信息，诊断项目通常包括牵引、制动、辅助供电的状态，走行部的安全性，旅客安全设施（如车门）的状态等。

实训考核标准

一、辅助供、配电系统供电前检查作业考核标准

表 1-7 辅助供、配电系统供电前检查作业考核标准

序号	项目	配分	考核内容与评分标准	扣分记录	备注
一	安全	20分	1. 未按规定穿戴劳保用品，不允许参加考试		
			2. 未正确设置安全防护，不允许开始考试		
			3. 在作业过程中，考生发生轻伤及以上人身伤害事故，取消考试资格；发生碰伤出血，一处扣10分		
			4. 正确执行安全操作规程，每违反一条扣10分；发生电器打火、仪器仪表损坏等严重设备事故，取消考试资格		
二	过程	30分	1. 工具、材料整备齐全、正确，每漏或错一样扣5分		
			2. 按规定路线、顺序开展检查作业，一般顺序错乱或漏项一处扣2分，关键顺序错乱或漏项一处扣5分		
			3. 检查作业方法科学、合理，一般步骤错乱一处扣2分，重点步骤错乱一处扣5分		
三	质量	30分	1. 在检查路线上设计10个常见故障；未能发现故障，一处扣3分		
			2. 故障发现不足6处，按不及格处理		
			3. 执行文明生产规定，作业过程中工具、材料摆放整齐，作业完成时做到"活完地光"；不符合要求每次扣8分		
四	时间	20分	1. 按规定时间完成作业，每超过30 s扣2分		
			2. 超过规定时间50%及以上，取消考试成绩		
合计		100			

二、辅助供、配电系统通电试验作业考核标准

表 1-8 辅助供、配电系统通电试验作业考核标准

序号	项目	配分	考核内容与评分标准	扣分记录	备注
一	安全	20分	1. 未按规定穿戴劳保用品，不允许参加考试		
			2. 未正确设置安全防护，不允许开始考试		
			3. 在作业过程中，考生发生轻伤及以上人身伤害事故，取消考试资格；发生碰伤出血，一处扣10分		
			4. 正确执行安全操作规程，每违反一条扣10分；发生电器打火、仪器仪表损坏等严重设备事故，取消考试资格		

续表

序号	项目	配分	考核内容与评分标准	扣分记录	备注
二	过程	30分	1. 按规定顺序开展操作作业，一般顺序错乱或漏项一处扣2分，关键顺序错乱或漏项一处扣5分		
			2. 操作作业方法科学、合理，一般步骤错乱一处扣2分，重点步骤错乱一处扣5分		
三	质量	30分	1. 操作过程中设计10个常见故障；未能发现故障并排除，一处扣3分		
			2. 故障发现并排除不足6处，按不及格处理		
			3. 执行文明生产规定，作业过程中工具、材料摆放整齐，作业完成时做到"活完地光"；不符合要求每次扣8分		
四	时间	20分	1. 按规定时间完成作业，每超过30 s扣2分		
			2. 超过规定时间50%及以上，取消考试成绩		
合计		100			

思考题

1. CRH380A 型动车组辅助供、配电系统有哪些主要设备部件？各自的功能是什么？分别安装在什么位置？

2. CRH380BL 型动车组辅助供、配电系统有哪些主要设备部件？各自的功能是什么？分别安装在什么位置？

3. 按照电路三大组成部分这一概念，CRH380A 型动车组哪些设备部件属于电源类？哪些设备部件属于中间环节？

4. 按照电路三大组成部分这一概念，CRH380BL 型动车组哪些设备部件属于电源类？哪些设备部件属于中间环节？

5. 请查阅资料，试阐述工作服、劳保鞋和安全帽在作业过程中能预防哪些危害。

6. 请查阅资料，试阐述插设接地杆能预防怎样的危险。

7. 为什么 CRH380A 型动车组在供电前检查作业时，需要设置止轮器，而 CRH380BL 型动车组不需要？

8. 请查阅资料，试阐述正确设置防护号志能起到什么防护作用。

9. 为什么要依循"作业路线"进行辅助供、配电系统的检查？

10. 视觉、嗅觉检查容易发现哪些类型故障？

11. 听觉检查容易发现哪些类型故障？

12. 触觉检查容易发现哪些类型故障？

13. 根据 CRH380A 型动车组辅助供、配电系统电路图和辅助电源控制单元图，描述升弓合闸前辅助供、配电系统的工作过程。

14. 根据 CRH380BL 型动车组辅助供、配电系统电路图和辅助电源控制单元图，描述升弓合闸前辅助供、配电系统的工作过程。

15. 根据 CRH380A 型动车组辅助供、配电系统电路图和辅助电源控制单元图，描述升弓合闸后辅助供、配电系统的工作过程。

16. 根据 CRH380BL 型动车组辅助供、配电系统电路图和辅助电源控制单元图，描述升弓合闸后辅助供、配电系统的工作过程。

17. 在通电试验作业中，为什么供电时一定要"先升弓再合闸"，而断电时一定要"先断闸再降弓"？

18. 请查阅资料，解释图 1-10 CRH380A 型动车组供电分类页面提供的主要信息含义以及各触摸键可实现的功能。

19. 请查阅资料，解释图 1-12 CRH380BL 型动车组左侧 MMI 基本显示界面的主要信息含义以及各触摸键可实现的功能。

20. 请查阅资料，解释图 1-13 CRH380BL 型动车组右侧 MMI 基本显示界面的主要信息含义以及各触摸键可实现的功能。

21. 通过本项目的学习，你掌握了哪些技能点和知识点，你认为本项目学习最困难的是什么内容，试说明原因。

项目二　蓄电池、充电机与辅助变流器的检修

【项目导入】

动车组二级检修周期因车型不同而有些差异，CRH380A 型动车组是在 1 个月以内或行驶到 3 万千米，CRH380BL 型动车组是在 1.5 周或行驶到 2 万千米，其中任意一个限度到期，都必须进行检查。二级检修涵盖了一级检修的所有检修范围，并增加了一些项目，提高了检修质量标准。

在动车运用所检修线上，以编组状态，取下设备盖罩，对主回路和辅助供电回路的电气设备、制动装置、行驶装置、服务电气、空调与换气装置、车体及客室设备等进行外观、安装状态和综合性能检查。若发现偶发故障，须更换或修复。另外，根据动车组实际使用情况，定期对各类滤网、滤清器等进行清扫或更换。

蓄电池、充电机与辅助变流器是动车组辅助供电子系统的三大电源类部件，其可靠性直接影响着动车组的正常运行，又由于蓄电池、充电机与辅助变流器的故障规律与动车组总体的故障规律并非一致，实施检修过程中，还应遵循相应《使用维护说明书》进行科学合理的安排，确保蓄电池、充电机与辅助变流器状态良好，少出故障，甚至不出故障。

本项目设计了三大电源类部件的检查、清洁作业（在作业解析中陈述了常见故障处理办法）典型工作任务，用于开展技能训练。

在学习过程中，建议以上述检修作业为抓手，结合后续专业知识的研讨，解决对蓄电池、充电机与辅助变流器结构组成的深入认识，以及蓄电池、充电机与辅助变流器工作原理和过程的深入理解问题。

为了强化职业技能的掌握、专业知识的运用，建议采取"对比-迁移"策略，拓展电工基本技能训练和电工基础理论复习。

【 学习要求 】

项目	职业能力		相关知识	
	工作任务	基本技能	专业知识	基础理论
蓄电池、充电机与辅助变流器的检修	一、能遵循《动车组二级检修作业办法》和《蓄电池使用维护说明书》，对蓄电池进行检查、清洁及故障处理	正确使用常用电工工具；正确使用万用表	熟悉CRH380A型动车组蓄电池；熟悉CRH380BL型动车组蓄电池	了解最佳充电曲线
	二、能遵循《动车组二级检修作业办法》和《充电机使用维护说明书》，对充电机进行检查、清洁及故障处理	应用电阻、电感和电容元件的简易测试方法	理解CRH380A型动车组充电机的构成和工作原理；理解CRH380BL型动车组充电机的构成和工作原理	复习三相桥式整流电路；了解脉冲整流电路
	三、能遵循《动车组二级检修作业办法》和《辅助变流器使用维护说明书》，对辅助变流器进行检查、清洁及故障处理	应用常用半导体器件的简易测试方法；应用静电防护技术	理解CRH380A型动车组辅助变流器的构成和工作原理；理解CRH380BL型动车组辅助变流器的构成和工作原理	复习三相逆变电路；复习PWM控制

任务一 蓄电池的检查、清洁及故障处理

一、CRH380A 型动车组蓄电池的检查、清洁作业

作业安排：单人。
作业范围：2 车/7 车蓄电池组，如图 2-1 所示。
劳保准备：穿工作服、劳保鞋、戴安全帽、佩戴标志、橡胶手套、护目镜。
工具准备：基本工具、棘轮扳手、扭矩扳手、毛刷（干湿布）、万用表。

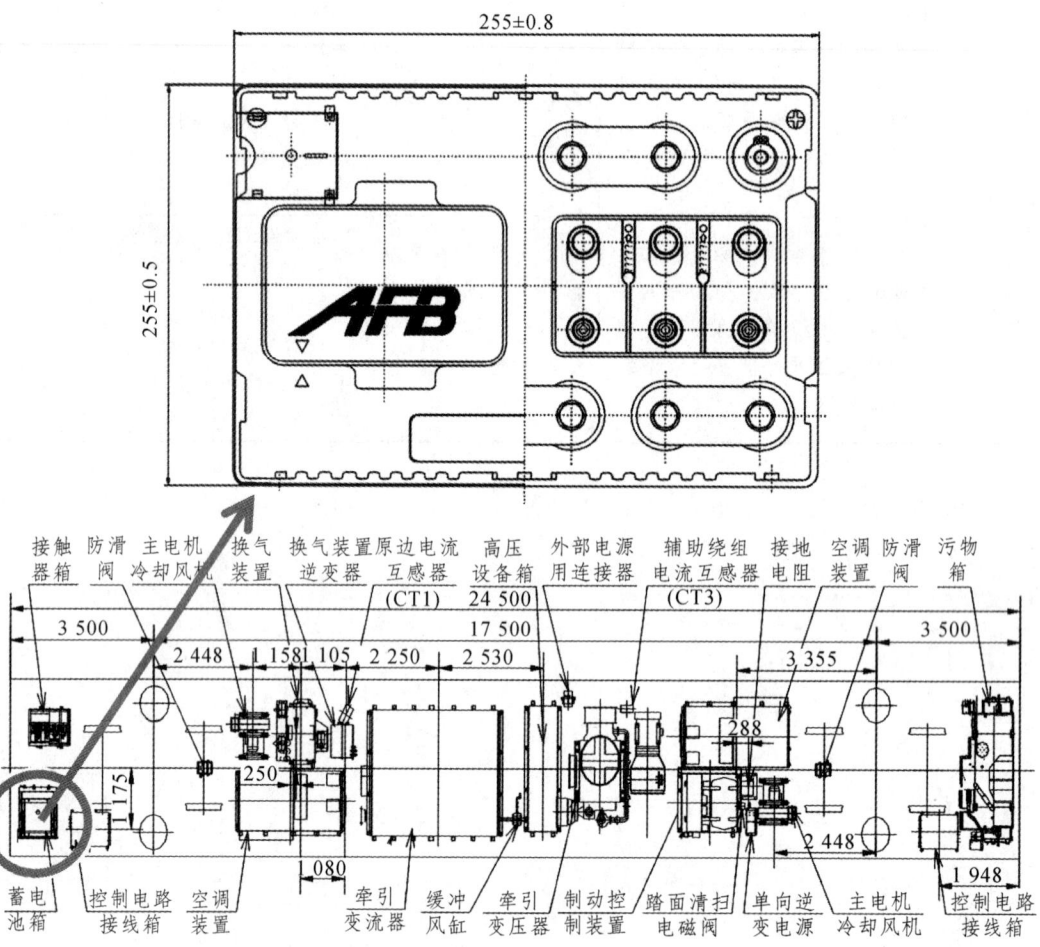

图 2-1 CRH380A 型动车组 2 车/7 车车下设备的蓄电池组

作业步骤：如表 2-1 所示。

表 2-1　CRH380A 型动车组蓄电池的检查、清洁作业

作业时间	30 min		
安全注意	1. 确认无电条件，确认止轮设置； 2. 严禁电火花、烟火； 3. 禁止人为短路		
序号	检查、清洁目标	质量标准	图片备注
1	防护号志	设置防护号志	
2	2/7 车配电柜	断开 BatVDN，BatN2，BatN1 和 BatKN	
3	蓄电池箱及安装部位	打开安装部位的裙板、底板，进行灰尘清扫； 确认裙板、底板、箱体外观良好； 悬挂部件状态良好，螺栓防松标记清晰、无错位	
4	蓄电池	拉出蓄电池组，确认电池固定良好，外观无变形、破裂或漏液； 用挤干水的布清洁蓄电池表面； 检查接线端子和连接线无腐蚀、生锈、碰磨、挤压，并连接牢固； 使用万用表测定蓄电池电压，不低于 87 V	
5	蓄电池箱及安装部位	将蓄电池轻推入箱内，确认连接线无挤压； 用扭矩扳手安装裙板和底板，螺栓扭力应符合规定	
6	2/7 车配电柜	合上 BatVDN，BatN2，BatN1 和 BatKN，确定电压表显示蓄电池总电压不低于 87 V	
7	防护号志	撤除防护号志	

作业解析：

1. 生产背景

CRH380A 型动车组使用碱性蓄电池共 6 组 100 Ah，在动车组升弓合闸前或充电机故障时，

为控制、照明、应急通风和列车无线提供 DC 100 V 电能。正确的使用与合理的保养，是蓄电池状态良好、少出故障、甚至不出故障的有利保证。

动车组的辅助电源系统负责为蓄电池充电，充电电压为 DC 100 V，波动范围为 $100\times(1\pm10\%)$ V。蓄电池在运行中，应经常检查其充电设备，不能使电池长期处于过充或欠充状态，否则会对电池的寿命、容量造成损失。

首先，应严格遵守充电电压 98～104 V，范围以外的电压不能充电。蓄电池在放电后，应立即对其进行充电，若不充电，放置时间过长，则会造成容量损失，对循环使用的电池荷电放置 6～7 个月后应进行恢复充电；蓄电池在运行中严禁过放电，蓄电池每单体放电电压不得放到 1.0 V 以下。

其次，不允许单独增加或减少蓄电池组中某几个电池单元，这将造成电池间容量的不均匀性和充电的不均匀性。

最后，动车组运营期间必须定期对电池进行检查和维护，主要有月检和半年检两个级别。月检项目包括整组电池浮充电压的检查、每路电池浮充电流的检查。半年检项目包括整组电池浮充电压的检查、单体电池浮充电压的检查、电池容量的检查、外壳及辅件的检查。

2. 作业要点

（1）安全注意事项：

① 严禁电火花、烟火。蓄电池绝对不能靠近能产生电火花、烟头等烟火的地方，否则容易引发短路；塑料板等容易发生静电的物品不能靠近蓄电池。

② 禁止人为短路。连接线造成的短路会产生强烈发热从而损伤蓄电池。

③ 禁止分解电池。分解之后的蓄电池电解液是强碱性，沾到皮肤、眼睛或是衣服上会造成腐蚀伤害。

④ 禁止将电池扔到火里。把蓄电池扔到火里或加热会发生爆炸，产生有毒气体。

⑤ 绝对禁止将蓄电池组装到密闭容器里。

⑥ 蓄电池组禁止接触含有转移性可塑剂的树脂或有机溶剂、液体洗剂的箱子；更不要用稀释剂（香蕉水）、汽油等有机溶剂或液体洗剂清洗蓄电池箱。

⑦ 严禁扔到海水、河里。使用后的蓄电池及电解液废除应根据《废除物处理法及有关清扫法令》《防止水质污染法》的有关规定执行。蓄电池属于再利用品，处理时应与厂家联系。

（2）检查蓄电池外观。确认蓄电池箱、蓄电池本体的开裂变形等损伤，是否漏液，蓄电池端子或连接线端子是否腐蚀、发锈，确认连接线的安装螺钉是否松弛。

（3）定期检查连接导体是否牢固，松动的连接导体必须及时拧紧。

（4）通过万用表检测电池电压。电池开路电压或放电终止电压在 78.75 V 以下时必须充电，并且充电后在未达到标准的情况下，要确认充电电压是否正常。

（5）确认蓄电池容量。蓄电池的容量变为初期容量的 50%时需要更换（环境温度为 25 ℃以下的情况）。

（6）蓄电池端子间的灰尘容易造成短路，应及时清扫，注意用挤干水的布清扫。干布或掸子会发生静电，所以不要使用。

3. 故障处理（见表2-2）

表2-2　CRH380A型动车组蓄电池故障处理

序号	故障现象	故障原因	处理措施
1	电池容量非正常下降	（1）蓄电池内进入不纯物或杂质； （2）活性化充放电满足不了规定值	换液（关于换液方法及处理方法，应与厂家联系）
2	漏电	（1）液口栓盖的O形圈裂缝或劣化时，定液面机能失效，造成过量补水，而导致电解液的溢漏； （2）电槽、盖子破坏	（1）清理电解液，更换O形圈； （2）清理电解液，并更换破损的电槽、盖子
3	连接线芯线的露出或断线等损伤	机械损伤	进行更换
4	电池异常发热或冒烟雾、出异味	内部严重故障	（1）切断电源，进行换气处理，与厂家联系； （2）蓄电池引发火灾的情况下，使用粉末（ABC）消火器，不要用水灭火，用水灭火会造成火势的扩大
5	个别电池端电压与全组平均电压之差大于±0.2 V/CeLL，即电池浮充电压异常	（1）电池间是否有较大温差； （2）负载变化频繁，且幅度较大，充电机不能及时自动调整	（1）应避免个别电池暴露在有较大温差的环境下； （2）可提高浮充电压0.02 V/CeLL，1个月后再检查一次，如果电池电压仍低，在负载能接受的前提下，再提高浮充电压0.02 V/CeLL，1个月后，如果电压仍低，则进行恢复充电

二、CRH380BL型动车组蓄电池的检查、清洁作业

作业安排：单人。
作业范围：4车/12车蓄电池组（见图2-2）。
劳保准备：穿工作服、劳保鞋，戴安全帽，佩戴标志、橡胶手套、护目镜。
工具准备：基本工具、棘轮扳手、扭矩扳手、毛刷（干湿布）、万用表。

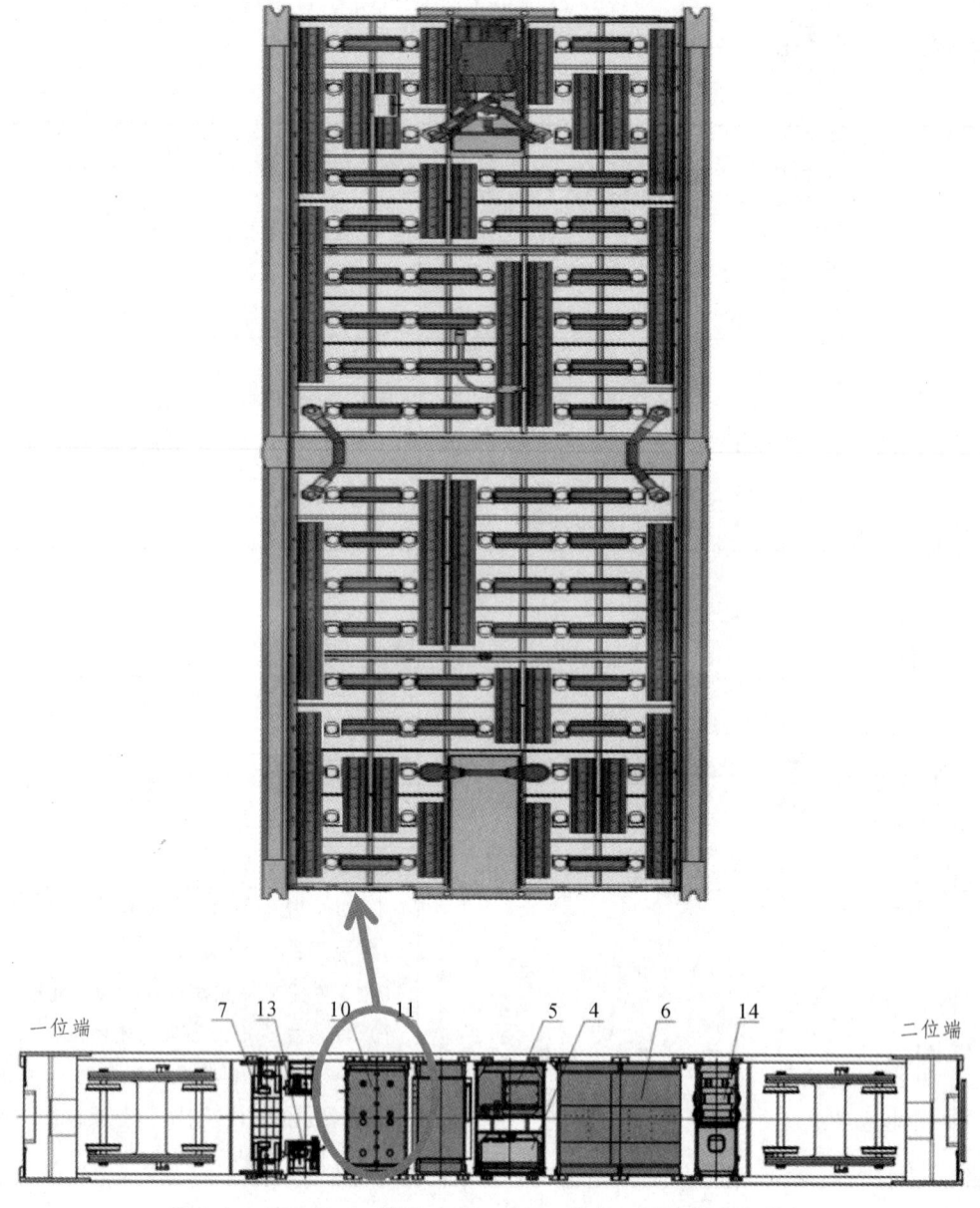

图 2-2 CRH380BL 型动车组 4 车/12 车车下设备的蓄电池组

作业步骤：如表 2-3 所示。

表 2-3 CRH380BL 型动车组蓄电池的检查、清洁作业

作业时间	30 min		
安全注意	1. 确认无电条件； 2. 严禁电火花、烟火； 3. 禁止人为短路		
序号	检查、清洁目标	质量标准	图片备注
1	防护号志	设置防护号志	

续表

序号	检查、清洁目标	质量标准	图片备注
2	4/12 车配电柜	断开所有 BN1、BN2、BD 开关	
3	蓄电池箱及安装部位	打开安装部位的裙板、底板，进行灰尘清扫； 确认裙板、底板、箱体外观良好； 悬挂部件状态良好，螺栓防松标记清晰、无错位	
4	蓄电池组	拉出蓄电池组，确认电池固定良好，外观无变形、破裂或漏液； 用挤干水的布清洁蓄电池表面； 检查接线端子和连接线无腐蚀、生锈、碰磨、挤压，并连接牢固； 使用万用表测定蓄电池电压，不低于 87 V	
5	蓄电池组	使用测试电压为 500 V 的绝缘测试器。电池组的正极和负极端子应分别连接导轨的金属部分进行测量。绝缘电阻最小值应为 1 MΩ	
6	蓄电池箱及安装部位	将蓄电池轻推入箱内，确认连接线无挤压； 用扭矩扳手安装裙板和底板，螺栓扭力应符合规定	
7	4/12 车配电柜	接通所有 BN1、BN2、BD 开关	
8	防护号志	撤除防护号志	

作业解析：

1. 生产背景

表 2-4　CRH380BL 型动车组蓄电池检修计划

序号	部件	检修任务	运行里程/km	800 000 km/年条件下的时间间隔	检修等级
1	电池组	目视检查	400 000	约 0.5 年	M2
2		测量电池组电压	800 000	约 1 年	M3
3		清洁车上的电池组	1 200 000	约 1.5 年	R1
4		绝缘电阻试验	1 200 000	约 1.5 年	R1
5		清洁从车上拆下的电池组	2 400 000	约 3 年	R2

续表

序号	部件	检修任务	运行里程/km	800 000 km/年条件下的时间间隔	检修等级
6	电池组	重新调试	4 800 000	约 6 年	R3
7	电池单体	检查电解液液位	800 000	约 1 年	M3
8		使用蒸馏水进行补充加注	1 200 000	约 1.5 年	R1
9		测量电解液密度	4 800 000	约 6 年	R3
10		容量试验	4 800 000	约 6 年	R3
11		测量单体电池电压	4 800 000	约 6 年	R3

（1）电池组和电池箱的目视检查。

① 单体电池必须保持清洁和干燥，因为尘土和湿气会导致爬电。

② 螺钉、连接器和绳索眼也必须保持清洁，并且应使用清洁布彻底清除在维护工作过程中溢出的所有液体。可使用水清洁电池组，但不得使用溶剂和钢丝刷。必要时可使用清水冲洗阀门。应注意确保阀门上无任何污点且阀门正确闭合。

③ 必须以正确方式拧紧接线柱上的螺钉和螺母。为防止腐蚀，应在连接元件和绳索眼上涂抹薄薄的一层中性凡士林或防腐蚀油。

④ 电池组和电池箱的目视检查还包括清洁来自通风缝隙的所有污染物。

⑤ 还应检查容器有无漆面损坏。为防止容器腐蚀，应立即修补损坏的漆面。

⑥ 如果将座盘框架拉出容器，则应检查导轨并在必要时清洁导轨。辊的滚珠轴承已经过密封，因此不需要进行维护。

（2）电解液液位和电解液密度的测量。

在充电过程中，电解作用会将电解液中的水分解为气体 H_2+O_2。这会导致电解液的液位降低。已分解水的体积取决于充电电压、每天的充电时间和温度。在运行的第一个阶段，应大约每 3 个月对电解液的液位进行一次测量和记录。12 个月后，通过由此获得的经验值可确定进一步监控的时间间隔。

测量工具为玻璃管、密度计。

拆除电池组连接装置并且尽力将座盘从电池箱中拉出，以便可以使用测量装置接触到单个电池。

（3）测量电池组和单体电池电压。

在检查电压时，对单个电池电压和整个电池组电压以及充电电压和开路电压加以区别。

下面将介绍充电过程中单个电池电压的测量情况。测量中使用适当的电压表测量充电电压。

① 拆除电池组连接装置并且尽力将座盘从电池箱中拉出，以便可以使用电压表的测量表笔接触到单个电池。

② 通过绝缘盖的小孔将数字电压表/万用表的测量表笔连接至单体电池的电池螺钉连接器测量触点。

③ 按顺序测量并记录单体电池电压。

④ 对电压变化超过所有单体电池电压平均值±50 mV 的单体电池进行标记。

⑤ 将座盘重新推入电池容器。

如果存在电压变化大于±50 mV的单体电池，则应对电池组进行重新调整。

（4）清洁已安装的电池组。

清洁电池组对于避免事故和材料损坏至关重要，同时还能使电池组的使用寿命和利用率最大化。需要清洁电池座、座盘和绝缘子，以便维持单体电池与另一块电池、接地或外部传导部件之间所需的绝缘性。进行清洁还能防止腐蚀或漏电造成的损害。

DIN EN 50272-3规定，电池组的绝缘电阻不应低于标称电池组电压每伏50 Ω的值。

由于使用位置和持续时间，因而无法避免电池组上尘土和湿气的沉积。所谓的漏电则会通过该沉积层流出。这会导致单个电池的增强和变化性自放电。如果流过更高电压的漏电，则无法消除电火花。这些火花会导致充电时从电池插塞中逸出的气体发生爆炸（爆鸣气）。因此，必须清洁电池组。这样既可确保较高的利用率，又对事故预防至关重要。

清洁已经安装的电池时，遵循以下规定十分重要：

① 不得拆除或打开电池插塞。相反，电池必须保持封闭。

② 电池组的塑料部件，尤其是单体电池容器，只能使用水或在没有添加剂的水中浸湿的清洁布进行清洁。

③ 进行清洁之后，使用适当的方式干燥电池组表面。例如，使用压缩空气或清洁布。

④ 必须按照有关废弃物和残余物的法规将进入电池座盘的所有液体吸出并进行处理。

（5）绝缘电阻试验。

DIN EN 50272-3规定，电池组绝缘电阻不得低于标称电压每伏50 Ω的值。在电池组使用过程中，绝缘电阻会由于来自空气中的尘土、制动器尘土和湿气而降低。

这样，在100.8 V的电池组标称电压下，电阻最小值为5.04 kΩ（50 Ω每伏，电池组受污）。如果电池组为并联，则绝缘电阻适用于单个电池组。

必须使用测试电压为500 V的绝缘测试器。电池组的正极和负极端子应分别连接导轮的金属部分进行测量。调试前的绝缘电阻最小值应为1 MΩ。

实际设置值应根据经验确定。如果出现绝缘故障，则首先断开电池组并测试电气安装的其他装置。

如果为其他电气负载规定的更高的测试电压，则在进行这些试验时应将电池组从车载系统上断开。

（6）在电解液中加注蒸馏水。

镍镉电池中注有高苛性氢氧化钾溶液（KOH）和氢氧化锂（LiOH）添加剂。标准IEC EN 60993中规定了水和电解液的不纯度。处理电池组时，应佩戴防护服（如橡胶手套）和眼保护装置。如果电解液接触到皮肤或眼睛，则应立即用流动水冲洗皮肤或眼睛。之后，应立即向医生咨询。

如果电池组的电解液液位低于最低和最高标记之间的中间点，则应灌注蒸馏水，使液位达到最高标记处。

2. 作业要点

（1）处理电池组时应佩戴护眼装置且穿着防护服。

（2）禁止吸烟。电池组附近不得出现明火、灰烬或火花，以免引起爆炸和火灾危险。

（3）避免短路。电池组电池的金属部件始终带电，因此，不得将任何异物或工具放在电池上。

（4）确保电池室内具有良好的通风，这样可以将充电时产生的爆炸性气体排出。

（5）电解液具有高度腐蚀性，若电解液溅入眼睛或溅在皮肤上，则使用大量清水冲洗并立即向医生咨询。被电解液污染的衣物必须彻底清洗。

（6）禁止在电池组与电池充电器连接时处理电池组。

（7）不要倾斜电池组。只能使用经过批准的提升和传送设备，如符合 VDI 3616 的提升装置。吊钩不得引起单体电池、连接器或接线电缆损坏。

（8）应遵守操作说明并在充电时严格按规定进行。

（9）有关电池组的工作只能由经过培训合格的人员操作。

3. 故障处理（见表 2-5）

表 2-5 CRH380BL 型动车组蓄电池故障处理

序号	故障现象	故障原因	处理措施
1	水消耗过度	出现水损失，一方面是由于充电电压过高，但另一方面则是由于充电过程中水分解为氧气和氢气。首先要检查车内的充电电压。如果充电电压正常，则按照"处理措施"进行操作	在充电过程中测量单个电池电压，如果单个电池的电压变化超过平均值 ± 50 mV，则应拆除电池组，并且后续测量应在经过 2 天休息后进行： （1）经过 2 天休息后，测量开路电压。如果单个电池电压变化超过 ± 20 mV，则建议再进行大于 5 天的休息。如果变化更大，则无论如何都应进行重新调试充电。 （2）重新调试的结果。如果在容量试验过程中经过 3.5 h 放电后放电电压仍保持均衡，但之后出现相当大的变化，则应重复重新调试。然而，如果容量随每次循环而降低，则应联系厂商，以便采取下一步措施
2	单体电池电压分布	在预防性维护过程中，可通过测量所有单体电池的电压确定单个电池电压的分布情况。单体电池电压广泛分布的可能原因有： （1）单体电池温度的变化； （2）单体电池电解液密度的差异； （3）单体电池电解液液位的差异； （4）不同电池的极板短路； （5）充电状态变化	（1）重新调试充电； （2）检查电解液密度； （3）检查电解液液位； （4）检查开路电压
3	容量不足	即使所有电池具有适当的电解液液位，电解液密度仍会存在差异。这可能导致单个电池具有不同容量。容量不足由以下原因引起： （1）充电时间太短； （2）电解液液位过低； （3）接线松动或被氧化	（1）重新调试充电； （2）检查/修正电解液液位； （3）检查所有连接； （4）如果容量试验显示容量低于额定容量的 70%，则应更换电池组

续表

序号	故障现象	故障原因	处理措施
4	绝缘故障	如果出现绝缘故障,则漏电会降低可用的电容量,并且会导致单体电池电压发生变化	定期清洁
5	无电池组电压	如果发现电池组不再为车载系统提供电源,即整个电池组电压已出现故障,可能的原因有: (1)保险丝已经跳闸; (2)电缆断裂; (3)终端连接器松动	检查是否有松动的终端和损坏的电缆。必须将松动的终端再次拧紧。必须更换损坏的电缆。 如果保险丝跳闸,则应确保从保险丝盒连接至电池组正极或负极端子的所有电缆均无受损

专业知识一 CRH380A 型动车组蓄电池

CRH380A 型动车组使用碱性蓄电池共 6 组 100 Ah，为控制、照明、应急通风和列车无线供电。2、7 号车各装有一组蓄电池，3、5 号车各装有两组蓄电池，具备能够使应急通风工作 90 min，应急照明、广播装置、应急显示及通信装置工作 2 h 以上的容量。

蓄电池组在运行时通过线路充电。在蓄电池电压低到 DC 87 V 时（通过司机室电压表或监视显示器观察），必须立即给其充电或切断车上所有用电负载，以便保证动车组可正常起动。

电池单元各部件见图 2-3。

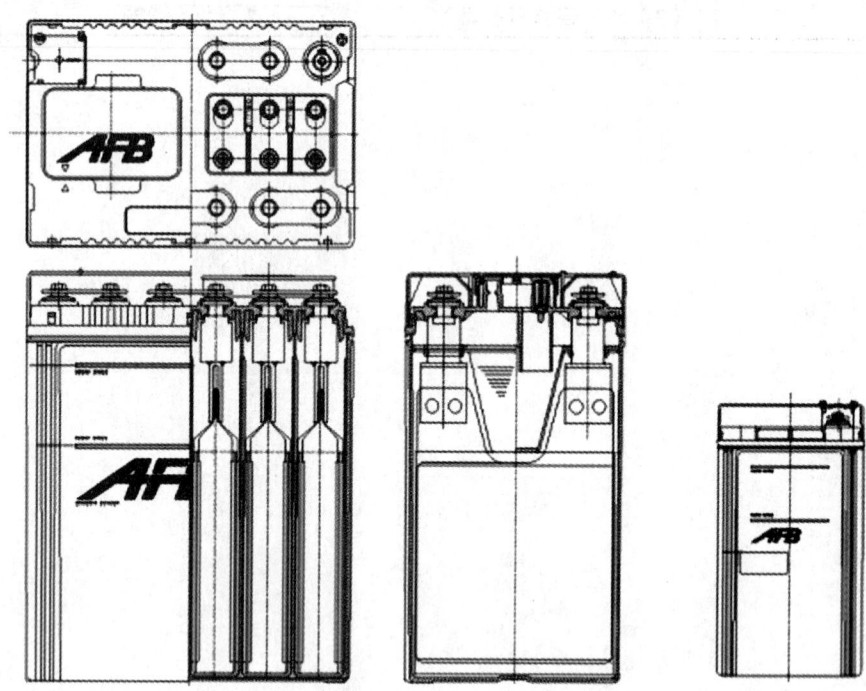

图 2-3 CRH380A 型动车组蓄电池外观

CRH380A 型动车组蓄电池是将公称电压 7.2 V 的单位电池（整块蓄电池）用连接导电体串行连接的。单位电池由 6 节电池（由正极板、负极板、分离器、整块电解槽及电槽盖、液口栓盖、电池套、电解液、极柱、垫圈和螺栓构成）构成，变电能为化学能之后，在内部储备。使用时供给直流电流。

正极板，将镍粉末用高温烧结为多孔性的印刷电路板。

负极板，以氢氧化镍作为活性物质与用加强筋制造的膏，涂敷多孔性的印刷电路板。

分离器，将正极板与负极板隔离，而且防止短路。这个分离器用耐碱性合成树脂纤维与合成树脂薄膜组成多层构造。

整块电池槽及盖子，用质量良好的合成树脂制成，通过热焊接合，有充分的机械强度。

液口栓盖，是为了将充电时发生的瓦斯排出，而且防止异物从外边掺进。充液时，将排气筒插入电槽盖的液口栓盖，3 节电池同时可达到规定液面。

蓄电池套，采用有机绝缘材料，保护蓄电池接头部与通电部，避免有附着尘埃覆盖在上面。

电解液，是以氢氧化钾为主体的水溶液。这个电解液的标准比重是 1.15 ~ 1.30（20 ℃）。

各节之间连接板，用铜上镀镍的连接板，将节与节相互连接，并用螺栓、碟形弹簧将连接板固定。

蓄电池极柱、螺栓、垫圈和碟形弹簧是镀镍的钢铁制品或不锈钢制品。

表 2-6 所示为 CRH380A 型动车组蓄电池的主要技术参数。

表 2-6 CRH380A 型动车组蓄电池技术参数

序号	内容	参数
1	型号	6M100B
2	电压	86.4 V（1.2 V/节）
3	容量	100 Ah
4	标准充电	20 A×8 h
5	最大放电电流	200 A
6	环境温度	−25 ~ +45 ℃
7	放电电流	20 A
8	放电时间	>300 min
9	放电终止电压	72 V（1.0 V/节）
10	外形尺寸 $L×W×H$	255 mm×170 mm×306 mm

专业知识二　CRH380BL 型动车组蓄电池

CRH380BL 型动车组使用高电流镍镉碱性蓄电池共 4 组 2×160 Ah，当列车在无网压时，DC 100.8 V 蓄电池系统能够使列车内部照明、外部照明、紧急通风、车载安全设备、广播、通信系统等辅助设备在停车计划规定的时间内保持运行。

4、5、12、13 号车各装有一组蓄电池。CRH380BL 型动车组使用的蓄电池有"荷贝克"和"亚通达"两种品牌，本书选择"荷贝克"进行介绍。

电池组由 2 个电池座盘组成，如图 2-4 所示。每个电池座盘上装有 84 节串联的 FNC 1502 HR*型单体电池。单体电池的互联使电池组的标称电压达到 100.8 V。

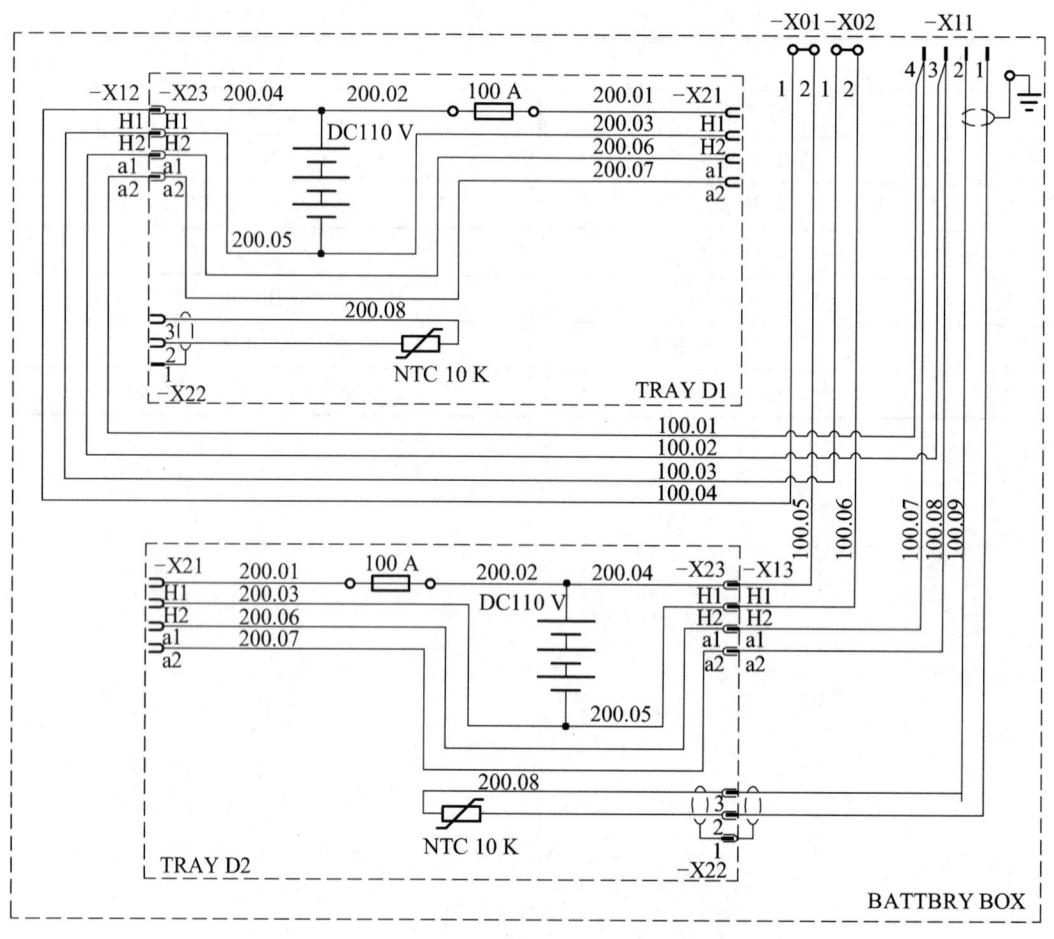

图 2-4　CRH380BL 型动车组蓄电池组电路

单体电池的装配方式能够确保 100.8 V 电池组的爬电间隙规范符合 DI NEN 50272-2 和 IEC 50124 标准的要求。

单体电池为 PP V0 容器中装有纤维封装电极的高电流镍镉单体电池，如图 2-5 所示，顶端装有翻转式通风塞，用以防止回火。

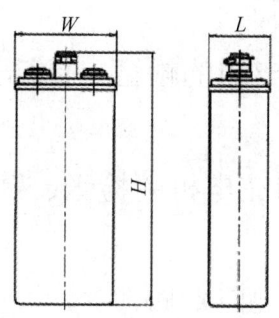

图 2-5 CRH380BL 型动车组蓄电池单体

表 2-7 所示为 CRH380BL 型动车组蓄电池的主要技术数据。

表 2-7 CRH380BL 型动车组蓄电池技术参数

序号	内 容	参 数
1	电池单体型号	FNC 1502 HR*
2	电池单体标称电压	1.2 V
3	电池单体标称容量	160 Ah
4	电池单体电解液密度	1.19 kg/L
5	电池单体电解液体积	1.50 L（水储量 0.50 L）
6	电池单体尺寸 $L \times W \times H$	115 mm×122 mm×309 mm（包括电极）
7	电池单体质量	7.05 kg
8	电池组标称电压	100.8 V
9	电池组标称容量	2×160 Ah
10	电池组尺寸 $L \times W \times H$	2 279 mm×712 mm×350 mm
11	电池组质量（含座盘）	738×(1±5%) kg
12	电池组温度传感器	NTC 10 kΩ
13	电池组规格	EN 60623
14	电池组标准	UIC 854，NF F 64-018

任务二　充电机的检查、清洁及故障处理

一、CRH380A 型动车组充电机的检查、清洁作业

作业安排：单人。
作业范围：1 车/8 车充电机，如图 2-6 所示。
劳保准备：穿工作服、劳保鞋，劳保手套、口罩，戴安全帽，佩戴标志。
工具准备：基本工具、棘轮扳手、扭矩扳手、高压风设备、吸尘器。

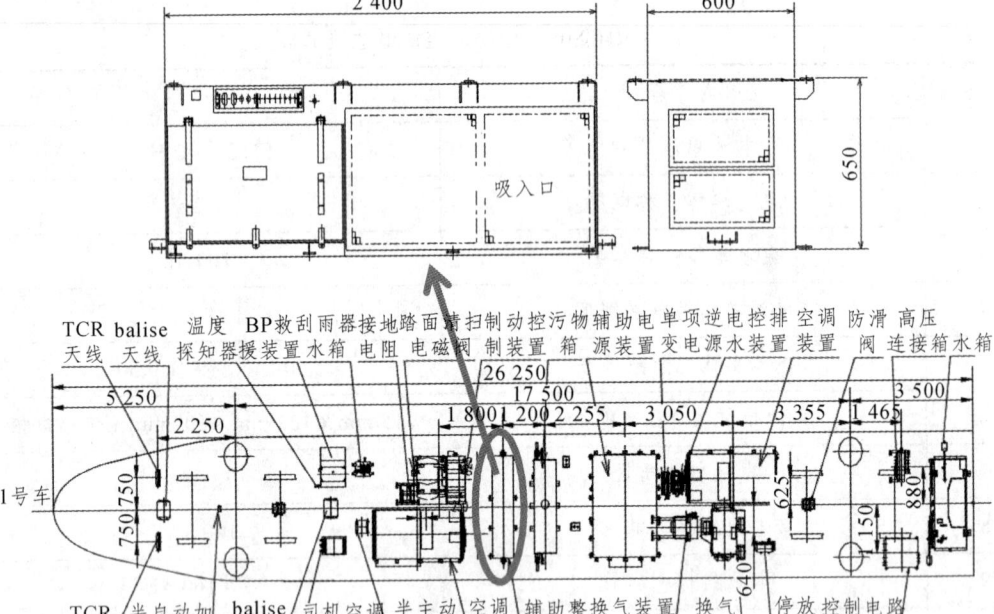

图 2-6　CRH380A 型动车组 1 车/8 车车下设备的充电机

作业步骤：如表 2-8 所示。

表 2-8　CRH380A 型动车组充电机的检查、清洁作业

作业时间	30 min		
安全注意	1. 作业前确认接触网断电，接地杆可靠插设； 2. 确认 APU 停止供电 5 min 以上		
序号	检查、清洁目标	质量标准	图片备注
1	防护号志	正确设置防护号志，确认 APU 停止供电 5 min 以上	
2	1 车/8 车配电柜	断开 ARfRN，ARfN2；断开 ACVN1，ACVN2；断开 APUCN	

续表

序号	检查、清洁目标	质量标准	图片备注
3	对应的裙板和底板	打开 ARf 装置对应的裙板和底板,并对其进行灰尘清理	
4	设备与安装	确认 ARf 装置外观良好;悬挂梁无裂纹、螺栓紧固、防松标记清晰、无错位	
5	TR2、TR3、TR4	清理变压器表面杂物,用高压风管或吸尘器清理内部灰尘	
6	整流器 Rf、调整电阻 R12	清理表面杂物,用高压风管或吸尘器清理内部灰尘;确定各部件、线路无异样、变色等,安装牢固,配线无破损	
7	对应的裙板和底板	按规定力矩安装 ARf 装置对应的裙板和底板螺栓	
8	1车/8车配电柜	合上 ARfRN,ARfN2;合上 ACVN1,ACVN2;合上 APUCN	
9	防护号志	撤除防护号志	

作业解析:

1. 生产背景

表 2-9　CRH380A 型动车组充电机检修计划

序号	检修对象	检修任务	检修级别	
			月检查	大修
1	箱体外观、箱体盖罩、箱体密封垫	(1)确认外观无异常;(2)确认盖罩有无变形、损伤等,若有,则进行修正,对于不能修正的要进行更换;(3)确认密封垫的弹力,若弹性消失或永久变形大于 3 mm,应更换	○	○

续表

序号	检修对象	检修任务	检修级别	
			月检查	大修
2	箱内外观、箱内电线、箱内安装螺丝	（1）确认箱内外观无异常； （2）确认电线劣化的状况，具有明显劣化的要进行更换；有无电线损伤，有损伤的要进行更换；端子部有无异常，对于变形的要进行修正，若发生有腐蚀、溶化掉损、变色、破裂等要进行更换；端子螺丝的紧固状态，对于松动的要进行进一步紧固；端子盘有无异常，对于发生变形、破裂的物品要进行更换；电线线夹有无异常，对于发生变形、破裂的物品要进行更换； （3）螺丝的紧固状态，对于松动的要进行进一步紧固	外观检查	○
3	Rf单元	（1）外观有无异常，当有明显污损时要用风吹进行清扫（不要用强风）； （2）二极管模块外观、绝缘子和绝缘箱的裂缝变色等异常情况出现时用单元单位来取代； （3）绝缘板外观，对于有明显破裂、变色的要进行更换； （4）连接器外观，对于有针销的变形、松动、腐蚀等现象的物品要进行更换	外观检查、绝缘板检查	○
4	电阻器R12	外观有无异常对于出现变形、变色等异常的物品要进行更换，端子螺丝出现松动时要进行进一步紧固	○	○
5	变压器（TR2，TR3，TR4）	（1）外观污损状态，出现明显污损时要用电吹风来进行清扫； （2）出现加热的痕迹，或异臭、异常噪声，要进行修正，对于不能修正的要进行更换； （3）螺丝连接部，出现松动时要进行进一步紧固	异臭、异常噪声	○

2. 作业要点

（1）关闭充电机 ARf 输入开关，5 min 之后才能进行作业。保证电容器的电荷完全放电。

（2）由于辅助整流器箱是跟车辆蓄电池连接在一起的，所以要确认 AC 400 V 输入，DC 100 V 输出线上没有电压。

（3）安装螺栓紧固力矩见表2-10。

表2-10 CRH380A型动车组充电机螺栓的标准紧固力矩

序号	螺丝/螺栓的公称直径	软钢螺栓/N·m（kgf·cm）	黄铜螺栓/N·m（kgf·cm）	不锈钢螺栓/N·m（kgf·cm）
1	M3×0.5	0.79（8）	0.5（5）	0.69（7）
2	M3.5	1.18（12）	0.69（7）	1.04（10.6）

续表

序号	螺丝/螺栓的公称直径	软钢螺栓/N·m（kgf·cm）	黄铜螺栓/N·m（kgf·cm）	不锈钢螺栓/N·m（kgf·cm）
3	M4×0.7	1.77（18）	0.99（10）	1.57（16）
4	M5×0.8	3.5（35）	1.9（19）	3.1（31）
5	M6	5.9（60）	3.2（32）	5.2（53）
6	M8	13.8（140）	7.5（76）	12.3（125）
7	M10	27.5（280）	14.9（151）	24.6（250）
8	M12	47.1（480）	25.3（257）	42.2（430）
9	M16	117.7（1 200）	60.8（620）	104（1 060）
10	M20	215.8（2 200）	118.7（1 210）	190.3（1 940）

注：软钢螺栓的材质为 SS400 或 SWRM10，不锈钢螺栓的材质为 SUS304。

3. 故障处理

生产实践经验和科学研究证明，正确的使用与合理的检修循环，可以有效减少设备故障的发生。在表 2-9 中，已经展现了 CRH380A 型动车组充电机使用与检修的基本要求，对常见故障的处理做了说明。表 2-11 主要介绍了运行途中的应急故障处理。

表 2-11　CRH380A 型动车组充电机应急故障处理

序号	故障现象	故障原因	处理措施
1	ARfN2 跳闸，故障代码 144（充电能力降低）	（1）TR2 故障； （2）Rf 故障； （3）ARfN2 故障	随车机械师到相应车厢配电柜，合上 ARfN2，通知司机；司机通过驾驶室 MON 屏，确认故障情况；若故障消除，正常运行，若故障未消除，维持运行，但要密切监视蓄电池的状态
2	ACVN1 跳闸，故障代码 146（由于 AC 100 V 稳压供电 202 线失压，导致空调控制、供水控制和广播等失电）	（1）TR3 故障； （2）ACVN1 故障； （3）负载短路或过载	随车机械师到相应车厢配电柜，合上 ACVN1，通知司机；司机通过驾驶室 MON 屏，确认故障情况；若故障消除，正常运行；若故障未消除，维持运行，通知随车机械师，逐一排查故障负载，将故障负载切除后，重新合上 ACVN1
3	ACVN2 跳闸，故障代码 147（由于 AC 220 V 稳压供电 302 线失压，导致开水器控制、小卖部设备等失电）	（1）TR4 故障； （2）ACVN2 故障； （3）负载短路或过载	随车机械师到相应车厢配电柜，合上 ACVN2，通知司机；司机通过驾驶室 MON 屏，确认故障情况；若故障消除，正常运行；若故障未消除，维持运行，通知随车机械师，逐一排查故障负载，将故障负载切除后，重新合上 ACVN2

二、CRH380BL 型动车组充电机的检查、清洁作业

作业安排：单人。
作业范围：5 车/13 车充电机，如图 2-7 所示。
劳保准备：穿工作服、劳保鞋，戴劳保手套、口罩、安全帽，佩戴标志。
工具准备：基本工具、棘轮扳手、扭矩扳手、高压风设备、吸尘器。

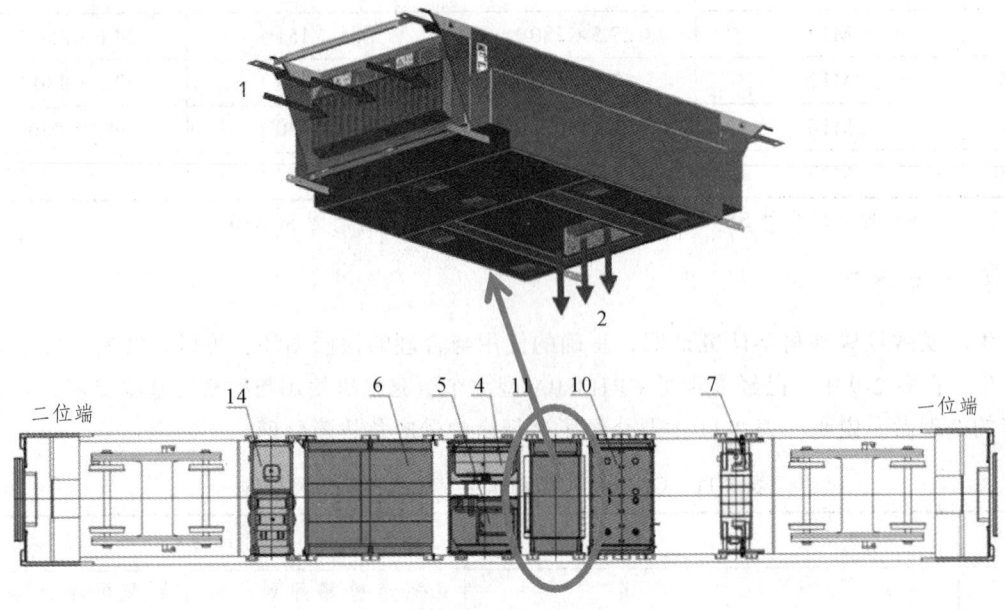

图 2-7　CRH380BL 型动车组 5 车/13 车车下设备的充电机

作业步骤：如表 2-12 所示。

表 2-12　CRH380BL 型动车组充电机的检查、清洁作业

作业时间	30 min		
安全注意	1. 作业前确认接触网断电，接地杆可靠插设； 2. 确认 BC 停止供电 5 min 以上		
序号	检查、清洁目标	质量标准	图片备注
1	防护号志	正确设置防护号志，确认 BC 停止供电 5 min 以上，并接地	
2	5 车/13 车配电柜	断开=32-F51	
3	对应的裙板和底板	打开 BC 装置对应的裙板和底板，并对其进行灰尘清理	
4	设备与安装	确认 BC 装置外观良好；悬挂梁无裂纹、螺栓紧固、防松标记清晰、无错位	

续表

序号	检查、清洁目标	质量标准	图片备注
5	BC 进风口	（1）如果脏了，用压缩空气清理进风口。先从外部清理；然后打开进风栅挡板；用真空吸尘器从内部打扫进风口区域。注意，彻底的清理是每隔 1.5 年的第一项维护工作。 （2）如果进风口污染严重，先从外面清理。卸下进风栅的外部安装螺丝并把风栅从挡板里拿出。然后用压缩空气或者高压清洁器清理。检查风道污染是否严重。如果脏了，打开风机舱的底盖清理风道，风机部分用工业真空吸尘器清理。重新安装风栅并关上底盖	
6	对应的裙板和底板	按规定力矩安装 BC 装置对应的裙板和底板螺栓	
7	5 车/13 车配电柜	合上=32-F51	
8	防护号志	撤除防护号志	

作业解析：

1. 生产背景

表 2-13 所示为 CRH380BL 型动车组充电机检修计划。

表 2-13　CRH380BL 型动车组充电机检修计划

序号	部件	检修任务	运行里程/km	800 000 km/年条件下的时间间隔	检修等级
1	进风口	检修	100 000	1.5 月左右	M1
2	箱体外部	检修和清理	400 000	0.5 年左右	M2
3	进风口	清理	400 000	0.5 年左右	M2
4	功率接触器	检查	800 000	1 年左右	M3
5	防腐蚀保护（干燥剂）	更换	800 000	1 年左右	M3
6	箱体外部	检修	800 000	1 年左右	M3
7	进风口、出风口、风道、散热片	清理	1 200 000	1.5 年左右	R1
8	主风机	更换	4 800 000	6 年左右	R3
9	内部风机	更换	4 800 000	6 年左右	R3

（1）箱体外部直观的检修和清理。

① 遵守相关安全规定。

② 检查箱体外部挡板、盖、风栅、连接器、进线和悬挂是否损坏。必要时更换。

③ 检查所有的螺丝/螺栓连接扭紧力矩。

④ 检查4个接地端子扭紧。

⑤ 检查紧固件是否有明显损坏，损坏的一定要更换。

⑥ 用柔性清洁剂和麻布清洁盖上的警告标示。

⑦ 检查状态和警示标示，缺损的标示必须更新。

⑧ 向上级报告任何故障和缺陷。

（2）箱体外部的检修。

① 遵守相关安全规定。隔离BC并接地。

② 打开所有的维护挡板和底盖。

③ 检查密封件的有无气隙和脆度，不合格的任何情况都必须更换。

④ 检查元件可能的损坏（如污染或者机械损坏）检查紧固牢固。特别是，检查功率模块、控制单元、风机和电流电压。如果元件损坏，必须更换。注意，如果必要，按规定的扭矩紧固螺丝。

⑤ 检查所有电气连接。检查BC内部接线；检查接线（接线片）紧固情况；检查接线柱（公母部分）的腐蚀和连接是否合适；检查接线柱螺栓紧固情况，如果接线柱损坏，必须更换。在关箱体前清理密封件，用石蜡油润滑密封件。

⑥ 移除接地并关上挡板和底盖。

⑦ 向上级报告任何故障和缺陷。

（3）进风口的清理。

① 遵守相关安全规定。隔离BC并接地。

② 如果脏了，用压缩空气清理进风口。先从外部清理，然后打开进风栅挡板，用真空吸尘器从内部打扫进风口区域。注意，彻底的清理是每隔1.5年的第一项维护工作。

③ 如果进风口污染严重，先从外面清理。卸下进风栅的外部安装螺丝并把风栅从挡板里拿出。然后用压缩空气或者高压清洁器清理。检查风道污染是否严重。如果脏了，打开风机舱的底盖清理风道，风机部分用工业真空吸尘器清理。重新安装风栅并关上底盖。

④ 移除接地并关上挡板和底盖。

⑤ 向上级报告任何故障和缺陷。

（4）功率接触器的检修。

检修包括输入接触器（Q3）、预充电接触器（Q4）、接触器BN1/BS1（Q1）和接触器BN2/BS2（Q2）。

① 遵守相关安全规定。隔离BC并接地。

② 打开模块舱和开关/控制舱的维护挡板。

③ 卸开接触器的灭弧腔。

④ 检修灭弧腔和开关件。直观地检查电火花灭弧腔是否出现力学损坏或金属污染。直观地检查功率接触器的耐火材料是否出现污染。如果污染，更换不合格的接触器。如果保护状

况良好，重新附加灭弧腔。

⑤ 移除接地并关上挡板和底盖。

⑥ 向上级报告任何故障和缺陷。

（5）干燥剂的更换。

用于防腐蚀保护。

① 遵守相关安全规定。隔离 BC 并接地。

② 打开模块舱和开关/控制舱的维护挡板。

③ 拿出新的 10 袋防腐蚀保护，更换。

④ 移除接地并关上挡板和底盖。

⑤ 向上级报告任何故障和缺陷。

2. 作业要点

（1）在关断输入电压后，即断开 DC 母线和电池连接后，模块中的电容危险电压等级仍然存在，切记最少等待 5 min 放电。

（2）检修计划中规定的维护间隔及任务必须遵守，以确保充电机（BC）功能正常和减少故障。

（3）箱体密封、安装牢固对 BC 的正常使用非常重要，所有盖和模块必须合适，电缆必须扎紧，如果盖、密封件或者螺丝/螺栓损坏，必须更换。

（4）进行更换工作时，只能用制造商提供的备件。

（5）BC 内部的污染物会扰乱 BC 的正常功能，必须在所有维护工作中清除。尤其是要确保没有螺母、平垫和弹垫等小部件掉落到箱体中，以避免短路的发生。

（6）所有箱体内外的螺丝/螺栓必须按规定的扭矩上紧，螺丝紧固后，用记号笔打防松标记。

（7）关于印刷电路板（PCB）包含静电敏感器件（ESD）的处理。

不当的处理很容易损坏器件。从事 PCB 工作必须遵循以下规定：

① 不工作时不要碰触 PCB。如果不得不碰触 PCB，工作人员必须事先做好静电防护。

② PCB 不允许与电绝缘材料接触，如塑料片、绝缘桌面和合成纤维的衣服，PCB 只允许放或储藏在导电表面。

③ PCB 进行焊接时，确保焊接端头接地。

④ PCB 和电子元件在储存和运输之前必须放在导电容器里（镀金塑料盒或者金属箱）。如果不可避免要用不导电容器，在放进去之前可以先用导电材料包裹。这种材料包括导电泡沫橡胶和家用铝箔。

3. 故障处理

（1）如果 BC 系统发生故障，K1 主控制器、模块控制器能自行诊断，切除相关负载并将故障信息通过 MVB 传输到 CCU。

发生次要故障时，一旦故障排除，模块会自己正常启动。

发生严重故障时，受影响模块的控制系统切换到"锁死"模式；故障影响到所有变流器时，主控系统切换到"锁死"模式。此时维修人员必须将控制系统供电电源断开或者进行软件复位，才能解锁。

（2）计算机辅助故障诊断。

CRH380BL 型动车组配置了计算机 PC，专门用于辅助故障诊断。通过 BC 的主控制器 K1 的串口与 PC 相联，从而读出完整翔实的过程数据、系统信息、状态信息和实时故障。

如图 2-8 所示，服务笔记本电脑（PC），通过 K1 的 X092（RS232 接口）建立通信连接。

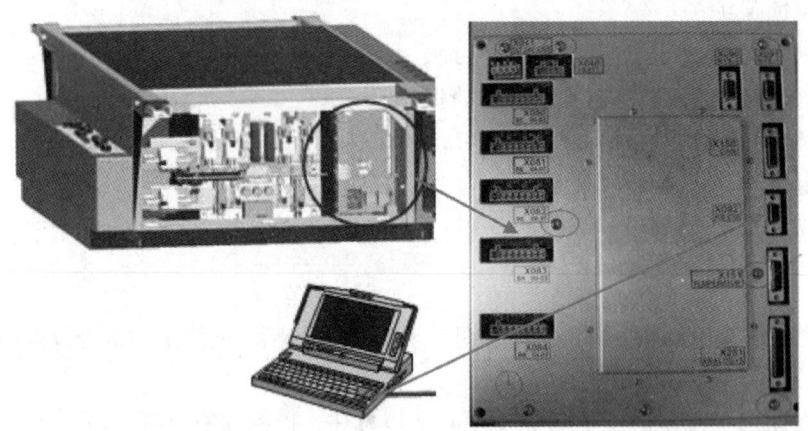

图 2-8　CRH380BL 型动车组服务 PC 与充电机主控器 K1 的连接方法

服务 PC 基于 Windows XP 操作系统，诊断和显示系统软件已配置在 PC 中。通过监视程序，K1 微处理器可以通过 PC 在线监视。提供在启动和维护设备时的多辅助功能：在框图里显示设备状态和过程信息、字母数据的输入和显示、图示功能，读出和解析控制器的诊断数据。

图 2-9 和图 2-10 所示为基础显示界面。

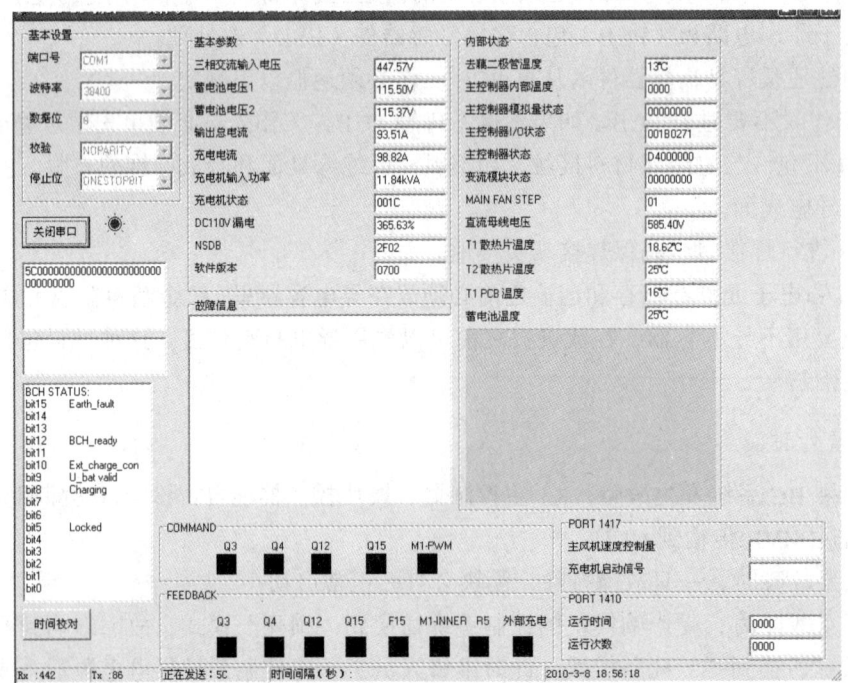

图 2-9　CRH380BL 型动车组充电机 KI 主控器的监视软件显示界面

图 2-10　CRH380BL 型动车组充电机 T1 功率模块监视软件显示界面

（3）为了便于 CRH380BL 型动车组充电机故障处理，需要配置了以下专用工具：三端接地及球节点短路装置（20 mm 绳索交叉段至少 120 mm^2）1 根，供电绝缘测试仪器 1 台，Windows XP 移动 PC 1 台，RS232 线缆 1 根，熔断器把手（SIBA Order No.22 001 05）1 个，110 V 外部电源 1 套。

专业知识一　CRH380A 型动车组充电机

辅助整流器 ARf 即充电机，为自冷式，由整流器用变压器（TR_2）、辅助整流器（Rf）、调整电阻（R_{12}）、2 个辅助变压器（TR_3、TR_4）等构成，如图 2-11 所示。

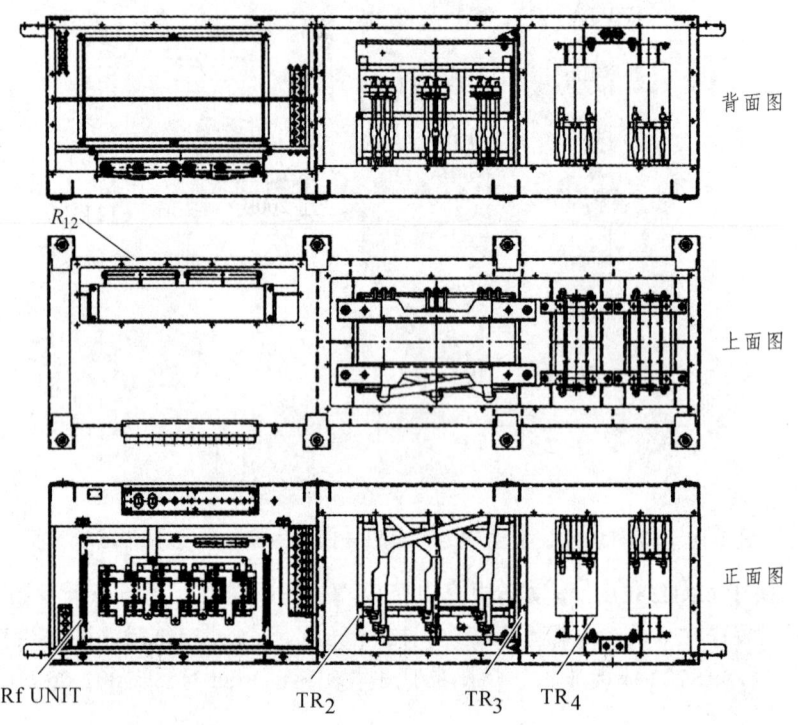

图 2-11　CRH380A 型动车组充电机部件配置

ARf 是对 APU_1/APU_2 的输出 AC 400 V、3 相交流电进行整流，提供 DC 100 V 电源的装置。并且还内置有能将 APU_1/APU_2 输出的 AC 400 V 电压变压为 AC 100 V 的变压器（TR_3）和变压为 AC 220 V 的变压器（TR_4）。

图 2-12 所示为 CRH380A 型动车组充电机电路原理。

ARf 是用变压器（TR_2）将 APU 的稳压三相 AC 400 V/50 Hz 输出进行变压后，通过三相桥式整流电路输出 DC 100 V，因此，本电路的基本结构就是由 6 个二极管组成的三相桥式整流电路，本电路的基本原理就是三相桥式整流电路工作原理。

另外，在整流电路 Rf 的输出端串联了调整电阻 R_{12}（0.005 Ω），目的是为了使 1 车和 8 车辅助整流器的输出电流具有下降特性，保证其均等化。

表 2-14 所示为 CRH380A 型动车组充电机技术参数。

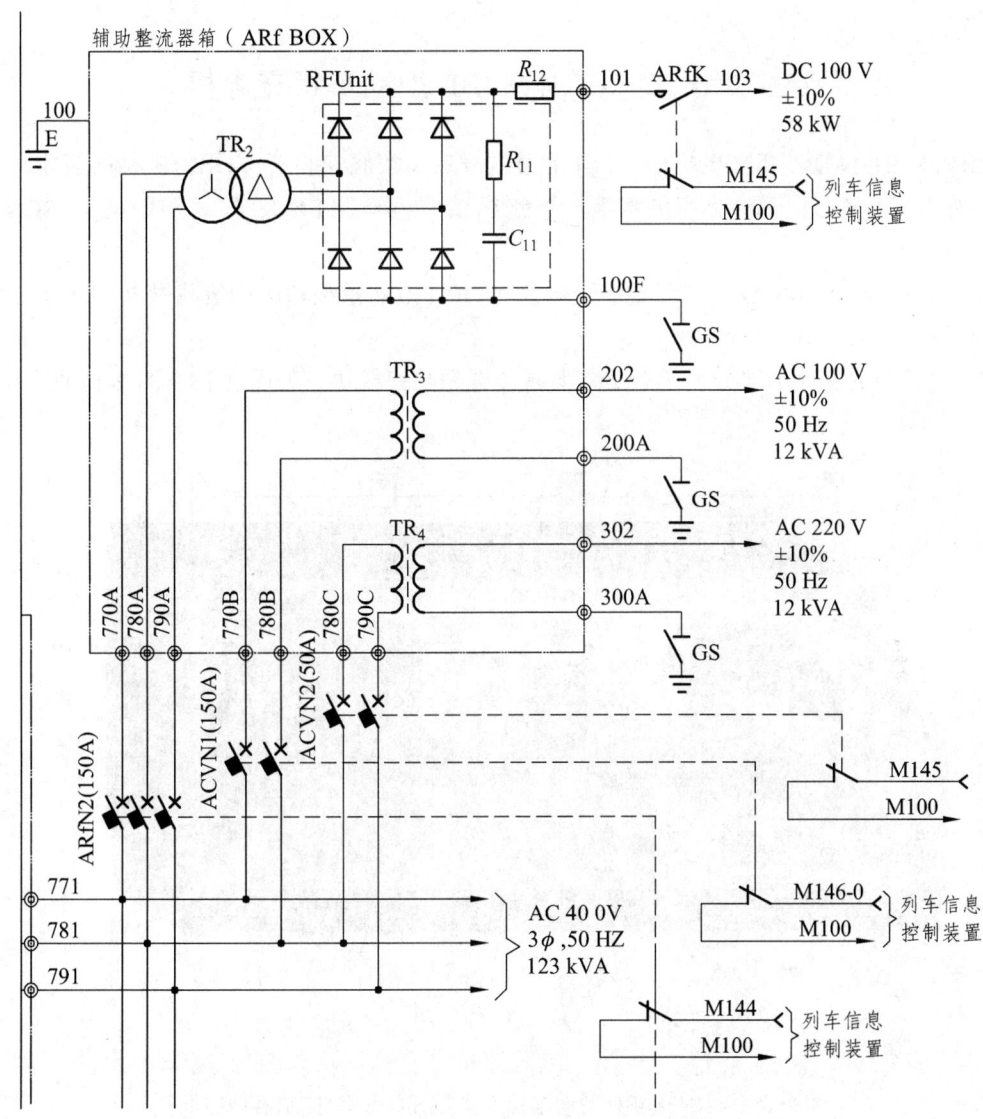

图 2-12 CRH380A 型动车组充电机电路

表 2-14 CRH380A 型动车组充电机技术参数

序号	内　容	参　数
1	容量	58 kW
2	输入电压	3 AC 440 V（±10%）50 Hz（±1%）
3	输出电压	DC 100 V（±10%）
4	散热方式	自然冷却
5	外形尺寸	2 400 mm×600 mm×650 mm
6	质量	750 kg

专业知识二　CRH380BL 型动车组充电机

CRH380BL 型动车组充电机 BC 为车底悬挂安装（车底安装），采用低碳钢的箱体，通过支承凸缘与车体连接。每 8 台车的编组装 2 台 BC，中间车厢 FC_{04}、FC_{05}（或 SC_{12}、SC_{13}）各一个柜体。

BC 由 AC 440 V 60 Hz 母线供电，给电池和 DC 110 V 系统和所带负载供电，DC 110 V 系统全列贯通。

BC 包括开关和保护部分，还有很多监视装置和功率模块，如图 2-15～图 2-17 所示。

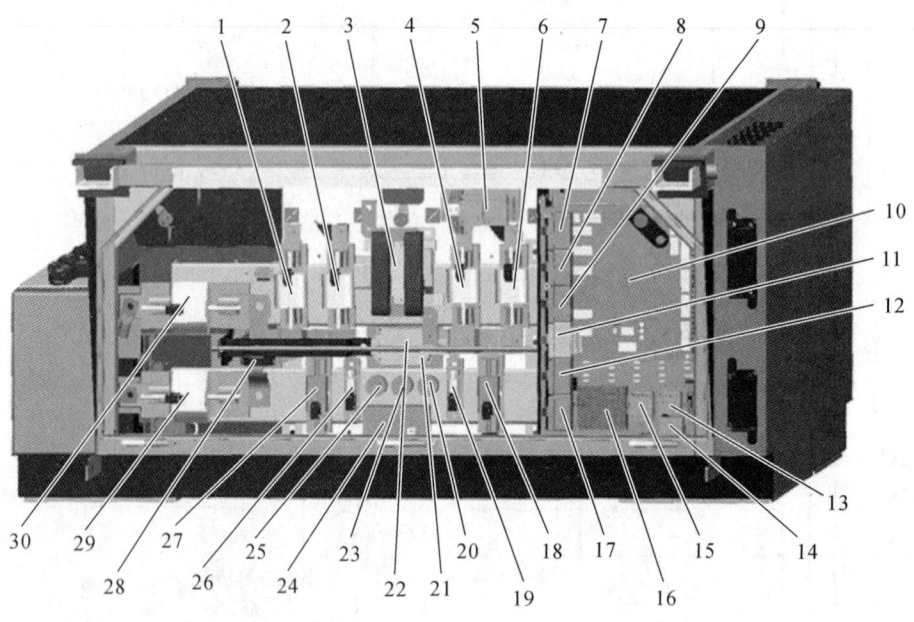

图 2-15　CRH380BL 型动车组充电机开关设备/控制器件布局

1—熔断器 F_4；2—熔断器 F_{10}；3—接触器 Q_1；4—熔断器 F_3；5—固定架 A_2；6—BK 熔断器 F_9；
7—电压传感器 T_6；8—输出电压传感器 T_{20}；9—输出电压传感器 T_{23}；10—主控制器 K_1；
11—DC 110 V 接地故障检测 T_{22}；12—输入电压传感器 T_4；13—风机 A_1-Q_{15}；
14—马达保护开关风机 A_1-F_{15}；15—接触器 A_1-Q_{12}；16—熔断器 A_1-F_1～A_1-F_8；
17—输入电压传感器 T_3；18—BN_2 熔断器 F_{11}；19—BD 熔断器 F_7；
20—EMC 电磁兼容 V_{25}；21—NTC 电阻；22—去耦二极管 R_{20}；
23—EMC 滤波电容 V_{26}；24—BN_2/BS_2 接触器 Q_2；
25—EMC 滤波电容 V_{27}；26—BD 熔断器 F_8；
27—BN_2 熔断器 F_{12}；28—电池电流传感器 T_{24}；
29—熔断器 F_1；30—熔断器 F_2

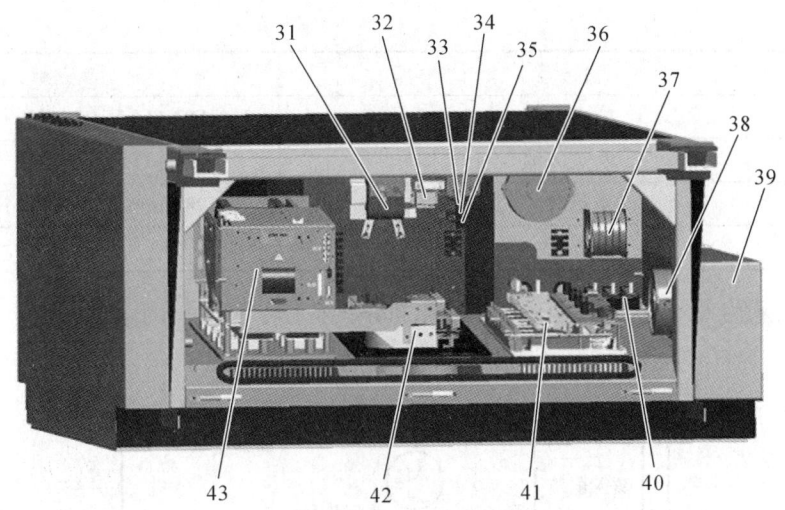

图 2-16　CRH380BL 型动车组充电机模块布局

31—输入接触器 Q_3；32—放电接触器 Q_4；33—预充电电阻 R_{11}；34—预充电电阻 R_{12}；
35—预充电电阻 R_{13}；36—内部风机 M_2；37—铁环圈 V_4；38—内部风机 M_3；
39—电容座 A_4；40—接线柱 A_5；41—充电机 T_2；
42—安装板 A_3；43—充电机 T_1

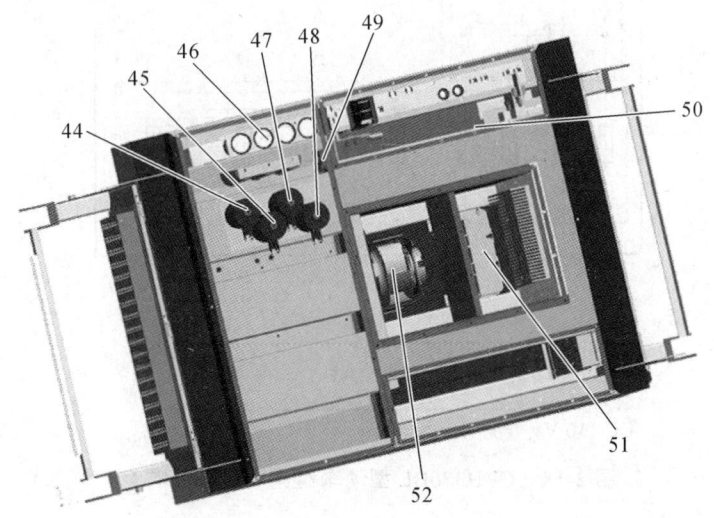

图 2-17　CRH380BL 型动车组充电机无底盖中间柜体部分布局

44—滤波器 R_4；45—滤波器 R_2；46—安装板 A_4；47—滤波器 R_3；48—滤波器 R_1；
49—电流传感器 T_{21}；50—铁心 V_{11}；51—输入滤波 R_5；52—主风机 M_1

箱体及部件采用模块化设计，无须特殊工具就能把模块、保护装置和功率模块很快地分开。表 2-15 所示为 CRH380BL 型动车组充电机的主要技术参数。

表 2-15　CRH380BL 型动车组充电机技术参数

序号	内容	参数
1	容量	60 kW
2	输入电压	3 AC 440 V（±25%）60 Hz

续表

序号	内容	参数
3	输出电压	DC 110 V（+25%～-30%）
4	散热方式	强迫风冷
5	外形尺寸	2 982 mm×1 500 mm×711 mm
6	质量	约 730 kg

图 2-18 所示为 CRH380BL 型动车组充电机系统简图。

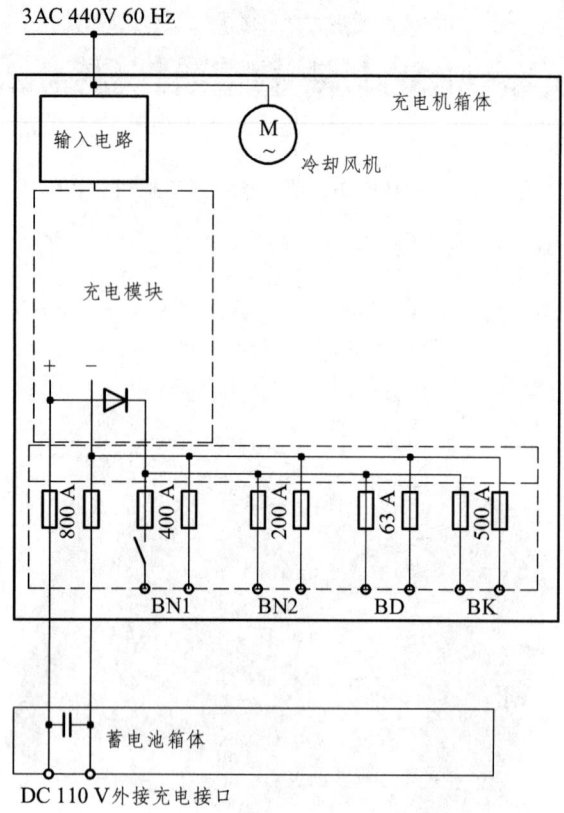

图 2-18　CRH380BL 型动车组充电机系统简图

正常情况下，BC 直接与 D-ACU 的输出连接，获得 3AC 440 V 60 Hz 电源，输出功率为 60 kW。当列车控制单元通过 MVB 发送开机命令，DC 110 V 外接电源断开，输入电压正常，BC 没有故障。此时，BC 正常启动，向 DC 110 V 系统、负载和电池供电。

外接电源情况下，BC 由外接电源插座提供 3AC 380 V 50 Hz 电源，输出功率为 36 kW。

"停车整备"情况下，BC 由 ACU 们提供 3AC 345 V 47 Hz 电源，输出功率为 36 kW。

图 2-19 所示为 CRH380BL 型动车组充电机功率模块简图。

模块 T_1，即可控高频变换器。模块 T_2 包括 1 个输入整流器和 4 个输出整流器。

模块电路中安装若干传感器，电流传感器用来检测器件电流和负载电流，电压传感器检测输出电压。

蓄电池的电压、电流和温度将被记录下来。

主控制器 K_1 装入功能强大的控制程序，指挥充电模块 T_1、T_2 和高频变压器 4X 把三相交流输入电压（440 V/60 Hz）变成电隔离的直流 110 V 输出电压，向电池充电同时给直流负载供电。

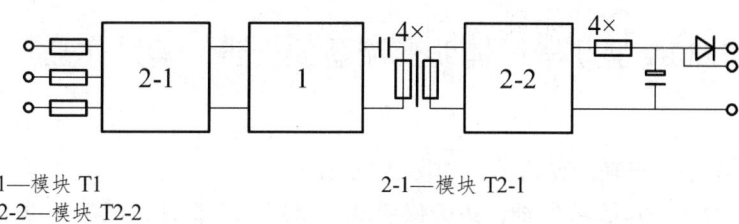

1—模块 T1
2-2—模块 T2-2
2-1—模块 T2-1

图 2-19 CRH380BL 型动车组充电机功率模块简图

主控制器 K_1 还能根据温度等实时数据对蓄电池充电电压进行调控，以符合温度补偿特性。图 2-20 所示为 CRH380BL 型动车组充电机控制系统功能简图。

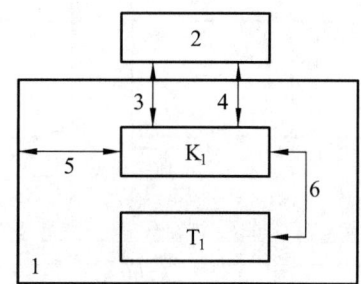

图 2-20 CRH380BL 型动车组充电机控制系统功能简图

1—BC；2—中心控制单元；3—二进制输入/输出；4—MVB 总线；5—RS232 系列接口；6—CAN 总线；K_1—主控制单元；T_1—功率模块

BC 控制系统由一个主控制器 K_1、一个功率模块 T_1 组成。K_1 用来监控 BC，具有更高级的功能，它通过 MVB 为 CCU 提供信号。BC 控制系统内部通信采用 CAN 总线。

BC 控制系统执行的功能：

（1）闭环控制充电器的输入/输出接触器，以便需要的输出变量滞后于输入变量；

（2）内部接触器和断路器的触发、监测和互锁；

（3）充电器输入和输出的启动和失效取决于操作状态和更高级的控制（MVB）输入；

（4）监控所有操作状态并发信号给更高级控制（MVB）；

（5）对输入输出的过载、断路和接地错误，保护自身器件；

（6）预充电检测，预充电故障有错误信息；

（7）将所有输入电流、输出电压和电流值通过 MVB 传到更高级控制器；

（8）将所有诊断范围内的熔断器状态通信，写下各自检测内容到连接器终端；

（9）通过 MVB 传到更高级控制器传输风机故障信号；

（10）MVB 通过 MVB 传到更高级控制器传送接地故障信号；

（11）MVB 出于诊断目的，通过 MVB 储存故障状态；

（12）记录必要的参变量，以便故障检测和分析。

任务三 辅助变流器的检查、清洁及故障处理

一、CRH380A 型动车组辅助变流器的检查、清洁作业

作业安排：单人。
作业范围：1 车/8 车辅助变流器，如图 2-24 所示。
劳保准备：穿工作服、劳保鞋，戴劳保手套、口罩、安全帽，佩戴标志。
工具准备：基本工具、套筒扳手、扭矩扳手、棘轮扳手、毛刷、万用表、吸尘器、压缩空气。

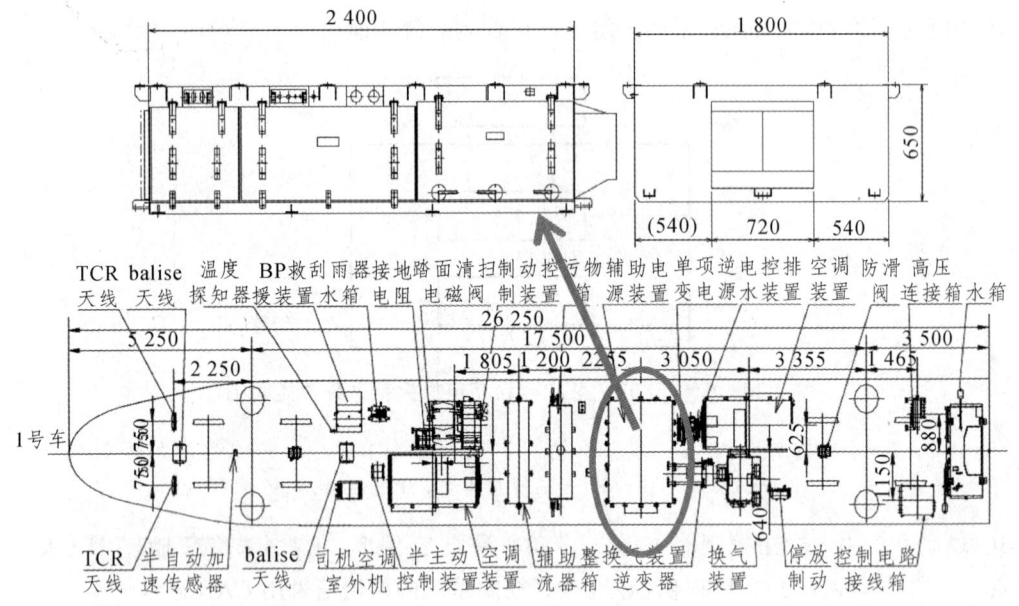

图 2-21 CRH380A 型动车组 1 车/8 车车下设备的辅助变流器

作业步骤：如表 2-16 所示。

表 2-16 CRH380A 型动车组辅助变流器的检查、清洁作业

作业时间	30 min		
安全注意	1. 作业前确认接触网断电，接地杆可靠插设； 2. 不得直接触摸接线端子，禁止触摸发热部件； 3. 作业中不得损坏热交换器； 4. 作业中防止滤网磕碰、损伤，应安装充分干燥的滤网		
序号	检查、清洁目标	质量标准	图片备注
1	防护号志	正确设置防护号志	

续表

序号	检查、清洁目标	质量标准	图片备注
2	1车/8车配电柜	断开APUCN；确定APU输入侧停止供电5 min以上	
3	相应裙板、底板	打开APU相应位置裙板和底板，对其进行清理；检查进、出风口格栅无松动、损坏；检查换热器，有积污时，用吸尘器清理	
4	APU箱体	确定箱体外观良好；悬挂部件外观良好，螺栓紧固、防松标记清晰、无错位	
5	APU滤网、柜门、单元模块	取下滤网与单元模块柜门，对柜门及模块进行灰尘清理；对滤网进行清洗： （1）检查过滤网，如有框架变形无法使用，需更新； （2）用1 500～2 000 W吸尘器对各过滤网架与网进行彻底除尘，必要时用中性清洗剂溶液进行洗刷； （3）清除滤网周边底板上的灰尘、杂物； （4）清洗干净的滤网，需置料架晾干或用高压风吹干，方可安装还原	
6	APU箱内	确定APU接触器、控制单元等部件外观良好，安装紧固；接线端子无松动、变色；接插件插接到位、无松脱	
7	柜门、滤网	安装各部柜门、滤网	
8	相应裙板、底板	按规定力矩安装APU相应位置裙板和底板，打上防松标记	
9	1车/8车配电柜	合上APUCN	
10	防护号志	撤除防护号志	

作业解析：

1. 生产背景

（1）检修计划见表 2-17。

表 2-17　CRH380A 型动车组辅助变流器检修计划

序号	检修对象	检修任务	检修级别	
			月检查	大修
1	箱体外观，箱体盖罩，箱体密封垫	（1）确认外观无异常； （2）确认盖罩有无变形、损伤等，若有，须进行修正，对于不能修正的要进行更换； （3）确认密封垫的弹力，若弹性消失或永久变形大于 3 mm，应更换	○	○
2	箱内外观，箱内电线，箱内安装螺丝	（1）确认箱内外观无异常。 （2）确认电线劣化的状况，具有明显劣化的要进行更换；确认有无电线损伤，有损伤要进行更换；确认端子部有无异常，对变形的进行修正，发生有腐蚀、溶化掉损、变色、破裂等现象的要进行更换；确认端子螺丝的紧固状态，对于松动的要进行进一步紧固；确认端子盘有无异常，对于发生变形、破裂的物品要进行更换；确认电线线夹有无异常，对于发生变形、破裂的物品进行更换。 （3）确认螺丝的紧固状态，对于松动的要进行进一步紧固	外观检查	○
3	空气过滤网外观	确认污损状态，具有明显污损的情况下进行清扫或是更换	○	○
4	CONVU1、CONVU2 单元，INVU1、INVU2、NVU3 单元	（1）检查外观有无异常，当有明显污损时，要用风吹进行清扫（不要用强风）； （2）检查 IGBT 模块外观，当绝缘子和绝缘箱出现裂缝变色的异常情况时用单元单位来取代； （3）检查绝缘板外观，对于明显破裂、变色的进行更换 （4）检查连接器外观，对于有针销的变形、松动、腐蚀等现象的物品进行更换	外观检查；绝缘板检查	○
5	控制单元外观、控制单元印刷电路板、控制单元连接器、控制单元其他电气部件	（1）确认外观有无异常，有明显污损时要用电吹风进行清扫，对于有变色、变形现象的要进行更换； （2）确认外观无异常，焊接点、电路板若有异常须进行更换（电路板：10 年一更换）； （3）确认连接器的状态，对于针销上出现变形、松动、腐蚀等问题的进行更换； （4）确认外观，对于出现变形、变色等异常的物品进行更换，对松动的螺丝进行进一步紧固	外观检查；其他电气部件检查	○
6	ACFC，FCU，ACC 油电容器外观	确认有无异常，对出现有漏油、端子部的损伤、箱子的变形等情况的进行更换（推荐 10 年一更换）	○	○

续表

序号	检修对象	检修任务	检修级别	
			月检查	大修
7	继电器单元，接触器外观	确认有无异常，对于出现变形、变色等异常的物品进行更换，对松动的螺丝进行进一步紧固（继电器、接触器：10年一更换）	○	○
8	电阻器 RFC 外观	（1）污损状态，出现明显污损时要用电吹风来进行清扫； （2）对于出现变形、变色等异常的物品进行更换，端子螺丝出现松动时进行进一步紧固	异常检查	○
9	变压器 TR1，电抗器 ACL1、ACL2	（1）外观污损状态，出现明显污损时要用电吹风来进行清扫； （2）出现加热的痕迹，或异臭、异常噪声，进行修正，对于不能修正的要进行更换； （3）螺丝连接部出现松动时进行进一步紧固	异臭、异常噪声	○
10	电动通风机〔FAN〕	（1）外观有无异常、异常振动，若有，须进行修正，对于不能修正的要进行更换；螺栓类的松动，出现松动时进行进一步紧固。 （2）分解时，检查电机的轴承并保养，定期更换（轴承：3年一更换）；叶轮出现损伤、焊接部位发现裂纹，若有，须进行修正，对于不能修正的要进行更换	外观检查	○
11	电源，电解电容器	10 年一更换		
12	APU 检查门	检查后是否恢复，APU 检查门恢复到位，开关手柄应关闭到位	○	○

（2）滤网等需定期清理、更换建议。

1、8号车各2个、5号车2个辅助电源装置滤网每4天或运行4 000 km卸下清洗一次，同时对滤网后部设备上的冷却片进行清扫。根据线路情况、报警频次以及特殊季节等情况（如落叶、飞絮等）应适当调整，保证设备正常。缺损后更换新品。

（3）辅助电源装置滤网的清洁。

打开滤网对应裙板后，松开滤网固定螺栓，沿车长方向将滤网从安装滑槽中抽出，用高压风吹尘，清洗完成后用高压风由滤网内向外充分吹，用手测试外表滤网，充分干燥后才可按拆卸相反步骤装车；如果在进库维护时没有清洗时间，可更换已经清洗干燥后的备品滤网，换下脏滤网，清洗后投入周转使用。

注意拆下滤网后，要清理滤网后部设备上的冷却片，用硬质尼龙刷沿垂向轻轻清扫，清扫灰尘要清理干净，不能留在设备内。

2. 作业要点

（1）关闭充电机 APU 输入开关，5 min 之后才能进行作业。保证电容器的电荷完全放电。

（2）电动通风机（FAN）上的轴承是有寿命的，有必要每到一定的时期进行更换。（更换

周期以 3 年为准）

（3）在 APU1/APU2 装置吸风口上安装有空气过滤网，所以要在出现明显污损的情况下进行清扫。

（4）印刷电路板（在控制箱及逆变器单元等内）上装有电子部件，不要用强风吹，因为部件有受损伤的风险。（清扫时请用真空吸尘器把灰尘等吸净）

（5）APU1/APU2 装置在进行单体耐压试验时，需把耐压连接器 TCN 插到耐压侧上。试验完成后一定要把耐压连接器 TCN 返回到运行侧上。

（6）安装螺栓紧固力矩见表 2-10。

3. 故障处理

生产实践经验和科学研究证明，正确的使用与合理的检修循环，可以有效减少设备故障的发生。在表 2-17 中，已经展现了 CRH380A 型动车组辅助变流器使用与检修的基本要求，对常见故障的处理做了说明。表 2-18，主要介绍了运行途中的应急故障处理。

表 2-18　CRH380A 型动车组辅助变流器应急故障处理

序号	故障现象	故障原因	处理措施
1	APU 停机，故障代码 135（此动力单元的所有辅助电源失电）	（1）3Ø AC 400 V 输出接地；（2）负载故障引起 APU 输出电压低；（3）负载绝缘不良，有漏电流，引起 APU 输出三相不平衡；（4）APU 自身故障	随车机械师到相应车厢配电柜，断开再合上 APUCN，通知司机；司机通过驾驶室 MON 屏，确认故障情况；若故障消除，正常运行，若故障未消除，通知随车机械师在车厢配电柜断开 APUCN，司机再通过 MON 屏闭合 BKK 延展供电。如果是因为负载绝缘不良，有漏电流，引起 APU 输出三相不平衡而停机；则应在 BKK 延展供电之前，切除故障负载（如电茶炉等）
2	通风机停止，故障代码 143（APU 停机，此动力单元的所有辅助电源失电）	（1）风机电源线故障；（2）风机自身故障；（3）APUBMN 故障	随车机械师到相应车厢配电柜，断开再合上 APUBMN，通知司机；司机通过驾驶室 MON 屏，确认故障情况；若故障消除，正常运行；若故障未消除，通知随车机械师在车厢配电柜断开 APUCN，司机再通过 MON 屏闭合 BKK 延展供电
3	ATN 跳闸，故障代码 148（251 线失电，电加热回路无法供暖）	（1）ATr 故障；（2）ATN 故障；（3）负载短路或过载	随车机械师到相应车厢配电柜，合上 ATN，通知司机；司机通过驾驶室 MON 屏，确认故障情况；若故障消除，正常运行；若故障未消除，维持运行，通知随车机械师，逐一排查辅助加热器、保温 2、水泵等故障负载，将故障负载切除后，重新合上 ATN
4	VDTN 跳闸，故障代码 166（APU 停机，此动力单元的所有辅助电源失电）	（1）输入交流电压检测回路故障；（2）VDTN 故障	随车机械师到相应车厢配电柜，合上 VDTN，通知司机；司机通过驾驶室 MON 屏，确认故障情况；若故障消除，正常运行；若故障未消除，通知随车机械师在车厢配电柜断开 APUCN，司机再通过 MON 屏闭合 BKK 延展供电

续表

序号	故障现象	故障原因	处理措施
5	ACK1 接通不良，故障代码 170（VCB 断开，此动力单元的 APU 失电）	（1）ACK1 故障； （2）ACOSN 故障； （3）ACK12R 故障	随车机械师到相应车厢配电柜，断开再合上 ACOSN，通知司机；司机通过驾驶室 MON 屏，确认故障情况；若故障消除，正常运行；若故障未消除，通知随车机械师在车厢配电柜断开 ACOSN，司机再通过 MON 屏闭合 ACK2 延展供电
6	传输不良，故障代码 204（车辆信息控制装置与 APU 无法通信）	（1）接线不良； （2）板卡故障	随车机械师到相应车厢配电柜，对 APUCN 断开 5 s 后再合上，通知司机；司机通过驾驶室 MON 屏，确认故障情况；若故障消除，正常运行，若故障未消除，通知随车机械师在车厢配电柜断开 APUCN，司机再通过 MON 屏闭合 BKK 延展供电

二、CRH380BL 型动车组辅助变流器的检查、清洁作业

作业安排：单人。
作业范围：2 车/7 车/10 车/15 车单辅助变流器，如图 2-22 所示。
劳保准备：穿工作服、劳保鞋，戴安全帽，佩戴标志。
工具准备：基本工具、棘轮扳手、扭矩扳手、毛刷（干湿布）、万用表。

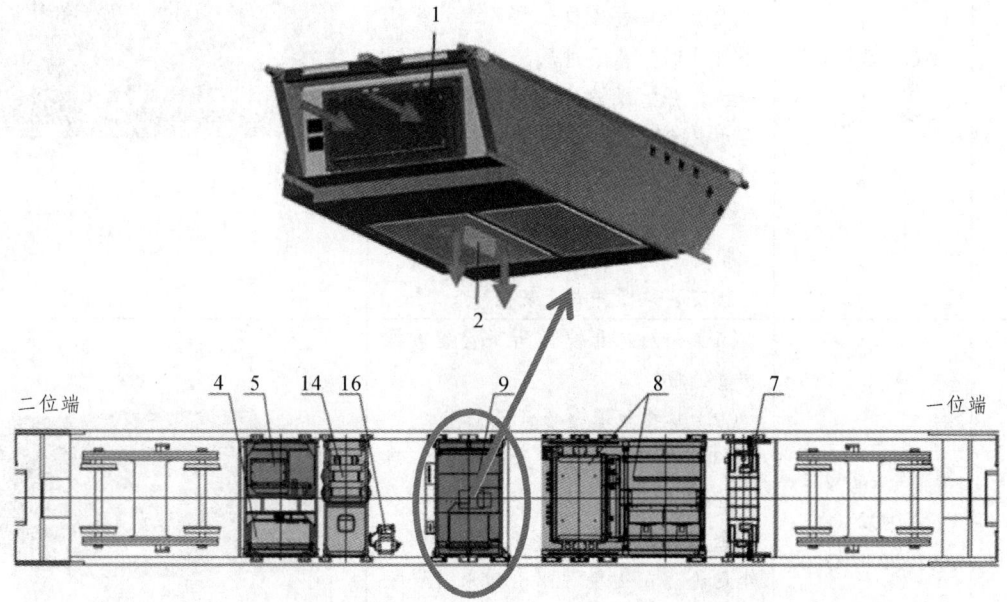

图 2-22 CRH380BL 型动车组 2 车/7 车/10 车/15 车车下设备的单辅助变流器

作业步骤：如表 2-19 所示。

表 2-19　CRH380BL 型动车组辅助变流器的检查、清洁作业

作业时间	30 min		
安全注意	1. 作业前确认接触网断电，接地杆可靠插设； 2. 断开辅助变流器的电源，确保辅助变流器不会再次接通，确认与电源安全隔离，对辅助变流器进行接地和短路，覆盖或隔离部件		
序号	检查、清洁目标	质量标准	图片备注
1	防护号志	正确设置防护号志；确认 ACU 停止供电 5 min 以上，并接地	
2	2车/7车/10车/15车配电柜	断开=31-F01	
3	对应的裙板和底板	打开 ACU 装置对应的裙板和底板，并对其进行灰尘清理	
4	设备与安装	确认 ACU 装置外观良好；悬挂梁无裂纹，螺栓紧固、防松标记清晰、无错位	
5	ACU 进气口	（1）如果脏了，用压缩空气清理进风口。先从外部清理；然后打开进风栅挡板；用真空吸尘器从内部打扫进风口区域。注意，彻底的清理是每隔 1.5 年的第一项维护工作。 （2）如果进风口污染严重，先从外面清理。卸下进风栅的外部安装螺丝，并把风栅从挡板里拿出。然后用压缩空气或者高压清洁器清理。检查风道污染是否严重。如果脏了，打开风机舱的底盖清理风道，风机部分用工业真空吸尘器清理。重新安装风栅并关上底盖	
6	接触器 A1-Q21，A1-Q22，A1-Q23，Q30	（1）分别打开控制/开关装置的维护铰链板。 （2）从接触器上松开灭弧室。 （3）检查灭弧室和开关元件。目视检查猝火花室是否存在机械损伤或金属沉积；目视检查电源接触器处是否存在物料沉积；如果发现故障，更换故障接触器。 （4）如果保护装置完好，则重新合上灭弧室	A1-Q21　A1-Q23　Q30 　　A1-Q22

续表

序号	检查、清洁目标	质量标准	图片备注
7	防腐剂	（1）打开底盖板两侧维护铰链板。 （2）将5袋防腐蚀剂取出，更换新的干燥防腐蚀剂安装在旧防腐蚀剂的相同位置。 （3）合上维护铰链板	1—3x 防腐蚀剂袋；2—防腐蚀剂袋
8	ACU 内部	（1）打开所有维护铰链板和底盖板。 （2）检查密封条上是否有孔隙，是否易断。所有破损密封条都必须进行更换。 （3）检查所有部件：检查各部件是否可能发生损坏（如变色或机械损伤），并检查它们是否安装牢固。特别要检查电源模块、控制器、风扇及电流电压转换器。如果发生损坏，必须进行更换。 （4）检查所有电气连接：检查单辅助变流器的内部布线。检查电线连接（接线端子）是否牢固。检查插头（公针和母针部件）是否有腐蚀，接触是否良好。检查插头的固定螺丝是否牢固。如果插头发生损坏，必须进行更换。注意，关键部位的螺丝应根据规定的扭矩拧紧。 （5）合上外壳前，对密封条进行清理，并在其上涂抹石蜡油。 （6）去除接地，盖上维护铰链板和底盖板	

续表

序号	检查、清洁目标	质量标准	图片备注
9	对应的裙板和底板	按规定力矩安装ACU装置对应的裙板和底板螺栓	
10	2车/7车/10车/15车配电柜	合上=31-F01	
11	防护号志	撤除防护号志	

作业解析:

1. 生产背景

表2-20所示为CRH380BL型动车组单辅助变流器检修计划。

表2-20 CRH380BL型动车组单辅助变流器检修计划

序号	部件	检修任务	运行里程/km	800 000 km/年条件下的时间间隔	检修等级
1	进气口	检查	100 000	1.5月左右	M1
2	外壳外部	目视检查和清理	400 000	0.5年左右	M2
3	进气口	清洁	400 000	0.5年左右	M2
4	电源接触器	检查	800 000	1年左右	M3
5	防腐蚀(干燥剂)	更换	800 000	1年左右	M3
6	外壳内部	检查	800 000	1年左右	M3
7	进气口、排气口、导气口以及散热片	清洁	1 200 000	1.5年左右	R1
8	耦合断路器	检查	2 400 000	3年左右	R2
9	主风扇	更换	4 800 000	6年左右	R3
10	内置风扇	更换	4 800 000	6年左右	R3

(1)外壳外部的目视检查和清洁。

①遵守安全规定。

②检查铰链板、盖板、通风护栅、连接器和电缆接入口以及悬架是否有损坏。如有必要,更换损坏的部件。

③检查所有螺丝/螺栓连接是否拧紧。

④检查4个接地端子是否牢固。

⑤检查所有密封条是否有明显破损。破损的密封条必须进行更换。

⑥用温和清洁剂和不起毛抹布清洁铰链和盖板上的警示标志。

⑦检查标签的状况和安全性。缺损的标签必须更换。

⑧向上级报告发现的任何故障和缺陷。

(2)进气口的检查。

①遵守安全规定。

②检查进气口护栅。如果进气口护栅处存在污垢,按规定进行清理。

③向上级报告发现的任何故障和缺陷。

（3）进气口的清洁。

①遵照安全规定，对单辅助变流器进行隔离和接地。

②如果进气口护栅处存在轻微污垢，使用压缩空气进行清洁。首先从外面开始清洁，然后打开进气口护栅铰链板，然后从里面对进气口区域进行清洁。注意，彻底清洁初步定为每隔一年半进行一次。

③如果进气口护栅处的污垢很严重：首先从外面开始清洁，从进气口护栅上旋下外侧的螺丝，将护栅从进气口铰链板上取下，然后使用压缩空气或高压吸尘器对护栅进行清洁。

检查导气管是否存在严重污垢。如果它们很脏，则打开风扇室的底盖板，使用工业用真空吸尘器对导气管、风扇区域进行清洁。

重新装上进气口护栅，盖上底盖板。

④去除接地，盖上维护铰链板和底盖板。

⑤向上级报告发现的任何故障和缺陷。

（4）外壳内部的检查。

①遵照安全规定，对单辅助变流器进行隔离和接地。

②打开所有维护铰链板和底盖板。

③检查密封条上是否有孔隙，是否易断。所有破损密封条都必须进行更换。

④检查所有部件：检查各部件是否可能发生损坏（如变色或机械损伤），并检查它们是否安装牢固。特别要检查电源模块、控制器、风扇及电流电压转换器。如果发生损坏，必须进行更换。

⑤检查所有电气连接：检查单辅助变流器的内部布线。检查电线连接（接线端子）是否牢固。检查插头（公针和母针部件）是否有腐蚀，接触是否良好。检查插头的固定螺丝是否牢固。如果插头发生损坏，必须进行更换。

注意，关键部位的螺丝应根据规定的扭矩拧紧。

⑥合上外壳前，对密封条进行清理，并在其上涂抹石蜡油。

⑦去除接地，盖上维护铰链板和底盖板。

⑧向上级报告发现的任何故障和缺陷。

（5）电源接触器的检查。

检查外壳上的下列电源接触器：主接触器 Q22，Q23；预充电接触器 Q21；输出接触器 Q30。

①遵照安全规定，对单辅助变流器进行隔离和接地。

②分别打开控制/开关装置的维护铰链板。

③从接触器上松开灭弧室。

④检查灭弧室和开关元件。目视检查灭弧室是否存在机械损伤或金属沉积；目视检查电源接触器处是否存在物料沉积；如果发现故障，更换故障接触器。

⑤如果保护装置完好，则重新合上灭弧室。

⑥去除接地，合上维护铰链板。

⑦向上级报告发现的任何故障和缺陷。

（6）干燥剂的更换。

①遵照安全规定，对单辅助变流器进行隔离和接地。

②打开底盖板两侧维护铰链板。
③将 5 袋防腐蚀剂取出，更换新的干燥防腐蚀剂，安装在旧防腐蚀剂相同位置。
④去除接地，合上维护铰链板。
⑤向上级报告发现的任何故障和缺陷。

2. 作业要点

（1）储能电容器中存在残余电压，如果接触，将非常危险甚至可能致命。因此，至少让辅助变流器放电 5 min。

（2）必须遵守在检修计划列表中规定的维护周期，完成检修任务，以确保单辅助变流器的正常、无故障工作。

（3）确保外壳密封紧密对于辅助变流器的运行非常重要。所有盖板和模块都必须契合紧密，所有电缆密封接头都必须进行绝缘处理。如果盖板、密封条或螺丝/螺栓发生损坏，作为维护作业的一部分，必须对它们进行更换。

（4）进行维护作业时，只能使用制造商指定的备件。所有连接元件都必须按照原装配形式重新装配。

（5）采用适当的方法处理拆除的部件或故障部件。

（6）单辅助变流器内存在污垢会影响其正常工作，因此，在实施维护作业时，必须防止污垢进入。因此，在实施部件更换等作业时，必须确保没有螺母、垫圈、弹簧锁垫圈等小部件掉入外壳内。万一发生此类意外，必须将掉入的部件取出，防止发生短路。

（7）外壳上和外壳内的所有螺丝/螺栓连接都必须拧紧到规定的扭矩。拧紧螺丝/螺栓连接后，用永久性记号笔标记最终位置。

（8）只能使用规定的清洁剂清洁外壳。

（9）小心静电敏感设备（ESD）。印刷电路板中包含静电敏感设备，这些设备很容易由于搬运不当造成损坏。如果必须对印刷电路板实施作业，应遵守下列规定：

①不得接触印刷电路板，除非必须在其上实施作业。如果确有必要接触印刷电路板，实施该作业的人员事先必须释放静电。

②印刷电路板禁止接触电绝缘材料，如塑料薄膜、绝缘桌面及由合成纤维制成的衣物。印刷电路板只能放置或存放于导电表面上。

③在印刷电路板上实施焊接作业时，确保焊笔接地。

④储存或运输之前，印刷电路板和电子元器件必须存放于导电容器中（如镀金属塑料盒或金属容器）。如果必须使用绝缘包装容器，那么在放入此类容器前，应先用导电材料（如导电泡沫橡胶或家用铝箔）包裹印刷电路板。

3. 故障处理

CRH380BL 型动车组配置了便携式计算机诊断系统，即计算机辅助故障分析。它能快速而准确地确定 ACU 所发生故障的原因，系统地分析、判断，找出需要修复或更换的部件。

计算机辅助故障分析使用 Sibmon 诊断和可视化系统。可以通过串行接口将 PC 直接连接到单辅助变流器，从而调出处理数据、系统信息和当前的故障和状态信息。图 2-23 所示为通过 RS232 接口在笔记本电脑和主控制器之间建立通信。

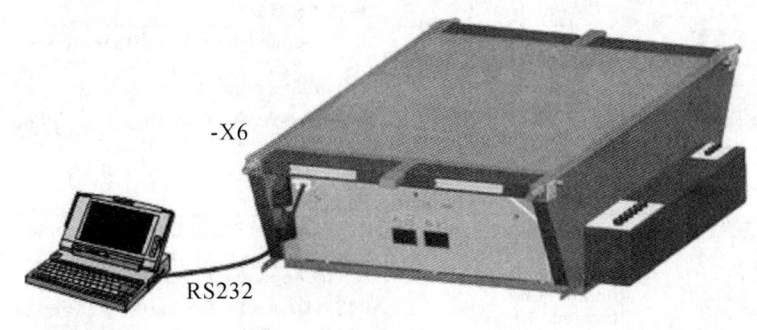

图 2-23　ACURS232 接口

使用接口电缆将笔记本电脑上的串行接口（9 针 Sub-D 连接器）直接与连接器（9-针 Sub-D 插孔）连接起来。

注意，接口电缆的引脚分配必须如下：引脚 2–3、引脚 3–2 和引脚 5–5。市场上也可以买到针分配为引脚 2–2、引脚 3–3 和引脚 5–5 的电缆，但此类电缆不能用于连接检修 PC 和 Sibcos 控制器。两类电缆之间并没有明显区别。

Sibmon 诊断和可视化系统软件随车交付。借助于 Sibmon 程序，Sibcos 微处理器控制器的数据就可以显示到联机 PC 上。内容包括将设备状态和处理数据以框图的形式可视化地显示出来、字母数字数据输入和显示、图解功能、控制器诊断数据的读出和分析、将软件加载到控制器上、显示加载软件的版本等。

计算机辅助故障分析的具体操作如下：

（1）安装程序。

该程序要求一台操作系统为 Windows 95、Windows 98、Windows 2000 or Windows XP 的 PC。按照下列程序将 Sibmon 安装到计算机上：

① 将 Sibmon 安装光盘放入计算机的光盘驱动器中。

② 启动光盘上存储的 setup.exe 安装程序，将 Sibmon 复制到计算机硬盘上。

③ 按照屏幕上的指示操作，直到安装完成。

如果未创建一个新目录来存放该程序，Siemens-Tools 将被安装到 C：/ProgramFiles/Siemens 目录下。该目录包含 Sibmon 目录和 "Projekte" 文件夹，检查记录和 SB-loader。

如果安装成功，Siemens 文件夹中将包含 "Projekte" 文件夹和一个或多个以 4 字符项目代号命名的文件夹。这些文件包含设备或模块的特定型号的针对具体项目的数据。

（2）启动程序。

注意遵守安全规定。

① 将您的 PC 连接到单辅助变流器的检修接口。

② 接通 Sibcos 控制器。

③ 双击 Sibmon 图标，或者双击 Sibmon.exe 文件，启动 Sibmon。

程序启动后，将弹出一个窗口，需要选择一个工作站，如图 2-24 所示。

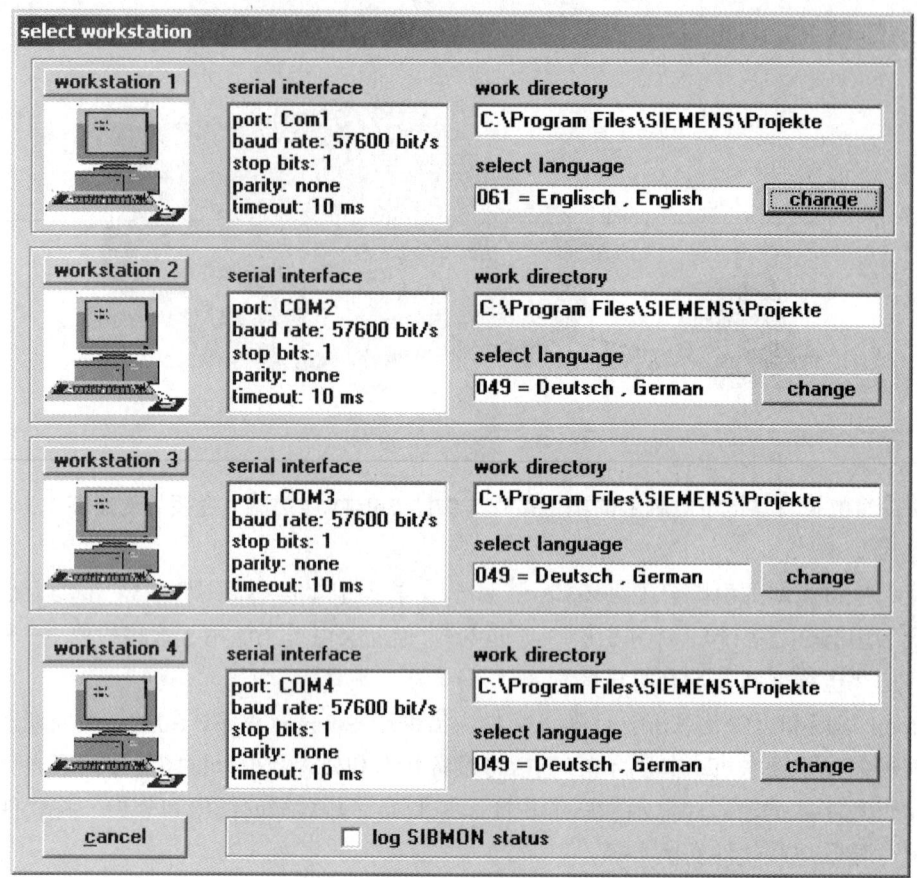

图 2-24　Sibmon 工作站的选择

④ 设置工作站参数。

Sibmon 有 4 种不同的工作环境（工作站 1~4）。因此，可以使用多个串行接口工作。使用 Sibmon 进行工作前，针对选择的工作站（如工作站 1）进行"串行接口""工作目录"和"工作语言"设置。设置完正确的值后，点击"工作站 1"确认设置。

屏幕左上方的控制显示开始黄绿闪烁，同时，系统的电路图出现在屏幕上。通信建立可能需要长达 30 s，这取决于 PC 的运行速度。

如果弹出"无法与系统建立通信——您是否要脱机工作？"消息，请查询 Sibmon 联机帮助，阅读"无法与 Sibcos 主控制器建立通信"一节，找出故障原因。

如果弹出"不存在项目！终止 Sibmon！"消息，则需重新启动 Sibmon 并输入正确的工作目录。

注意，如果 Sibcos 加载了新的软件，第一次建立通信时，Sibmon 将查询所显示变量的存储地址。在这一过程中，会弹出一个叫作"Loading MapFile"（加载 MapFile）的窗口，显示文件转移进度。这一过程可能需要几分钟，在这段时间内，Sibmon 的所有其他功能都将无法使用，显示的所有测定值、错误信息等都是无效的。

（3）进入可视化系统页面。

Sibmon 成功启动后，其"可视化"系统（图形显示）自动出现在屏幕上，如图 2-25 所示。

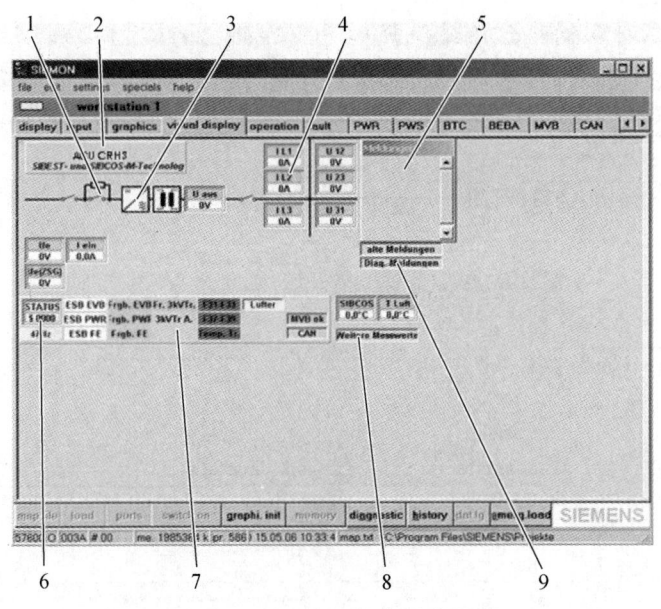

图 2-25 ACU 可视化系统页面

1—输入电路；2—系统类型；3—模块信息；4—测量仪表；5—信息；
6—当前状态；7—状态信息；8—更多信息；9—历史信息

"可视化"系统提供了单辅助变流器以及其他模块的瞬时测量数据和工作状态的概览，所显示数据不断进行更新。如果屏幕右上角出现"通信错误"信息，所显示值将无法进行更新。

"系统类型"：表示 Sibmon 所连接的双辅助变流器的类型。

"输入电路"：表示输入接触器的当前状态（断开或闭合）。

"模块信息"：使用不同颜色来表示所显示模块（如脉冲调宽逆变器）的当前工作状态。显示为绿色，表明其处于正常工作状态，试运行已经完成，功率输出现在可用，否则，模块将显示为白色；显示为灰色，表示无法提供其工作状态信息。

当鼠标指针移动到某个模块上时，指针就变为手形。双击模块可以另外打开一个模块窗口，如图 2-26 所示。

"测量仪表"：提供电压、电流、温度等具体测量值，由控制器监控。状态用颜色表示，绿色表示正常范围，黄色表示正常范围之外，红色表示工作范围之外，可能对系统造成损坏；测量仪表的底部区域显示测得的数值。

"信息"窗口：列出了所有故障信息、状态信息及正常作业顺序。故障信息始终显示为红色，状态信息显示为黄色，正常作业程序显示为白色。

故障一旦发生就出现故障信息。为了确保操作员能够发现瞬时故障，这些信息直到系统重启才会被清除。故障信息被删除后，将被自动转移到"历史信息"窗口。

将鼠标指针移到某条故障信息上，指针将变为带着黑色问号的箭头形状。在这种情况下，按 F1 功能键可以查看详细故障描述。

"历史信息"：当系统重新启动，没有再出现故障或者出现了其他故障，则导致系统关闭的事件将从"信息"窗口删除，自动转移到"历史信息"窗口。这些信息将保留在该窗口内，直到有新的导致系统关闭的事件发生。

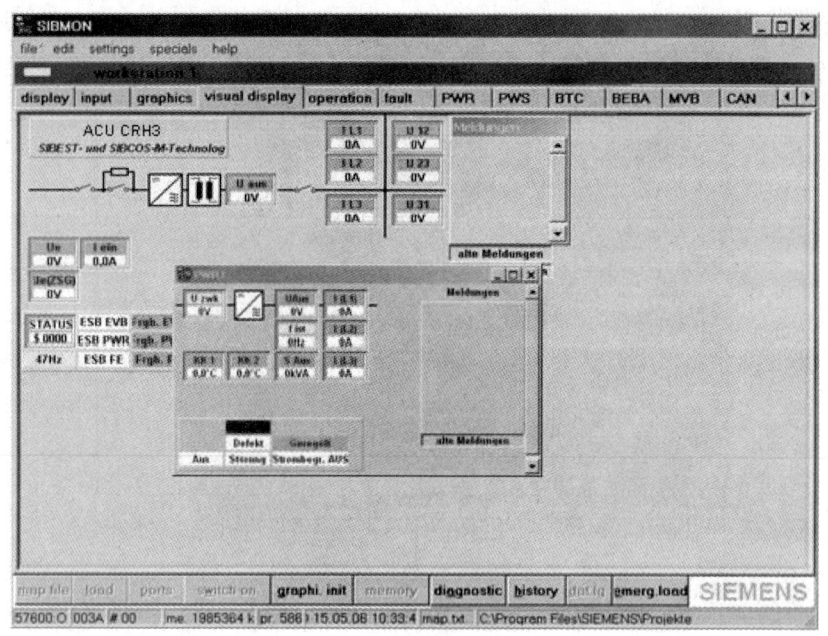

图 2-26 ACU 其他模块窗口

"当前状态":当前正在处理的任务以十六进制代码的形式显示为"状态"。

"状态信息":对于系统的重要请求以及对上一级控制器的反馈信号都在该窗口显示,如系统状态(开/关)。区域的颜色表示工作状态,绿色表示正常工作,灰色表示无信息。

"更多信息":双击该按钮,可以打开一个包含各种系统信息的窗口。双击相关项目,可以进一步打开包含测量值的窗口。

其他标签:除了标准标签外,单辅助变流器还提供有多种其他标签,如脉冲调宽逆变器和外部供电系统标签,以及其他提供详细信息的标签。这些标签将适当的变量集中到特定标题下。例如,"故障"标签包含所有相关数据和变量,它们都可以打印出来,以备查阅。

(4)主控制器状态查询。

Sibcos 主控制器按照预先设定的顺序接通或断开各模块、断开或者闭合接触器。在该顺序中,控制软件将经历多种状态。这些状态由十六进制代码表示。

主控制器的状态可以由 Sibmon 诊断和可视化软件显示出来,即时状态在"Visualization"(可视化)表的"STATUS"(状态)下显示,如图 2-27 所示。

(5)主控制器任务模块的 PLC 状态。

与主控制器的顺序控制系统一样,主控制器中对于每一模块都存在一个单独的 PLC 任务。各模块软件的处理和加载都通过该任务来控制。这些状态由十六进制代码表示。

各模块的状态可以由 Sibmon 诊断和可视化软件显示出来。对于各模块,即时状态在"Visualization"(可视化)标签的"STATUS"(状态)下显示。关于主要状态的含义,请参见 Sibmon 联机帮助。

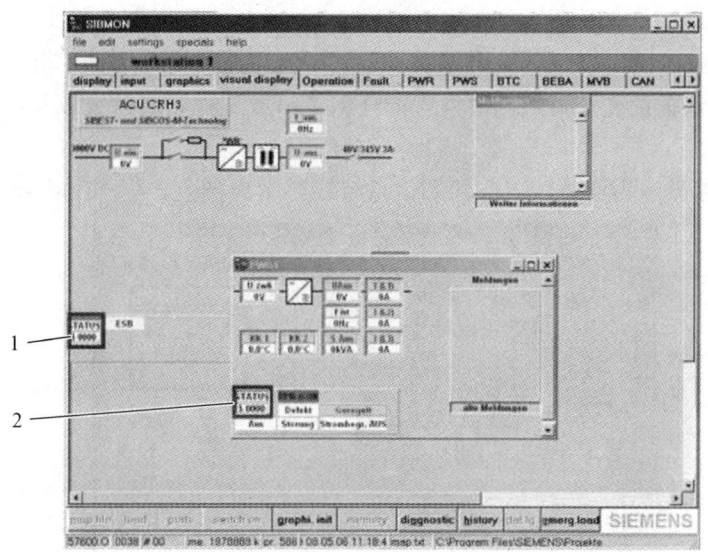

图 2-27 ACU 主控制器和模块控制器的当前状态

1—主控制器的当前状态；2—模块控制器脉冲调宽逆变器的当前状态

（6）权限的级别。

为了避免使用者发生错误，某些 Sibmon 功能设置了保护，要求特别访问权限。使用各单项功能也需要输入口令。一般说来，客户对于具体项目享有 1 级和 2 级权限。2 级权限赋予用户更为广泛的权利。下面是一些可以通过口令启动功能接通设备，加载新的软件，读出故障记录，脱机运行 Sibmon。

注意，厂商将通过书面形式将口令和相应的权限级别发给用户。如果用户对此有任何疑问，应联系厂商售后服务部门。

（7）输入口令。

如果已经启动了 Sibmon，现在想要更改口令，可以通过"Specials"→"Password"（特别功能→口令）来实现，如图 2-28 所示。

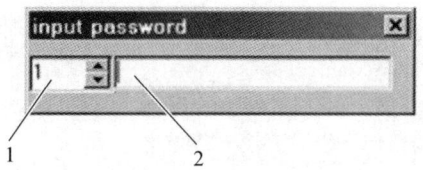

图 2-28 ACU Sibmon 输入口令

1—权限级别；2—输入口令

当激活了该菜单项时，就会出现口令输入窗口。在这里，用户必须首先在该窗口的左手边输入权限级别（比如 1），然后在窗口右手边输入对应的口令，最后按下键盘上的 Enter 键确认输入。

如果所输入口令对于该权限级别无效，则会弹出错误信息。

（8）在单辅助变流器上实施故障寻找的基本步骤如下：

① 遵照一般维护和安全说明。

② 将笔记本电脑连接到单辅助变流器的检修接口。

③ 启动 Sibmon。

④ 单辅助变流器的可视化页面出现在屏幕上。"Messages"（信息）窗口出现在框图侧，如图 2-29 所示。双辅助变流器跳闸时发生的任何故障或工作状态信息以及一般工作顺序都显示在这里。

故障信息始终显示为红色，工作状态信息始终显示为黄色，标准工作顺序显示为白色。

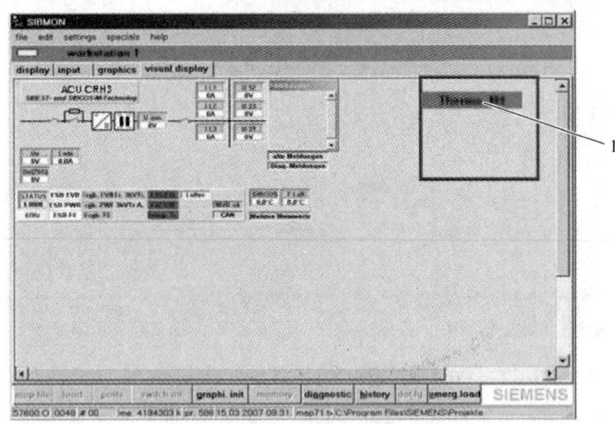

图 2-29　ACU Sibmon 信息窗口

1—信息窗口

注意，故障发生后，将立即出现故障信息。为了确保操作人员能够发现瞬时故障（如过电流），故障信息直到单辅助变流器重新启动才被清除。该区域中的任何信息都表明某项故障曾经发生过，但并不一定意味着故障仍然存在。

故障信息存储在控制器的闪存中，当控制器再次接通时，控制器被切断前出现的信息仍然存在。

⑤ 如果有信息出现在"Messages"（信息）窗口中，用户可以对其调用联机帮助。将鼠标指针移到故障信息上，按下 F1 功能键。在联机帮助中，用户可以找到该故障可能原因的列表以及关于进一步排除故障的指南，如图 2-30 所示。

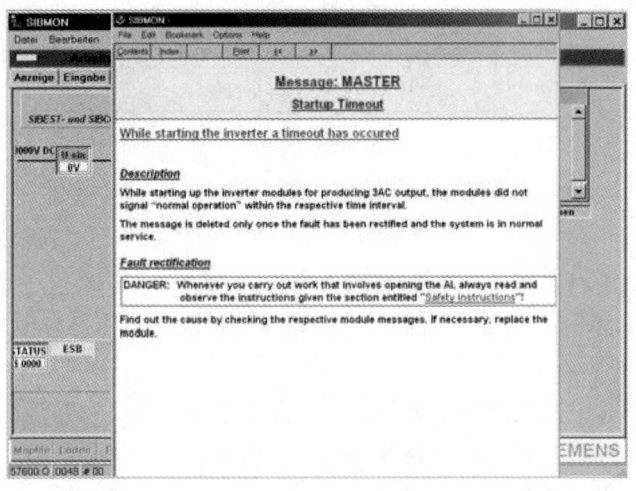

图 2-30　ACU Sibmon 可视化窗口联机帮助

⑥ 故障信息被删除后，将自动被转移到"历史信息"窗口中。它将一直留在那里，直到系统关闭。

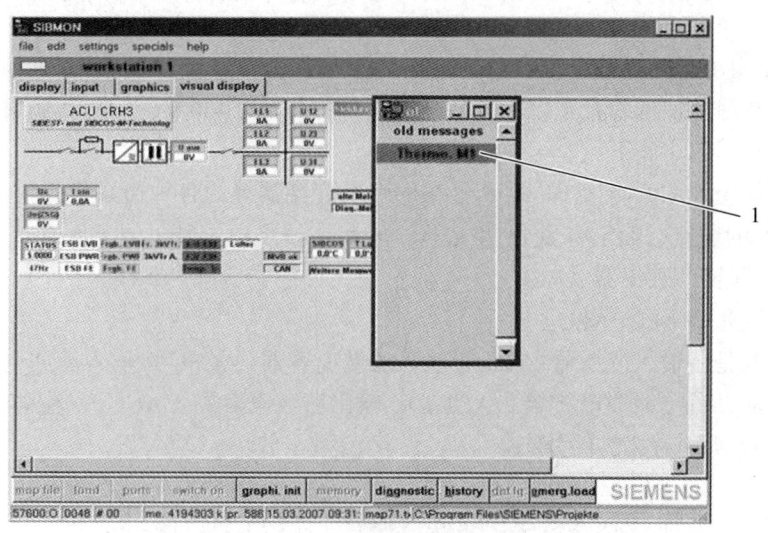

图 2-31　ACU"历史信息"窗口打开

1—历史信息

⑦ 双击"历史信息"按钮，打开该窗口，如图 2-31 所示，也可以对所显示信息打开联机帮助。

专业知识一　CRH380A 型动车组辅助变流器

CRH380A 型动车组辅助变流器，又称辅助电源装置（APU_1/APU_2）是向牵引变流器等的各种通风机以及辅助整流装置（以下称作 ARf）等提供 AC 400 V、三相、50 Hz 电源的装置，安装在编组中头车的车底下。

辅助电源装置（APU_3）是向 4、5 号车的牵引变流器等的各种通风机提供 AC 400 V、三相、50 Hz 电源的装置，额定容量为 70 kVA，安装在编组中 5 号车的车底下。APU_3 没有辅助变压器（ATr）和辅助整流器 ARf。

本部分重点介绍 APU_1/APU_2。

APU_1/APU_2 是由输入变压器（TR1）、输入滤波电容器（ACFC）、输入滤波电抗器（ACL1）、变频器、逆变器、输出滤波电抗器（ACL2）、输出滤波电容器（ACC）、辅助变压器（ATr）等构成。图 2-32 所示为其部件分布。

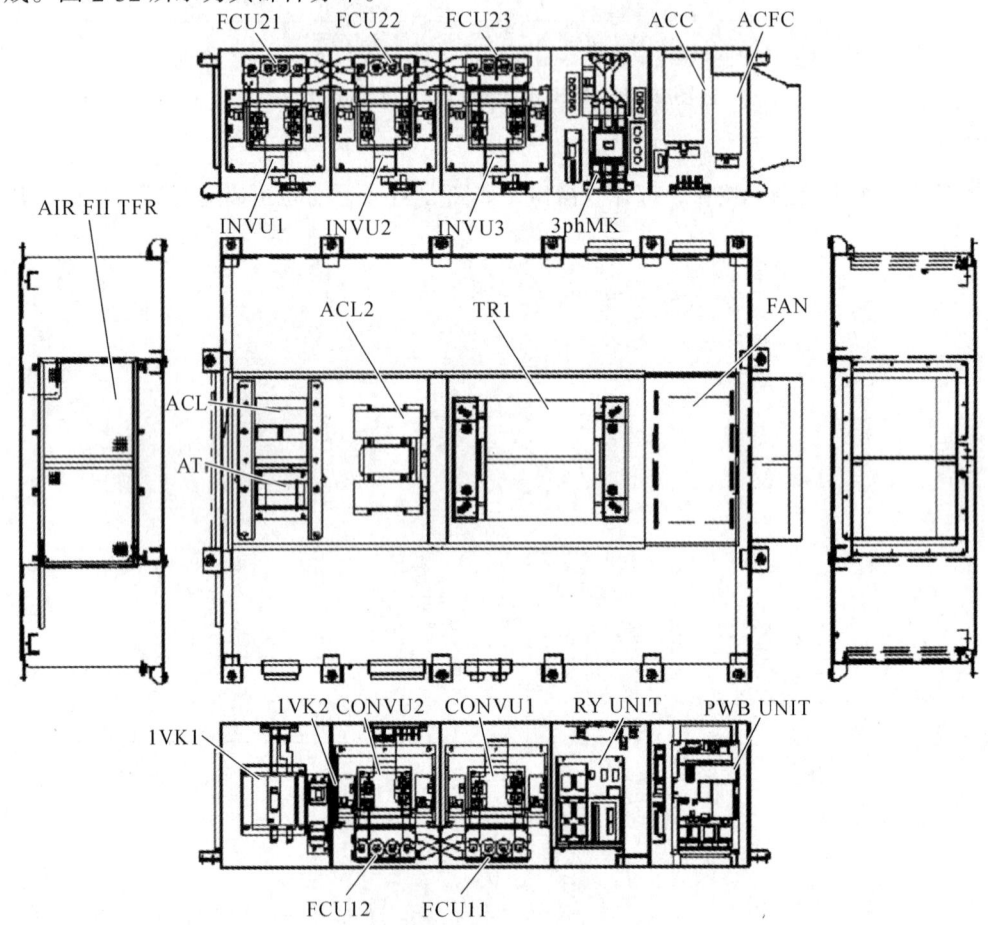

图 2-32　CRH380A 型动车组辅助变流器 APU_1/APU_2 部件配置

在本装置的正面一侧上，安装有整流器单元（CONVU1·2）、滤波电容器（FCU11·12）、输入接触器（IVK1·2）、继电器单元（RY UNIT）、控制单元（PWB UNIT）等。

在正面一侧的相反一侧上，安装有逆变器单元（INVU1～3）、滤波电容器（FCU21·22·23）、输出接触器（3phMK）、输入滤波电容器（ACFC）、输出滤波电容器（ACC）。

装置的中央部为通风部，安装有送风机（FAN）、输入变压器（TR1）、输入滤波电抗器（ACL1）、输出滤波电抗器（ACL2）、辅助变压器（ATr）、元器件的冷却风扇。

APU_1/APU_2内的控制部如图2-33所示。

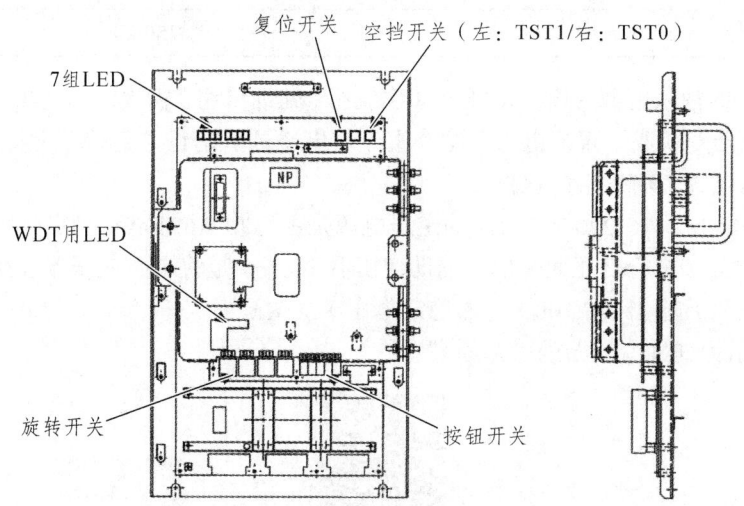

图2-33 CRH380A型动车组辅助变流器APU_1/APU_2控制部

LED显示（在控制电路板SICR上）：7组LED，在启动时显示起动状态的起动符号（H-00），起动后交替地显示出APU的输入电压、输出电流、输出电压、输出频率。此外，在APU因故障停止时，会显示出故障编码（E-00）。

空挡开关（在控制电路板SICR上）：空挡开关可以做空挡试验。通常在运行时把"TST0""TST1"开关一起向上侧合上。

逆变器复位开关（在控制电路板SICR上）：在APU_1/APU_2发生重故障而停机（down）时，按下这个按钮会进行复位。而且，故障显示LED上也是在按下这个按钮后进行复位的。

旋转开关[在微机电路板（MCRB）上]：通过操作控制电路板上的旋转开关（$S_{10} \sim S_{13}$）和按钮开关（$S_5 \sim S_9$），进行显示电路板上的LED灯、向测试针上输出D/A等，以提高可维护性。出厂时已调整完毕，已将旋转开关全部打到"0"上，请勿变更。

CRH380A型动车组辅助变流器的主要技术参数如表2-21所示。

表2-21 CRH380A型动车组辅助变流器APU_1/APU_2技术参数

序号	内 容	参 数		
1	容量	227 kVA		
2	输入电压	1Ø AC 400 V（+24%~-31%）	50 Hz	
3	输出电压	3Ø AC 40 0V（±10%）	50 Hz（±1%）	123 kVA
		1Ø AC 220 V（±10%）	50 Hz（±1%）	12 kVA
		1Ø AC 100 V（±10%）	50 Hz（±1%）	12 kVA
		DC 100 V（±10%）		58 kW
		1Ø AC 100 V（+26~-41%）	50 Hz	22 kVA

续表

序号	内容	参数
4	散热方式	强制风冷方式
5	外形尺寸	2 400 mm×1 800 mm×650 mm
6	质量	750 kg

APU_1/APU_2 的输入电源为牵引变压器 3 次绕组（辅助绕组）输出的 AC 400 V 单相 50 Hz，通过 IGBT 变频器变换成了直流电力，这个直流输出通过 IGBT 逆变器变换成 AC 400 V、三相 50 Hz 的定压电源，向编组内提供。

AC 100 V 50 Hz、AC 220 V 50 Hz 的定压电源是由三相 AC 400 V 稳定电压电源通过辅助变压器（TR_3、TR_4）进行变压而来的。辅助变压器（ATr）是将牵引变压器 3 次绕组（辅助绕组）输出进行变压后输出 AC 100 V（非稳定电压）50 Hz。

图 2-34 所示为辅助变流器的电路原理图。

图 2-34 CRH380A 型动车组辅助变流器 APU_1/APU_2 电路

CRH380A 型动车组辅助变流器 APU_1/APU_2 电路的特点主要表现在两个方面：

（1）主电路采用单相桥式 IGBT 脉冲整流器 + 三相桥式 IGBT 逆变器的方式。

通过使用大电流、耐高压的元器件来谋求小型化、轻量化。

整流器采用四象限脉冲整流技术，具有网侧功率因数高、适应网压变化范围广、蓄能部件体积小、输出直流电压稳定等优点。

逆变器采用三相桥式电压型结构及 SVPWM 脉宽调制技术，在输入电压、负荷变动时供给稳定的三相交流电压。

（2）控制动作。

① APU_1/APU_2 起动、停止。

APU_1/APU_2 起动、停止的时间图如图 2-35 所示。

• 控制电源 ON：CVDR 被励磁。

• APU_1/APU_2 起动：控制电源闭合后，再闭合 VCB，APU_1/APU_2 的输入电压确立，APU_1/APU_2 开始起动。

• VCB 闭合后，再闭合控制电源，APU_1/APU_2 的 CPU 初期复位，然后起动开始。

• DCHK 的闭合：APU_1/APU_2 的输入电压一旦被确立（AC 250 V 以上），通过来自 CPU 的指令，DCHKAR 被励磁，DCHK 就被闭合。

• IVK2 的闭合：闭合 DCHK 0.5 s 后，有来自 CPU 的指令，IVK2AR 被励磁。

• IVK1 的闭合：IVK2 被闭合开始 1.5 s 之后，有来自 CPU 的指令，IVK1AR 被励磁。IVK1 被闭合，0.5 s 后变频器进行软起动。变频器的输出电压达到 700 V 时，逆变器的输入电压被确立，0.5 s 之后逆变器进行软起动。

• 3phMK 的闭合：IVK1 闭合起 0.5 s 之后，有来自 CPU 上的指令，APUKAR 被励磁，3phMK 闭合。

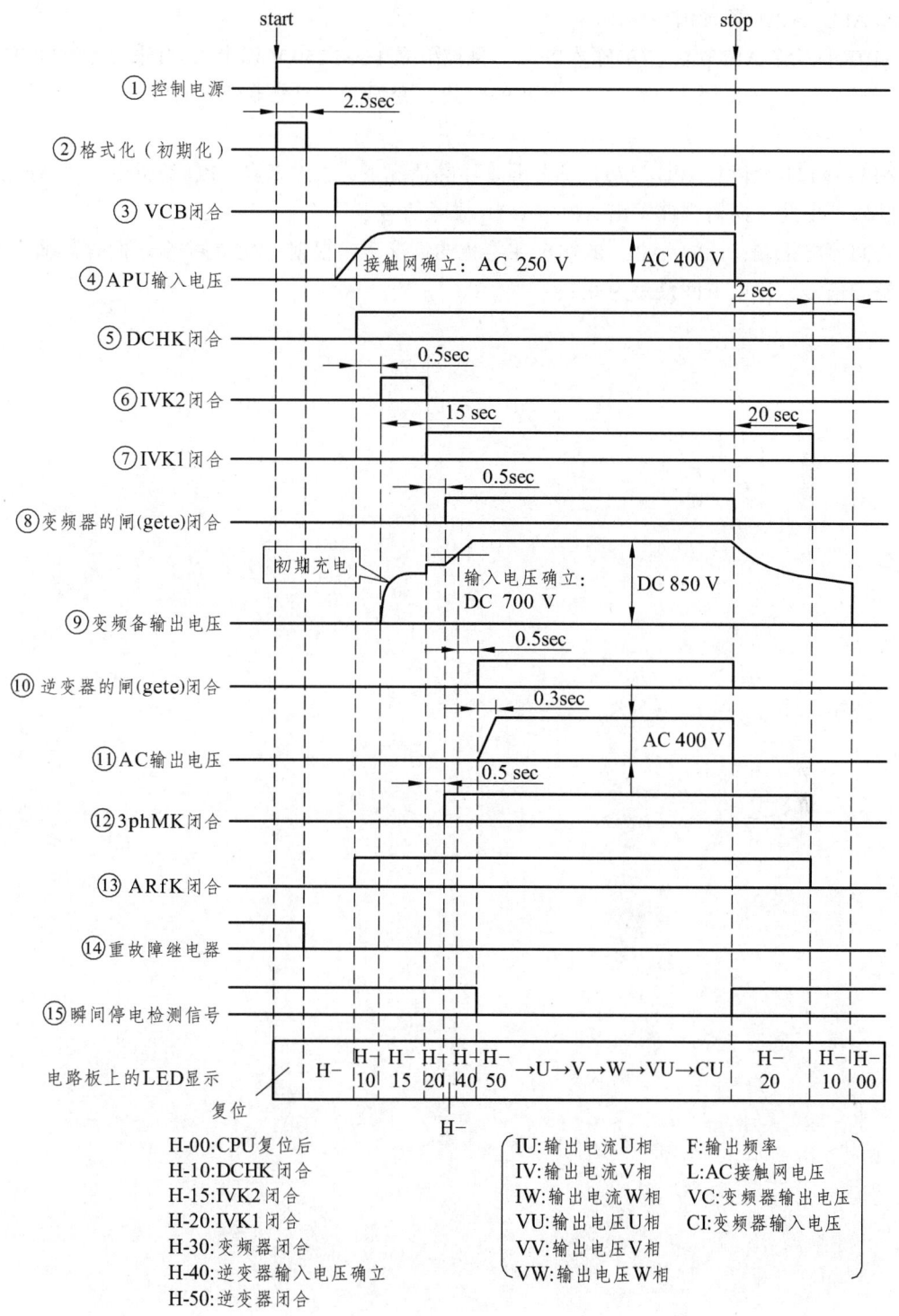

图 2-35　CRH380A 型动车组辅助变流器 APU$_1$/APU$_2$ 启动停止时间一览表

- APU1/APU2 停止：VCB 变为 OFF，若没有输入电压（AC 250 V 未满），APU$_1$/APU$_2$ 停止。变频器，逆变器变为 OFF 后，IVK1、IVK2、3phMK 在 20 s 之后断开，DCHK 在 22 s 之后断开。

② APU$_1$/APU$_2$ 各种信号输出。

ARfK 闭合：APU$_1$/APU$_2$ 的输入电压一旦被确立（AC 250 V 以上），有来自 CPU 的指令，ARfK 被励磁，ARfK 闭合。在 APU 停止的时候，变频器、逆变器变为 OFF，20 s 之后 ARfK 断开。

APU$_1$/APU$_2$ 故障：APU$_1$/APU$_2$ 发生重故障的情况下，通过来自 CPU 的指令，对 APUFAU 进行励磁。由此，向监视器发出 APU$_1$/APU$_2$ 故障信号。

瞬间停电检测：APU$_1$/APU$_2$ 的输出在停止的情况下，根据 CPU 的指令，向外部输出瞬间停电检测信号，停电时间最短为 0.5 s。

专业知识二 CRH380BL 型动车组辅助变流器

CRH380BL 型动车组辅助变流器安装于动车组的地板下，通过支撑耳连到车体上。每列 16 车厢动车组安装 4 台双辅助变流器和 4 台单辅助变流器。单辅助变流器安装于 TC02/TC07/TC10/TC15 四节车厢的下方。因为双辅助变流器基本上就是两个单辅助变流器的组合，所以，本部分选择单辅助变流器为代表。

每节驱动车厢都有一个牵引变流器，辅助变流器输入来自牵引变流器的中间电路，电压规定为 DC 3 000 V，辅助变流器进行处理后输出为 3AC 440 V 60 Hz，为所有机车的辅机负载提供电能。

CRH380BL 型动车组所有辅助变流器同时为一根通达半列（8 辆）车的 3AC 440 V 60 Hz 的母线供电，各辅助变流器单独通过 3AC 440 V 60 Hz 母线进行同步。母线在列车工作期间处于耦合状态。万一发生故障，可以打开双辅助变流器的耦合接触器，从而将各部分隔离开。

单辅助变流器包括开关和保护部件、各种监控设备和电源模块。外壳采用模块式设计。这些模块、保护装置及电源模块均可以使用专用工具，快速进行更换。

图 2-36 所示为 CRH380BL 型动车组单辅助变流器的主要部件及位置，图 2-37 所示为 CRH380BL 型动车组单辅助变流器安装板的构成。

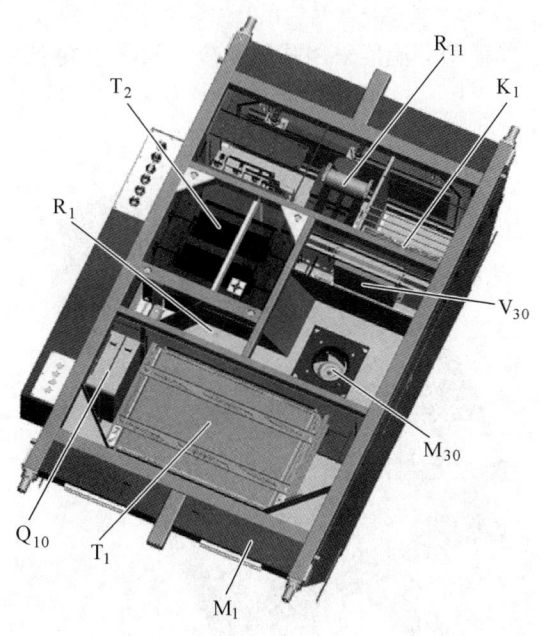

图 2-36 CRH380BL 型动车组单辅助变流器的主要部件及位置

K_1—Sibcos-M2500 主控制器；M_1—内置风扇；M_{30}—主风扇；
Q_{10}—耦合断路器；R_1—滤波扼流圈；R_{11}—预充电电阻；
T_1—脉冲调宽逆变器；T_2—变压器；V_{30}—电容

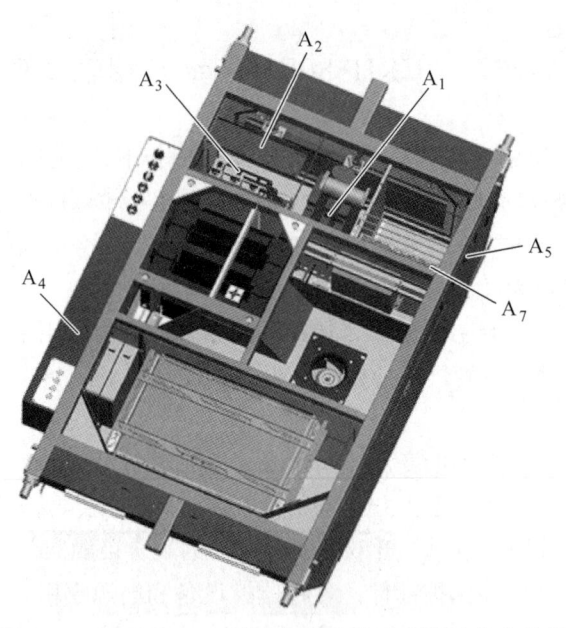

图 2-37 CRH380BL 型动车组单辅助变流器的安装板

A_1—主接触器及预充电接触器的安装板；A_2—3AC 电压探测安装板；
A_3—外部供电接触器及输出熔断器安装板；A_4—滤波电容器安装板；
A_5—变压器安装板；A_7—接触器安装板

CRH380BL 型动车组单辅助变流器采用强制风冷，如图 2-38 所示。

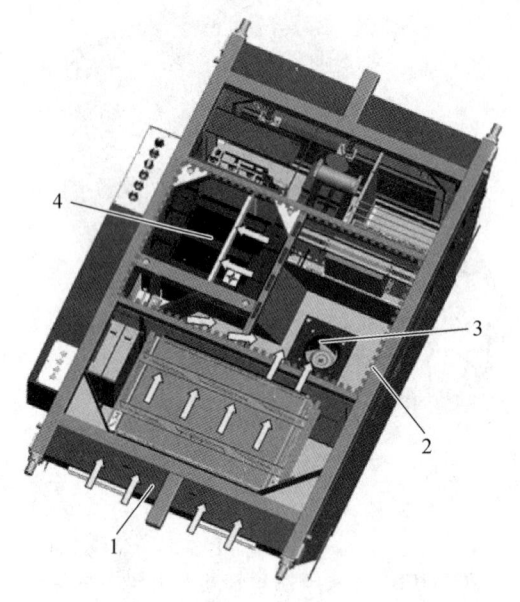

图 2-38 CRH380BL 型动车组单辅助变流器强制风冷主气流

1—空气过滤器；2—隔板；3—主风扇（M_{30}）；4—底盖板上的排风口

空气由安装在外壳前部的两个双喷嘴护栅导入，然后被引导通过伸到导气管中的电源模块的散热片（T_1），主风扇（M_{30}）将冷风吹到中间的隔室，冷风然后通过变压器（T_2），最后通过位于底部的两个排风口护栅排出。

冷却系统的设计是使主风扇保持尽可能低的转速，这样就能在保持最佳通风和冷却效果的前提下将污垢程度、噪声水平及风扇工作时间降到最低。

主风扇由主控制器 Sibcos-M2500（2K1）(3K1) 根据温度进行控制。各模块将散热器的温度报告给控制器，控制器对温度进行监控，并依据温度情况直接打开或关闭主风扇。风扇控制可以实现充分的自主工作，不需要外部进行干涉。

内置风扇（M_1）保证内部的空气循环。这些模块连续工作，它们与系统控制器（DC 110 V）一起打开或关闭它们自己。图 2-39 标出了内置风扇在外壳上的位置和内部气流的方向。

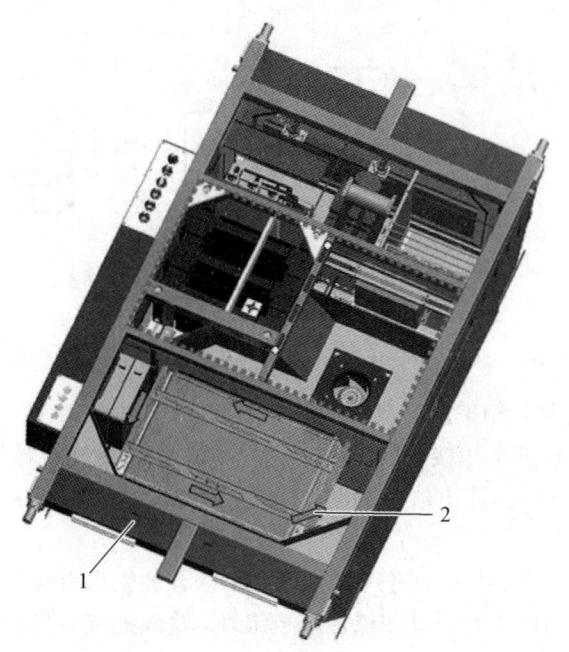

图 2-39　CRH380BL 型动车组单辅助变流器强制风冷内部气流

1—铰链板上的内置风扇（M_1）；2—内部气流

表 2-22 所示为 CRH380BL 型动车组单辅助变流器的技术参数。

表 2-22　CRH380BL 型动车组单辅助变流器技术参数

序号	内容	参　　数
1	容量	2×160 kVA（cosφ=0.9）
2	输入电压	DC 2 700～3 600 V
3	输出电压	3AC 440 V （停车条件下的机车准备：345 V） （60±1 Hz） （停车条件下的机车准备：47 Hz）
4	散热方式	强制风冷方式
5	外形尺寸	1 886 mm×2 978 mm×699.5 mm
6	质量	约 1 450 kg

图 2-40 所示为 CRH380BL 型动车组单辅助变流器的简化主电路。该电路的关键：一是输

入保护电路,二是 PWM 逆变器,三是主控制器。

左侧为输入部分,包括滤波电容器、输入熔丝、主接触器、预充电装置、滤波扼流圈、输入电压和电流传感器。

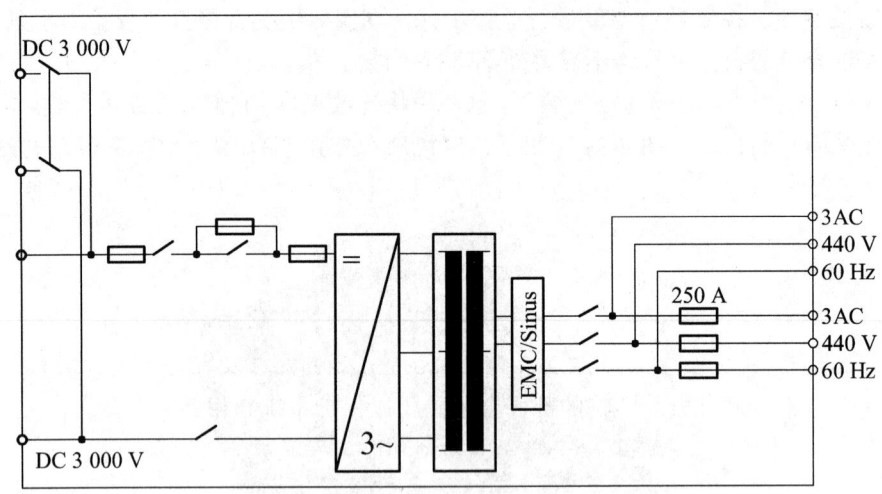

图 2-40 CRH380BL 型动车组单辅助变流器简化主电路

预充电装置的功能是限制辅助变流器的浪涌电流。它包括一个预充电电阻(R_{11})、一个预充电接触器(A_1-Q_{21})和多个主接触器(A_1-Q_{22}/A_1-Q_{23})。辅助变流器启动时,预充电接触器关闭,DC 连接电容器通过预充电电阻充电。DC 连接电压达到一定水平时,主接触器关闭,辅助变流器无电阻工作。

安装滤波扼流圈(R_1)的目的在于平滑由 IGBT 的开关操作引起的输入电流的波动,吸收线路上的冲击电压,从而防止对辅助变流器造成损坏。输入扼流圈与 DC 连接一起保持输入电流中的谐波含量处于非常低的水平。

图 2-41 所示为 CRH380BL 型动车组辅助变流器 PWM 逆变器与主控制器。

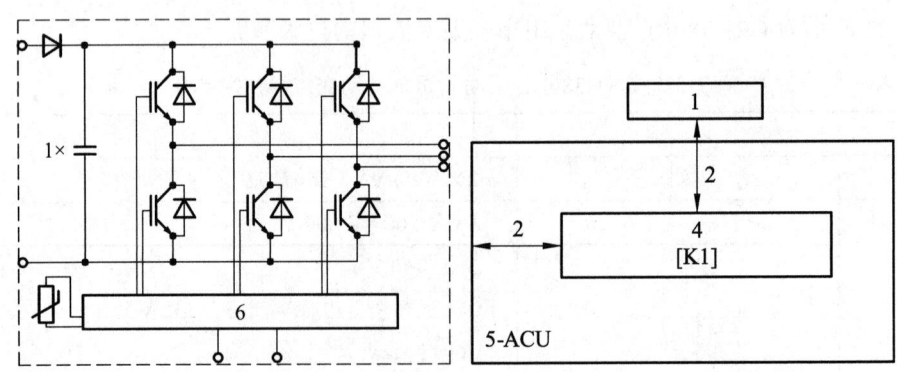

图 2-41 CRH380BL 型动车组辅助变流器 PWM 逆变器与主控制器

1—中央控制器 CCU;2—MVB 总线;3—RS232 接口;4—Sibcos-M2500 主控制器;
5—单辅助变流器;6—脉冲调宽逆变器驱动板

逆变器模块是安装 IGBT 开关、二极管、DC 连接电容器和驱动板的三相电桥,该电桥将来自牵引变流器的 DC 3 000 V 电压,采用脉冲调宽(PWM)方式,变换为 3AC 440 V 60 Hz

输出电压，在输出端使用一台变压器进行电隔离。

该模块上没有控制器，主控制器单独安装在外壳上。

Sibcos-M2500 控制器为主控制器和模块控制器的组合。它负责全面系统控制、与上级控制通信以及不同类型功率变流器的控制和调节（如脉冲调宽逆变器）。

Sibcos-M2500 控制器配备 16 条 IGBT 控制信道、14 条 IGBT 反馈输入及 8 条数字输入和 4 条数字输出。此外，该控制器还配备了用于变压器连接的模拟电源输入和电压输入。

该控制器还包括两个处理器，分别作为主处理器和模块处理器；一个可编程逻辑块。

控制器的其他接口还有负责与所有控制级别通信的 MVB 接口，该接口符合 TCN 标准。负责与其他 CAN 节点通信的 CAN 接口。可以使用接口电缆通过 RS232 接口与笔记本建立连接。该接口用于设备的调试、启动、诊断及程序加载。

该控制器上的温度记录通过一个外接 PT100 元件或一个 NTC10kΩ 的热变电阻器来实现。

当辅助变流器 ACU 发生故障，Sibcos-M2500 主控制器能够发现它们并做出响应。如果发现某个模块发生错误，首先受影响的部件会被关闭以保护系统和相连的负载。

ACU 系统此后将如何响应取决于错误的类型和严重程度：

对于轻微的错误，错误消除后，受影响部件将自行重新启动。

如果发生较为严重的错误，受影响部件的控制系统将切换到"锁定"模式。如果发生影响到整个逆变器的故障，主控制系统将切换到"锁定"模式。"锁定"意味着受影响的模块或整个系统将无法自行重新启动，而必须由维护人员采取相应措施才能消除这些故障。

当控制系统的电源被切断或在进行软件复位时，"锁定"模式中止。

如果发生某些故障，单辅助变流器将被永久锁定。在这种情况下，锁定只能通过对 Sibmon 的手动操作或 MVB 命令解除。（次数：一天只能解除一次——必须记录复位计数器）

为了防止系统不断发生非致命错误，发生严重错误后，试图对系统进行复位将使用一个复位计数器进行监控。系统接通时，计数器为特定的初始值，每次发生错误，根据错误的严重程度，从初始值上减去一定的数目。如果计数器的设置小于 0，主控制系统将被锁定。如果复位计数器的设置大于 0，当错误消除且错误准则不活跃时，将尝试进行复位。如果至少有一个模块处于正常工作模式，则复位计数器设置每 20 s 增加 1 个点，直到达到最大值。每个模块也各有一个复位计数器，其工作原理与此相同。

复位计数器的读数将显示在 Sibmon 中受影响模块的登记卡上。

CRH380BL 型动车组单辅助变流器工作过程有两种模式，即"接触网供电"模式和"停车条件下的列车准备"模式。

1. 由 AC 接触网供电

当满足下列条件：单辅助变流器从机车控制系统收到了触发信号，输入电压在有效电压范围内，辅助变流器未发生错误。

则 DC 输入电压经由滤波电容器、主接触器和预充电接触器及阻塞线供给 PWMI 模块。脉冲调宽逆变器模块（PWMI）接通并启动。如果脉冲调宽逆变器的输出电压处于规定范围内，则输出接触器关闭。单辅助变流器的控制器则向机车控制器发出信息，表明 3AC 输出已经准备好。

3AC 440 V 60 Hz 输出则经由主变压器、EMC 滤波器及脉冲调宽逆变器模块后的输出熔丝进行供电。

所有辅助变流器的输出同时为一根通达整列列车的 3AC 440 V 60 Hz 的总线供电。正常运行期间，总线在整个机车内处于耦合状态。

2. 停车条件下的列车准备

辅助变流器的工作模式类似于"由 AC 接触网供电"时的模式，但是 3AC 输出的电压有所降低，为 3AC 345 V 47 Hz。

实训考核标准

一、蓄电池检查、清洁作业考核标准

表 2-23 蓄电池检查、清洁作业考核标准

序号	项目	配分	考核内容与评分标准	扣分记录	备注
一	安全	20分	1. 未按规定穿戴劳保用品，不允许参加考试		
			2. 未正确设置安全防护，不允许开始考试		
			3. 在作业过程中，考生发生轻伤及以上人身伤害事故，取消考试资格；发生碰伤出血，一处扣10分		
			4. 正确执行安全操作规程，每违反一条扣10分；发生电器打火、仪器仪表损坏等严重设备事故，取消考试资格		
二	过程	30分	1. 工具、材料整备齐全、正确，每漏或错一样扣5分		
			2. 按规定路线、顺序开展检查作业，一般顺序错乱或漏项一处扣2分，关键顺序错乱或漏项一处扣5分		
			3. 检查作业方法科学合理，一般步骤错乱一处扣2分，重点步骤错乱一处扣5分		
三	质量	30分	1. 在作业过程中设计5个常见故障，未能发现故障，一处扣3分		
			2. 在作业过程中设计5个清洁点，未能正确处理，一处扣3分		
			3. 故障发现加清洁点处理，不足6处，按不及格处理		
			4. 执行文明生产规定，作业过程中工具、材料摆放整齐，作业完成时做到"活完地光"；不符合要求每次扣8分		
四	时间	20分	1. 按规定时间完成作业，每超过30 s扣2分。		
			2. 超过规定时间50%及以上，取消考试成绩		
合计		100			

二、充电机检查、清洁作业考核标准

表 2-24 充电机检查、清洁作业考核标准

序号	项目	配分	考核内容与评分标准	扣分记录	备注
一	安全	20分	1. 未按规定穿戴劳保用品，不允许参加考试		
			2. 未正确设置安全防护，不允许开始考试		
			3. 在作业过程中，考生发生轻伤及以上人身伤害事故，取消考试资格；发生碰伤出血，一处扣10分		
			4. 正确执行安全操作规程，每违反一条扣10分；发生电器打火、仪器仪表损坏等严重设备事故，取消考试资格		
二	过程	30分	1. 工具、材料整备齐全、正确，每漏或错一样扣5分		
			2. 按规定路线、顺序开展检查作业，一般顺序错乱或漏项一处扣2分，关键顺序错乱或漏项一处扣5分		
			3. 检查作业方法科学合理，一般步骤错乱一处扣2分，重点步骤错乱一处扣5分		
三	质量	30分	1. 在作业过程中设计5个常见故障，未能发现故障，一处扣3分		
			2. 在作业过程中设计5个清洁点，未能正确处理，一处扣3分		
			3. 故障发现加清洁点处理，不足6处，按不及格处理		
			4. 执行文明生产规定，作业过程中工具、材料摆放整齐，作业完成时做到"活完地光"；不符合要求每次扣8分		
四	时间	20分	1. 按规定时间完成作业，每超过30 s扣2分		
			2. 超过规定时间50%及以上，取消考试成绩		
合计		100			

三、辅助变流器检查、清洁作业考核标准

表 2-25 辅助变流器检查、清洁作业考核标准

序号	项目	配分	考核内容与评分标准	扣分记录	备注
一	安全	20分	1. 未按规定穿戴劳保用品，不允许参加考试		
			2. 未正确设置安全防护，不允许开始考试		
			3. 在作业过程中，考生发生轻伤及以上人身伤害事故，取消考试资格；发生碰伤出血，一处扣10分		
			4. 正确执行安全操作规程，每违反一条扣10分；发生电器打火、仪器仪表损坏等严重设备事故，取消考试资格		

续表

序号	项目	配分	考核内容与评分标准	扣分记录	备注
二	过程	30分	1. 工具、材料整备齐全、正确，每漏或错一样扣5分		
			2. 按规定路线、顺序开展检查作业，一般顺序错乱或漏项一处扣2分，关键顺序错乱或漏项一处扣5分		
			3. 检查作业方法科学、合理，一般步骤错乱一处扣2分，重点步骤错乱一处扣5分		
三	质量	30分	1. 在作业过程中设计5个常见故障，未能发现故障，一处扣3分		
			2. 在作业过程中设计5个清洁点，未能正确处理，一处扣3分		
			3. 故障发现加清洁点处理，不足6处，按不及格处理		
			4. 执行文明生产规定，作业过程中工具、材料摆放整齐，作业完成时做到"活完地光"；不符合要求每次扣8分		
四	时间	20分	1. 按规定时间完成作业，每超过30 s扣2分		
			2. 超过规定时间50%及以上，取消考试成绩		
合计		100			

思考题

1. 结合生产背景相关介绍，谈谈 CRH380A 型动车组蓄电池检查与清洁作业中关键步骤是哪些？为什么？

2. 结合生产背景相关介绍，谈谈 CRH380BL 型动车组蓄电池检查与清洁作业中关键步骤是哪些？为什么？

3. 蓄电池端子间的灰尘、接线端子的结晶物及通风塞的污物会对蓄电池的使用会造成哪些故障？

4. 结合相关专业知识，比较 CRH380A 型动车组蓄电池与 CRH380BL 型动车组蓄电池从构造组成、参数、工作原理以及检修作业四个方面的相同点与不同点。

5. 结合生产背景相关介绍，谈谈 CRH380A 型动车组充电机 ARF 检查与清洁作业中关键步骤是哪些？为什么？

6. 结合生产背景相关介绍，谈谈 CRH380BL 型动车组充电机 BC 检查与清洁作业中关键步骤是哪些？为什么？

7. 充电机进排风口、进排风道等污染会引起哪些故障？

8. 对待包含静电敏感器件（ESD）的印刷电路板（PCB）应如何正确处理？

9. 简要介绍 CRH380BL 型动车组充电机 BC 计算机辅助故障诊断方法。

10. 结合相关专业知识，比较 CRH380A 型动车组充电机与 CRH380BL 型动车组充电机从构造组成、参数、工作原理以及检修作业四个方面的相同点与不同点。

11. 结合生产背景相关介绍，谈谈 CRH380A 型动车组辅助变流器 APU 检查与清洁作业中关键步骤是哪些？为什么？

12. 辅助变流器进排风口、进排风道、散热片和滤网等等污染会引起哪些故障？

13. 辅助变流器内部的接触器、继电器、空开、变压器等元件脏污会引起哪些故障？

14. CRH380BL 型动车组辅助变流器更换防腐剂的目的是什么？

15. 结合生产背景相关介绍，谈谈 CRH380BL 型动车组辅助变流器 ACU 检查与清洁作业中关键步骤是哪些？为什么？

16. 简要介绍 CRH380BL 型动车组辅助变流器 ACU 计算机辅助故障诊断方法。

17. 结合相关专业知识，比较 CRH380A 型动车组辅助变流器 APU 与 CRH380BL 型动车组辅助变流器 ACU 从构造组成、参数、工作原理以及检修作业四个方面的相同点与不同点。

18. 通过本项目的学习，你掌握了哪些技能点和知识点，你认为本项目学习最困难的是什么内容，试说明原因。

项目三　中、低压配线的检修

【项目导入】

配线与配电柜组成的配电系统，在辅助供电系统承担着电源与负载之间电气连接桥梁的作用，将供电装置、用电设备及控制保护设备等联成一个完整的电气系统，并将电能予以输送和分配。车体配线按照用途划分，有电力、广播、网络控制三大类，其中电力配线，按照电压等级又可分为高压、中压和低压，辅助供电配线属于中压和低压配线。

中、低压配线一般由车下三相交流电和直流母线，输入到车内配电柜，再经配电盘分别供负载使用；每一辆车的两端都设置有跨接线，实现中、低压母线的全列贯通。电力配线一般采用绝缘导线，绝缘导线通常由导电线芯、绝缘层和保护层三部分组成。导电线芯主要采用铜，绝缘层主要采用橡胶。

电力配线最重要的性能就是绝缘和导通。各厂家的设计习惯与制造工艺不尽相同，配线的布置、结构存在较大差异，而且它们数量庞杂，电压等级、规格多，几乎遍布车体的各个部位。因此，为了提高配线的可靠性，避免出现绝缘不良或断路故障，CRH380系列动车组配线普遍采用低维护和耐用的产品，检修任务以外观检查、简易测试为主，工作量不大，但非常重要。

本项目对照《配线维护检修手册》和《动车组二级检修作业办法》设计了 **CRH380A** 型动车组电气连接器的操作与保养作业（在作业解析中陈述了常见故障处理办法）和绝缘测量作业两个典型工作任务，对照《配线使用维护说明书》和《动车组二级检修作业办法》设计了 **CRH380BL** 型动车组车辆间跨接电缆检查作业（在作业解析中陈述了常见故障处理办法）和外接电源操作两个典型工作任务，用于开展技能训练。

在学习过程中，建议以上述检修作业为核心，结合后续专业知识的研讨，解决对动车组中、低压配线结构组成的深入认识以及中、低压配线工作原理、工作过程的深入理解问题。

为了强化职业技能的掌握、专业知识的运用，建议采取"对比—迁移"策略，拓展电工基本技能训练和电工基础理论复习。

【学习要求】

项目	职业能力		相关知识	
	工作任务	基本技能	专业知识	基础理论
中、低压配线的检修	一、能遵循《配线维护检修手册》和《动车组二级检修作业办法》，对 CRH380A 型动车组低、中压配线进行操作、保养与故障处理	正确使用兆欧表	熟悉 CRH380A 型动车组低压配线；熟悉 CRH380A 型动车组中压配线	了解常用电工导体材料；了解常用电工绝缘材料
	二、能遵循《配线使用维护说明书》和《动车组二级检修作业办法》，对 CRH380BL 型动车组中、低压配线进行操作、保养与故障处理	练习单股、多股导线的连接与绝缘恢复；练习单股、多股线径的测量与截面积计算	熟悉 CRH380BL 型动车组低压配线；熟悉 CRH380BL 型动车组中压配线；熟悉 CRH380BL 型动车组接地装置	理解导线的安全载流量的意义，会根据截面积查出安全载流量；理解接地与接零

任务一　CRH380A 型动车组中、低压配线的操作、保养及故障处理

一、CRH380A 型动车组 KEIC 型电气连接器的操作、保养作业

作业安排：两人。
作业范围：4～5 车之间，电气连接器如图 3-1 所示。
劳保准备：穿工作服、劳保鞋、戴手套、安全帽、佩戴标志。
工具准备：手电筒、对讲机、7 mm 扳手、棉布、优质润滑脂、酒精与脱脂棉棒、光纤护罩。

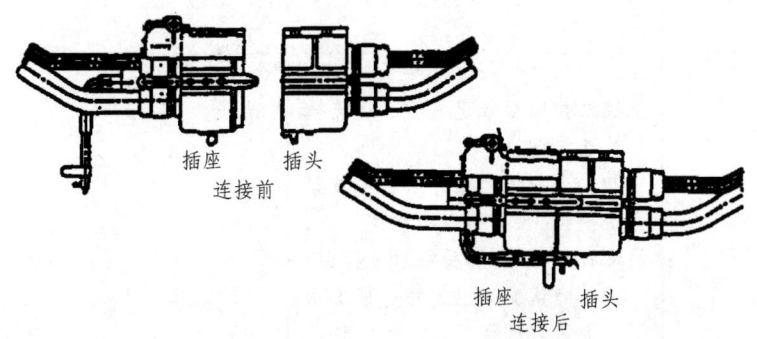

图 3-1　CRH380A 型动车组 KEIC 型电气连接器连接前和连接后的状态

作业步骤：如表 3-1 所示。

表 3-1　CRH380A 型动车组 KE1C 型电气连接器的操作、保养作业

作业时间	30 min		
安全注意	1. 作业前确认接触网断电，接地杆可靠插设； 2. 止轮器设置正确		
序号	作业目标	质量标准	图片备注
1	安全防护	正确设置防护	
2	4、5 车配电柜	所有的空气开关均断开	
3	电气连接器嵌合操作	（1）密接式车钩连接后，连接插头的拉杆配置在连接位置，把支架装配旋钮拧往"开"位，使连接插头在支架装配的轨道上滑动，与连接插座紧贴。这时，连接插头的导向板确定连接插座的位置，并由轨道槽引导固定嵌合位置。	

续表

序号	作业目标	质量标准	图片备注
3	电气连接器嵌合操作	（2）把连接插头插入连接插座，在连接插头的结合位置处使连接插座的承受金属件互相咬合，结合在一起。 （3）把拉杆往连接插座侧拉动，因控制杆的凸轮的作用，连接插头向前推进，挂在连接插座的拉杆压板上完成嵌合。 （4）确认套筒被完全压入，滚珠被压到承受金属件的内侧，轴推进后完成结合	
4	电气连接器脱离操作	（1）从拉杆压板处卸下拉杆，把拉杆拉回至电缆一侧，连接插头从连接插座处推出。 （2）进一步把拉杆从水平位置向上提拉35°，结合功能被解除，拉动拉杆，连接插头往后方拉回。 （3）确认支架组装的止挡（钩子）生效，进行固定，完成脱离	
5	嵌合面（绝缘体，连接器）保养	表面的灰尘污渍，可用干净的布拭去	注意，不要使插座连接器接触部位的弹簧片变形
6	结合装置保养	（1）凸轮控制杆，去除凸轮的滑动面上的污渍，并加油。 （2）结合部分，经常清洁，从先端处加油	使用优质的润滑脂，但不要往绝缘体上涂抹
7	密封垫圈保养	表面发生龟裂则进行更换	
8	光缆连接器的保养	（1）光/电复合连接器的F（接受）侧，解除结合后，第一象限处露出12个端子的光缆连接器。保持这种状态，按下面（3）的步骤进行清扫。 （2）M（连接插头）一侧，将正面绝缘体后退，电气连接器和光缆连接器成为露出状态后，用公称尺寸为7 mm的扳手拧转盖子（F侧本体）并卸下，使光缆连接器金属环露出，并按照下面（3）的步骤进行清洁。清洁结束后，把盖子（F侧本体）拧到原来的状态。	

续表

序号	作业目标	质量标准	图片备注
8	光缆连接器的保养	（3）光缆连接器端面基本清洁方法，光缆连接器连接时，先把光纤维端面用沾有酒精的脱脂棉棒轻轻擦拭，再吹上干燥风或用干燥、干净的脱脂棉棒擦干后再进行连接	
9	电气连接器嵌合操作	同3	
10	4、5车配电柜	所有的空气开关均复位	
11	安全防护	撤除防护	

作业解析：

1. 生产背景

CRH380A型动车组所用连接器型号为KE1C型，该电气连接器安装在密接式车钩下部、有连接插头和连接插座。连接插头、连接插座的连接、脱离由电气连接插头旁的控制杆操作进行，连接时为完全防水型。电缆使用（25 mm²×52芯+22 mm²×6芯）橡胶绝缘软电缆，光缆使用4芯光缆，主要技术参数如表3-2所示。

表3-2　CRH380A型动车组KE1C型电气连接器技术参数

序号	内容	参数
1	额定电压	200 V
2	额定电流	5 A（1.25 mm²） 50 A（22 mm²） 100 A（50 mm²）
3	芯数	153根（1.25 mm²） 4根（22 mm²） 6根（50 mm²） 12根（光缆连接器）
4	绝缘电阻	100 MΩ以上
5	绝缘强度	1 400 V（1 min）
6	温度上升限度	40 ℃
7	控制杆操作力	约294 N

KE1C型电气连接器的操作、保养作业，若没有特殊情况，四级修程由专业生产厂家承担。

2. 作业要点

（1）电气连接器嵌合操作。连接插头和连接插座没有嵌合时，确认连接插头的钩子是否准确地接挂在钩子沟槽里；连接插头、连接插座没有嵌合在一起时（没有使用时），必须盖上附属的橡胶罩；在结合装置完全结合（滚珠进入承受金属件的内侧）之前，拉杆的构造是不能往连接插座侧移动的，因此在结合前不要过度地下拉拉杆；嵌合完了后，确认拉杆是否准确地接挂在连接插座的拉杆压板上。

（2）连接插头可用支架的中央（钩子沟槽 A）和后方（钩子沟槽 B）两点固定。中央固定位置用于卸下密接式车钩，分离车辆。后方的固定位置则是使用在密接式车钩结合的状态下，检查连接插头、连接插座嵌合面的情况。

（3）关于光缆连接器的保养。光缆连接器没有连接或者在保管时，要保护光纤维断面，使其远离潮气、水、垃圾，所以要用专用的防尘盖封上；光缆连接器连接时，用浸有酒精的脱脂棉棒轻轻擦拭光纤维端面，再用干燥风吹或用干燥干净的脱脂棉棒擦干后再进行连接；光缆连接器连接在机器上时请不要拉扯光缆；从多芯光缆中暴露出的单芯光纤部分由于外部应力容易集中，应该用光纤护罩等保护起来。

二、CRH380A 型动车组绝缘测量作业

作业安排：两人。
作业范围：1、2、3、4、5、6、7、0 车。
劳保准备：穿工作服、劳保鞋，戴安全帽，佩戴标志。
工具准备：基本工具，100 V、500 V 兆欧表。
作业步骤：如表 3-3 所示。

表 3-3 CRH380A 型动车组绝缘测量作业

作业时间	10 min/辆		
安全注意	1. 作业前确认接触网断电，接地杆可靠插设； 2. 止轮器设置正确； 3. 检测完毕后，恢复配电柜各开关； 4. 加热设备在使用前必须进行绝缘测量		
序号	作业目标	质量标准	图片备注
1	安全号志	正确设置号志	
2	1、0 驾驶台配电盘	将 1、0 驾驶台配电盘中的蓄电池接触器 NFB（BatKCN）、显示器 1.2NFB（MONN 1，2）、列车无线蓄电池 NFB（TWCN）和各车厢服务配电盘中的室内灯 NFB（RLpN 1，2，3）及应急灯 NFB（RrLpN）断开	

续表

序号	作业目标	质量标准	图片备注
3	2、4、6号车的运行配电盘	将2、4、6号车的运行配电盘中的直流电源NFB（BatN 1, 2）和牵引变流器装置控制用NFB（CICN1, 2）及蓄电池接触器NFB（BatKN）断开	指示灯 开关盘 空调设定器
4	接地开关GS	根据测量线路将相应接地开关GS断开	
5	测量绝缘	主回路501C～大地间≥0.2 MΩ（使用500 V兆欧表）	
6	测量绝缘	辅助回路 SC 200 A～大地间≥0.1 MΩ（使用100 V兆欧表）	
7	测量绝缘	辅助回路 AT200 G～大地间≥0.1 MΩ（使用100 V兆欧表）	
8	测量绝缘	加热器回路 200P1～大地间≥0.1 MΩ（使用100 V兆欧表）	
9	测量绝缘	驾驶室绝缘测量（1、0号车）：测量驾驶室加热器回路，200S～GS间为0.1 MΩ以上（使用100 V兆欧表）	
10	测量绝缘	驾驶室绝缘测量（1、0号车）：测量驾驶室加热器回路，200S～GS间为0.1 MΩ以上（使用100 V兆欧表）	
11	各车配电柜	所有NFB、接地开关GS复位	
12	安全号志	撤除安全号志	

作业解析：

1. 生产背景

（1）CRH380A型动车组在月检修程（即二级修），安排了"绝缘测量"。在非通电条件下，由月检人员中的操纵台负责人指挥，与电气负责者协同完成绝缘功能检查。具体步骤如下：

① 1、8号车的绝缘测量。

a. 准备。

• 将受电弓切换开关切换至6号车，按下"受电弓升起"开关（PanUS），之后按下"保护接地"闭合开关（EGCS），进行放电处理。确认得到6号车受电弓已升起，保护接地开关（EGS）已闭合的应答。

• 将制动手柄移至"拔取"位置，整备操纵台的开关。将操纵台配电盘中的蓄电池接触器NFB（BatKCN），显示器1.2NFB（MONN 1 & 2）断开。将设备室内的GS断开。

b. 绝缘测量（1、8号车）。

• 操纵台暖房回路200P1~GS间电阻在0.1 MΩ以上（使用100 V兆欧表）。

• 绝缘测量后，将上述的NFB，GS复位。

② 2、3、5、7号车的绝缘测量。

a. 准备。

• 按照操纵台负责的指示，确认受电弓（6号车）升起，EGS（6号车）闭合，向操纵台报告。

• 将服务配电盘中的室内灯NFB（RLpN1,2,3）及应急灯NFB（RrLpN）断开。

• 将2、3、5、7号车的运行配电盘中的直流电源NFB（BatN 1,2）和牵引变流器装置控制用NFB（CICN 1,2）及蓄电池接触器NFB（BatKN）断开。

• 将接地开关GS断开。

c. 绝缘测量（2、3、5、7号车）。

• 主回路：测量501C~大地间电阻应在0.2 MΩ以上（使用500 V兆欧表）。

• 辅助回路：SC测量200A~大地间电阻应在0.1 MΩ以上（使用100 V兆欧表）。

• 辅助回路：AT测量200P1~大地间电阻应在0.1 MΩ以上（使用100 V兆欧表）。

• 暖房回路：测量200P1~大地间电阻应在0.1 MΩ以上（使用100 V兆欧表）。

• 绝缘测量后，将各配电盘中上述的NFB及GS复位。

（2）四方/川崎动车组配电系统采用以下述方法分配线号，见表3-4。

表3-4 CRH380A型动车组配线线号分配

线 号	分类说明
1~99	控制指令回路 DC 100 V
100~199	DC 100 V 系统
200~249	AC 100 V 系统（稳定输出）
250~299	AC 100 V 系统（非稳定）
300~399	AC 220 V 系统
400~499	辅助制动、ATP信号、速度发电机

续表

线 号	分类说明
500~599	主变换回路
700~799	AC 400 V（单相）系统
741、742、743、771、781、791	AC 400 V（三相）系统
800~899	空调装置
900~906	主回路接地、主回路过电流检测
1100~1199	广播回路
1400~1499	ATI 天线、无线电服务系统
1500~1599	MTr2 次回路（主回路）
1600~1699	ATI 装置
2500~2502	特高压回路（AC 25 kV 系统）
M＋3 位号码	车辆信息控制装置的输出/输入线号
MF＋3 位号码	光缆的线号
J＋3 位号码	与 LKJ2000 有关的线号

备注：千位、百位数字用于区别电源系统、信号种类[（为 0（零）时，可以省略]。十位、个位数字作为回路序号分配[（为 0（零）时，可以省略]。

（3）配线特点。

车内配线：播音回路的配线使用穿过电线管的配线作为抗干扰对策；客室灯具的配线组合入各灯具中，各灯具间再用连接器相连；座椅自动旋转装置的配线，通过地板中风道间的电线槽配至各座椅；监控回路和有关显示器、关门装置、厕所的配线通过顶棚电线槽或固定在电线支架上。

车下配线：尽量分离主回路、MTr3 次回路和控制系统的配线，以减轻干扰；控制系统电路使用光纤以减少连线；在低压控制回路配线中，地板的单线和地板上下的屏蔽线使用轻量化电线；地板下的配线设有电线槽，在 1-3 位侧通过主回路，2-4 位侧通过 MTr3 次回路和控制系统配线。

2. 作业要点

（1）绝缘是电气设备最重要的性能指标。绝缘不良是引发漏电甚至短路的根本原因。

（2）测试绝缘性能最常用的方法是使用兆欧表测量电阻值。

（3）兆欧表在工作时，自身产生高电压，而测量对象又是电气设备，所以必须正确使用，否则就会造成人身或设备事故。

① 测量前必须将被测设备电源切断，并对地短路放电，决不允许设备带电进行测量，以保证人身和设备的安全。

② 对可能感应出高电压的设备，必须消除这种可能性后才能进行测量。

③ 被测物表面要清洁，减少接触电阻，确保测量结果的正确性。

④ 测量前要检查兆欧表是否处于正常工作状态，主要检查其"0"和"∞"两点位置，开路试验时，兆欧表转数达到 120 r/min，指针应在"∞"处。短路时，慢慢地转动兆欧表，指针应在"0"处。

⑤ 兆欧表使用时应放在平稳、牢固的地方，且远离大的外电流导体和外磁场。

⑥ 电器或线路的绝缘电阻越大越好。若测得某相电阻是零，则说明这相已短路；若测得某相电阻是低于标准值，则说明这相绝缘电阻性能已降低。设备或线路的绝缘电阻性能降低、短路时，则需要维修，不能使用。

专业知识一 CRH380A 型动车组低压配线

CRH380A 型动车组低压配线，属于直流供电系统，对动车组而言是唯一能够提供不间断电源的系统，电压规格为 DC 100 V。

直流供电母线分成若干股，贯穿全列，主要为列车照明和控制系统供电（含应急供电），表 3-5 所示为 CRH380A 型动车组直流母线及负载配置。

表 3-5 CRH380A 型动车组直流母线及负载配置

序号	母线线号	电压规格	负载
1	102	DC 100 V （+10%～-30%）	运转控制（含受电弓、VCB 控制），1 车和 8 车； 辅助空气压缩机，4 车和 6 车； 蓄电池组，2 车、4 车和 6 车
2	103	DC 100 V ±10%	辅助电路、信息控制装置、制动装置、关门装置、烟火报警装置，1~8 车； 牵引变流器控制，2~7 车； ATP，1 车和 8 车； 列车无线专用蓄电池，8 车； 紧急蓄电池组（EVBat），3 车和 7 车
3	103B	DC 100 V （±10%）	广播装置、应急灯、污物处理，1~8 车； 自动放送设备，7 车； 影视系统主机，5 车； 标志灯、刮雨器、分并装置，1 车和 8 车
4	115	DC 100 V （±10%）	空调控制、自动门、日光灯、逆变电源、影视系统设备箱，1~8 车； 鼓风机控制，2~7 车
5	118A	DC 100 V （±10%）	列车无线设备，1 车和 8 车
6	172M	DC 100 V （+10%～-30%）	紧急通风装置，1~8 车

电源及直流负载以并联形式挂在母线上，动车组升弓合闸前或意外断电时，由车载蓄电池为最重要的控制系统、标志灯与应急照明等供电。升弓合闸后由蓄电池充电机为所有直流负载供电，并给蓄电池浮充电。当列车出现严重故障，蓄电池设置了 77 V 低压保护。

图 3-2 和图 3-3 结合图 1-3，描述了直流供电系统的电路结构和工作原理。

图 3-2 CRH380A 型动车组 1~4 车 DC 110 V 直流供电电路

图 3-3 CRH380A 型动车组 5~8 车 DC 110 V 直流供电电路

正常情况下，经过运用检修达到出库质量标准，完成了与值班司机交接工作。此时，各车厢配电柜的所有空气开关均处于闭合状态，2、4、6 车有下列电路接通：

Bat（+）→102A 线→BatN2→102 线。

于是 102 母线，全列分三段分别得电。

假设 1 车为驾驶端，当司机打开钥匙，将制动手柄移除"拔取"位，1 车有下列电路接通：

102 线→BatKCN→102E 线→BV→105 线。

于是 105 线得电，全列贯通。

当 105 线通电后，2、4、6 车有下列电路顺次接通：

105 线→BatKN→105A 线→BVR1 线圈→100D2 线→GS→100 线；102 线→BatKN→105B 线→BVR1 常开触点闭合→105C 线→BatK1 线圈→100D2 线→GS→100 线；Bat（+）→102A 线→BatK1 常开触点闭合→103A 线→BatN1→103 线。

于是 103 线得电，全列贯通。

1~8 车有下列电路接通：

103 线→RrLpCgK 常闭触点→103B 线。

于是 103B 线得电。

司机激活网络控制与信息管理系统，查询全车无故障后，进行升弓合闸操作。此时，1 车、8 车辅助电源装置启动，ARf 的 101 线、101X 线有 DC 100 V 输出，1、8 车有下列电路顺次接通：

101X 线→ARfKR 线圈→100F2 线→GS→100 线；103 线→ARfRN→114C 线→ARfKR 常开触点闭合→114D 线→ARfK 线圈→100F2 线→GS→100 线；同时，103 线→ARfRN→114C 线→ARfKR 常开触点闭合→114D 线→ARfKR 常开触点闭合→MLpR1 常闭触点→114 线；101 线→ARfK 常开触点闭合→103 线。

于是，103 线由 101 线供电，114 线得电，全列贯通。

接着 2 车、4 车和 6 车有下列电路顺次接通：

114 线→BatKN→114A 线→BatK2R 线圈→100D2→GS→100；102 线→BatKN→105B 线→BatK2R 常开触点闭合→105D 线→BatK2 线圈→100D2→GS→100；103 线→BatK2 常开触点闭合→115A 线→BatN1→115 线。

于是，115 线全列分三段得电。

同时 2 车、4 车和 6 车有下列电路电流改变方向：

103 线→BatN1→103A 线→BatK1 常开触点闭合→102A 线→BatN2→102 线；103 线→BatN1→103A 线→BatK1 常开触点闭合→102A 线→Bat（+）。

于是，103 线向 102 线供电并给蓄电池充电。

以上是动车正常运行时，直流供电系统的工作过程，由 2 台 ARf 提供 DC 100 V。当充电机即 ARf 及其线路有一台出现故障时，允许复位一次，参见项目二中故障处理。

如果两台 ARf 均不能工作，司机应在驾驶室（1 车），按下 RrLpCgS 按钮，进入应急状态，此时，1～8 车直流供电系统，保持在升弓合闸前的状态，由蓄电池组向 102 线、103 线供电，另外 1 车有下列电路接通：

102 线→BatKCN→102E 线→RrLpCgS→170 线。

于是，170 线得电，全列贯通。

1～8 车有下列电路顺次接通：

170 线→RrLpCgN→170A 线→RrLpCgK 线圈→100A4 线→GS→100 线；102 线→RrLpCgK 常开触点闭合→103B 线。

于是，103B 线由 102 线供电。

当故障较长时间无法处理，蓄电池电压会持续下降，当电压降至 77 V 及以下时，为了防止蓄电池过放造成不可恢复的损伤，2 车、4 车和 6 车的保护电路 BatVD 动作，断开 BatN2 开关。此时，直流供电系统完全停止工作。

与 CRH2 型动车组不同的是，CRH380A 型动车组增加一条贯穿全列的 172M 直流供电母线，由增设在 3 车和 7 车的紧急蓄电池组，专为 1～8 车增设的紧急通风装置供电，提高了动车组的应急处理性能。

专业知识二 CRH380A 型动车组中压配线

CRH380A 型动车组中压配线，属于交流供电系统，电压等级主要有 1Ø AC 400 V 50 Hz 和 3Ø AC 400 V 50 Hz。

交流供电母线分成若干股，贯穿全列，多套电源和相应负载并联在母线上，主要为动车组上三相电动机类型的负载，如牵引电机的冷却风机、牵引变流器的冷却风机、主变压器的冷却油泵、空气压缩机和空调机组等。表 3-6 所示为 CRH380A 型动车组交流母线及负载配置。

表 3-6 CRH380A 型动车组交流母线及负载配置

序号	母线线号	电压规格	负载
1	704，754	1Ø AC 400 V （+24%～-31%） 50 Hz	空调装置、换气装置、开水炉，1~8 车； APU、司机室空调装置，1 车和 8 车
2	704Z，754Z		APU3，5 车
3	771，781，791	3Ø AC 400 V （±10%）50 Hz	CIBM、MMBM，2 车、3 车、6 车、7 车； MTOPM、MTrBM，2 车、6 车； 空气压缩机，3 车、7 车； ARf，1 车和 8 车
4	772，782，792		CIBM、MMBM，4 车、5 车； MTrBM，4 车； 双门冷藏柜、电烤箱、保温箱，5 车
5	302	1Ø AC 220 V （±10%）50 Hz	微波炉×2、散热风机（一单元），微波炉×2、电冰箱、展示柜、插座、备用插座（二单元），5 车
6	202	1Ø AC 100 V （±10%）50 Hz	空调控制装置、显示器、上水装置，1~8 车； 辅助制动装置，1 车和 8 车； 空气清洁器，3 车和 6 车
7	251	1Ø AC 400 V （+26%～-41%） 50 Hz	加热器，1~8 车

交流电源及交流负载以并联形式挂在母线上，通过计算机网络控制与信息管理系统进行有效的能量管理，实现系统冗余及故障时自动减载。

图 3-4 描述了 CRH380A 型动车组 704、754 母线供电电路的结构和工作原理。

图 3-5 描述了 CRH380A 型动车组 771、781、791 母线供电电路的结构和工作原理。

图 3-4 CRH380A 型动车组 704、754 母线供电电路

图 3-5　CRH380A 型动车组 771、781、791 母线供电电路

当动车组正常运行时,司机升弓合闸后,主变压器 MTr 和 VCB 无故障,2 车和 6 车有下列电路顺次接通:

103 线→ACOSN→91 线→MTCOR 常闭触点→91A 线→EXR2 常闭触点→91B 线→ACK1R1 线圈/ACK1R2 线圈→100A5 线→GS→100;103 线→ACOSN→91 线→ACK1R 常开触点闭合→91C 线→ACK1-1 线圈/ACK1-2 线圈/ACK1-3 线圈/ACK1-4 线圈→100A5 线→GS→100。

于是,2 车和 6 车的 MTr 三次侧 ACK1 主触点闭合,向 704、754 母线提供 1Ø AC 400 V(+24%~-31%)50 Hz 交流电。而 5 车 ACK2 线圈处于失电状态,ACK2 主触点断开,将 704、754 母线一分为二。

同时,4 车 MTr 无故障时,有下列电路顺次接通:

103 线→ACOSN→91 线→ACK1R1 线圈/ACK1R2 线圈→100A5 线→GS→100;103 线→ACOSN→91 线→ACK1R 常开触点闭合→ACK1-1 线圈/ACK1-2 线圈→100A5 线→GS→100。

于是,4 车 MTr 三次侧 ACK1 主触点闭合,向 704Z、754Z 母线提供 1Ø AC 400 V(+24%~-31%)50 Hz 交流电,APU3 得电。

如果 2 车主变压器 MTr 发生重故障,三次侧无法输出,该信息将通过 2 车终端装置传至中央装置,司机得到报警后,从信息控制装置显示器进入"扩展供电"页面,按下"扩展供电"投入指令,该指令经列车网传至各终端装置,其中 2 车终端装置 84M 线得电,于是,有下列电路接通:

2 车终端装置-84M 线→UR02 常开触点闭合→84MA 线→VCB 常闭触点→84MB 线→二极管→MTCOR 线圈→100M2→GS→100。

于是,2 车 ACK1R 线圈、ACK1 线圈顺次失电,ACK1 主触点断开,2 车主变压器 MTr 停止向 704、754 母线供电。

接着,5 车终端装置 92M 线得电,于是有下列电路顺次接通:

5 车终端装置-92M 线→ACK2R 线圈→100M2→GS→100;103 线→ACOSN→91 线→ACK2R 常开触点闭合→91D→ACK2-1 线圈/ACK2-2 线圈→100A6 线→GS→100。

于是,5 车 ACK2 主触点闭合,由 6 车 MTr 三次侧向全列 704、754 母线供电,由于 MTr 三次侧输出功率限制,1~8 车终端装置向各车厢空调发出减载运行指令,空调施行半载运行。

当动车组正常运行时,1 车、8 车的 APU 向 771、781、791 母线提供 3Ø AC 400 V(±10%)50 Hz 交流电,此时,1 车到 4 车和 8 车到 4 车有下列电路接通:

1 车 APU-93C 线→MGFR1 线圈→100A6 线→GS→100;1 车 APU-93C 线→MGFR3 线圈→100A6 线→GS→100;8 车 APU-93C 线→MGFR2 线圈→100A6 线→GS→100;8 车 APU-93C 线→MGFR4 线圈→100A6 线→GS→100。

于是,确保 4 车 BKK 线圈无电,BKK 主触点保持断开,771、781、791 母线在 4 车一分为二。

同时，5车的APU3向772、782、792母线提供3Ø AC 400 V（±10%）50 Hz交流电，5车有下列电路接通：

5车APU3-93C线→BKK2AR线圈→100A6线→GS→100。

于是，确保5车BKK2线圈无电，BKK2主触点保持断开。

假如，1车APU出现重故障，无法供电，1~4车771、781、791母线失电，1车APU-93C线失电。

于是，MGFR1线圈、MGFR3线圈失电，它们各自的常开触点恢复断开，常闭触点恢复闭合。

APU控制单元通过网络控制与信息管理系统，将故障信息经1车终端装置传至中央装置；司机获取信息后，通过信息控制装置显示器进入"BKK投入"界面，按下"BKK投入"指令；该指令经列车网传至4车终端装置，93M1线得电，此时有下列电路顺次接通：

4车终端装置-93M1线→BKKR线圈→100M2线→GS→100；4车103线→BKKN→93线→MGFR1常闭触点→93A线→BKKR常开触点闭合→93B线→BKK线圈→100A6线→GS→100。

于是，BKK主触点闭合，8车APU向全列771、781、791母线供电。由于APU容量的冗余设计，无须减载。

假如，5车APU3重故障，无法供电，4~5车772、782、792母线失电，5车APU3-93C线失电。

于是，BKK2AR线圈失电，它的常开触点恢复断开，常闭触点恢复闭合。

APU3控制单元通过网络控制与信息管理系统，将故障信息经5车终端装置传至中央装置；司机获取信息后，通过信息控制装置显示器进入"BKK2投入"界面，按下"BKK2投入"指令；该指令经列车网传至5车终端装置，M304线得电，此时有下列电路顺次接通：

5车终端装置-M304线→BKK2RR线圈→M300；5车103线→BKK2RN→93线→BKK2RR常开触点闭合→93A线→BKK2R线圈→100M2线→GS→100；5车103线→BKK2N→113A线→BKK2线圈→93CA线→BKK2R常开触点闭合→93CB线→MGFR3常开触点闭合→93CD线→MGFR4常开触点闭合→93CC线→BKK2AR常闭触点→100A7线→GS→100。

于是，BKK2主触点闭合，8车APU向全列772、782、792母线供电。由于APU输出功率的冗余设计，无须减载。

任务二　CRH380BL 型动车组中、低压配线的操作、保养及故障处理

一、CRH380BL 型车辆间跨接电缆的检查作业

作业安排：两人。

作业范围：1~2 车/15~16 车，2~3 车/15~14 车，3~4 车/14~13 车，4~5 车/13~12 车，5~6 车/12~11 车，6~7 车/11~10 车，7~8 车/10~9 车，8~9 车，车辆间跨接电缆如图 3-6 所示。

劳保准备：穿工作服、劳保鞋，戴安全帽，佩戴标志。

工具准备：手电筒、对讲机、棉布、常规工具箱、扭力扳手、吹风机、红色记号笔。

图 3-6　CRH380BL 型动车组车辆间跨接电缆

作业步骤：如表 3-7 所示。

表 3-7　CRH380BL 型动车组车辆间跨接电缆检查作业

作业时间	10 min/辆		
安全注意	作业前确认接触网断电，接地杆可靠插设		
序号	作业目标	质量标准	图片备注
1	安全防护	正确设置安全防护	
2	电缆外观	目视检查电缆的自由垂落，并没有缠绕。目视检查电缆密封套，法兰板有无裂纹或断裂，法兰板接地面有无物理损伤	见图 3-6
3	具有金属环的电缆	目视检查电缆的金属环，有无裂纹和断裂；电缆防护层有无磨损，金属环有无拉出电缆密封管。必须特别关注那些位于最低处的电缆，更容易与车身边缘发生摩擦或受到外物打击	

续表

序号	作业目标	质量标准	图片备注
4	电缆密封管	目视检查，是否所有的电缆密封管被牢牢固定，红色防松标记无错位	
5	电缆连接器箱	用扳手打开法兰盘；查看电缆连接器箱内有无潮湿，如果密封垫圈老化或破损，须更换密封垫圈；确认法兰板接地处的紧密程度，红色防松标记应无错位；确认电缆接头终端的紧密程度，红色防松标记应无错位；按规定力矩安装法兰盘，涂打红色防松标记	
6	安全防护	撤除防护号志	

作业解析：

1. 生产背景

车辆间跨接电缆是两车端部之间的活动部件。它们用于能量和数据传输。CRH380BL 型动车组动车组用电缆电线共计 113 种，所有电线、电缆均采用无卤、阻燃型，且燃烧时低烟、无毒（低毒）。表 3-8 所示为 CRH380BL 型动车组电缆电线标准，表 3-9 所示为 CRH380BL 型动车组车辆间跨接电缆检修计划。

表 3-8 CRH380BL 型动车组电缆电线标准

项 目	标 准
电缆电线以及用于功率安装的软线、牵引电缆	DIN VDE 0250-813
绝缘电缆用的导体	IEC 60228
电缆、软线用的绝缘及保护复合物	DIN VDE 0207-20
专用防火性能的铁路车辆电缆薄壁	BS EN 50306：2002
防火性能的机车车辆电缆标准外壁、单芯电缆	EN 50264-2：2002
防火要求（等级 2 级）	DIN5510-2

表 3-9 CRH380BL 型动车组车辆间跨接电缆检修计划

序号	部件	检修任务	运行里程/km	800 000 km/年条件下的时间间隔	检修等级
1	跨接电缆	定期检查	20 000	约 1.5 周	I2
2		延期检查	800 000	约 1 年	M3

2. 作业要点

车辆间跨接电缆是低维护和耐用的产品。

3. 故障处理（见表 3-10）

表 3-10　CRH380BL 型动车组车辆间跨接电缆故障处理

序号	故障现象	处理措施
1	车辆间电缆交叉	手动将交叉打开
2	法兰盘及法兰盘接地的物理损伤	全部的车辆间跨接电缆必须更换，交还制造商维修
3	电缆或金属环垫圈损坏	全部的车辆间跨接电缆必须更换，交还制造商维修
4	电缆防护的磨损	全部的车辆间跨接电缆必须更换，交还制造商维修
5	部分电缆密封管损坏或变形，压紧螺母不再密封，红色标记错位	全部的车辆间跨接电缆必须更换，交还制造商维修
6	法兰板垫圈不再密封	按照移除和更换车辆间跨接电缆的说明，更换法兰垫圈
7	法兰板螺栓不能正常使用，红色标记错位	检查法兰板垫圈的密封性（润湿连接盒的内部），如果在法兰板螺栓的边缘没有漏，按规定力矩拧紧；如果有漏，应根据标准作业步骤更换法兰板垫圈
8	法兰板接地处松动	用合适的扭矩紧固螺母
9	电缆接头松动	用合适的扭紧力矩紧固螺母
10	连接器没有完全拧紧	检查 Harting 连接器插销和插座有无润湿、腐蚀和其他不正常现象。如果没有电流漏电的现象，重新连接插销并拧紧螺栓；如果有任何漏电现象，车辆间跨接电缆必须更换并且交还制造商维修

二、CRH380BL 型动车组外接电源操作作业

作业安排：两人。

作业范围：4、5 车或 12、13 车，外接电源如图 3-7 所示。

劳保准备：穿工作服、劳保鞋，戴绝缘手套、安全帽，佩戴标志。

工具准备：手电筒、对讲机、常规工具、列车母线钥匙。

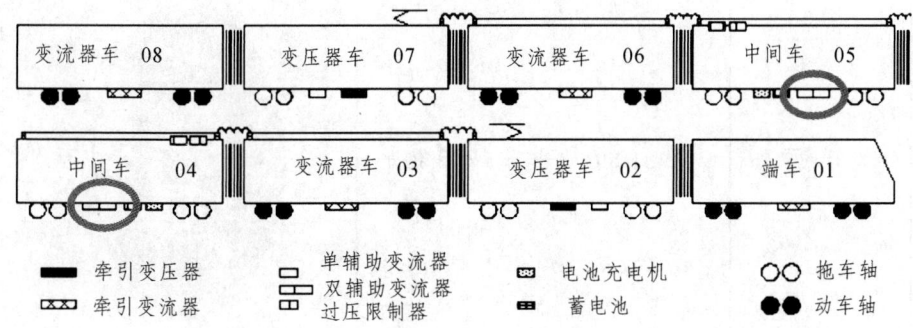

图 3-7　CRH380BL 型动车组 4、5 车外接电源插座位于双辅助变流器箱

作业步骤： 如表 3-11 所示。

表 3-11　CRH380BL 型动车组外接电源操作作业

作业时间	20 min		
安全注意	作业前确认接触网断电，接地杆可靠插设		
序号	操作目标	质量标准	图片备注
1	安全防护	正确设置安全防护	
2	驾驶室操纵台	将拨动式"主开关"（=21-S03）切换至"断开"位置	主断路器合 / 主断路器开
3	驾驶室操纵台	将拨动开关"受电弓"（=21-S02）切换至"降弓"位置	升弓 / 降弓
4	FC05 或 SC12 车控制面板	将 FC05 或 SC12 车控制面板上列车母线钥匙操作性开关中的列车母线钥匙从"440 闭合"经"断开"切换至"外部电源"的位置。处于该位置时，当外部电源的所有必需的开关和控制功能都成功实施后，在靠近列车母线钥匙操作式开关的控制面板上会亮起照明标志"外部电源就绪"	
5	列车母线钥匙	从=31-S01 取出列车母线钥匙	=31-P01 / 549.18 / =31-S01 / =49-S12 / =43-S12 / =49-S11 / =43-S13

续表

序号	操作目标	质量标准	图片备注
6	双辅助变流器	使用列车母线钥匙,打开 BC04 或 FC05(SC12 或 SC13 车)中的辅助变流器装置上的两个外部电源插座中的一个	-X20
7	外部电源插头	外部电源插头可靠插入插座,从而将列车总线的外部电源接触器连接到该插座上,外部电源开始供电。列车母线钥匙仍留在插座的锁中	
8	外部电源插头	需要外部电源的工作完成后,将外部电源插头从插座中拔出	
9	列车母线钥匙	使用列车母线钥匙锁紧插座,然后取出列车母线钥匙	
10	FC05 或 SC12 车控制面板	将列车母线钥匙插入 FC05/SC12 车的列车母线钥匙操作型开关中,将它转到"断开"位置,然后转到"440 V 闭合"位置,从而断开外部电源	
11	安全防护	撤除安全号志	

作业解析:

1. 生产背景

CRH380BL 型动车组设计了能够在高压设备接地或列车停车时,为 3 AC 440 V 列车母线提供 3 AC 380 V 外部电源。

BC04/FC05/SC12/SC13 车的双辅助变流器单元上的每个牵引单元都备有外接电源插座,前半列动车组的外部电源通常仅由 BC04/FC05 车的两个辅助变流器单元中的一个提供,后半列动车组的外部电源通常仅由 SC12/SC13 车的两个辅助变流器单元中的一个提供。

第一个双辅助变流器装置中的耦合接触器由 CCU 控制闭合,同时第二个双辅助变流器装置的外部电源被 CCU 封锁。

2. 作业要点

正确操作列车母线钥匙。

专业知识一　CRH380BL型动车组低压配线

CRH380BL型动车组低压配线，属于直流供电系统，对动车组而言是唯一能够提供不间断电源的系统，电压规格为DC 110 V。

直流供电母线分成若干股，贯穿全列，主要为列车照明和控制系统供电（含应急供电），表3-12所示为CRH380BL型动车组直流母线及负载配置。

表3-12　CRH380BL型动车组直流母线及负载配置

序号	母线/线号	电压规格	负载
1	BD 直连电池母线	DC 110 V（+25%～-30%）	应急照明、旅客信息系统、制动防滑保护，1~16车；驾驶员/乘务员MMI、紧急尾灯信号、列车无线通信，1车和16车
2	BN1 常规电池母线1		中央控制单元CCU 1、司机室顶灯、前风挡加热控制，驾驶室的显示器、受电弓/主开关/控制，1车和16车；KLIP站（冗余1）、MVB转发器-电源线A、空调控制系统、控制柜通风机（左）、主照明，阅读灯、外部照明、应急照明（组1）、车门控制、旅客信息系统显示器、卫生设备用水系统控制、制动（阀）、制动控制单元、列车控制系统火警、列车广播，1~16车；牵引变流器控制1、撒沙管加热器控制、辅助变流控制、充电机控制、辅助空气压缩机控制、轮缘润滑、安全环、厨房控制，对应车
3	BN2 常规电池母线2		中央控制单元CCU2，1车和16车；KLIP站（冗余2）、MVB转发器、紧急照明（组2）、控制柜通风机（右），1~16车；牵引变流器控制2，动力车
4	BCB 电池耦合总线母线		BD母线、BN1母线、BN2母线，4车和5车/12车和13车

图3-8描述了CRH380BL型动车组半列车低压配线的构成和工作原理。

正常情况下，经过运用检修达到出库质量标准，完成了与值班司机交接工作。司机将驾驶室故障开关控制台上的控制开关=32-S01旋至"开"位，列车计算机网络与信息管理系统（CCU、KLIP站、MMI和中继器）激活，此时4车和5车蓄电池并联向DC 110 V系统提供DC 100.8 V直流电。

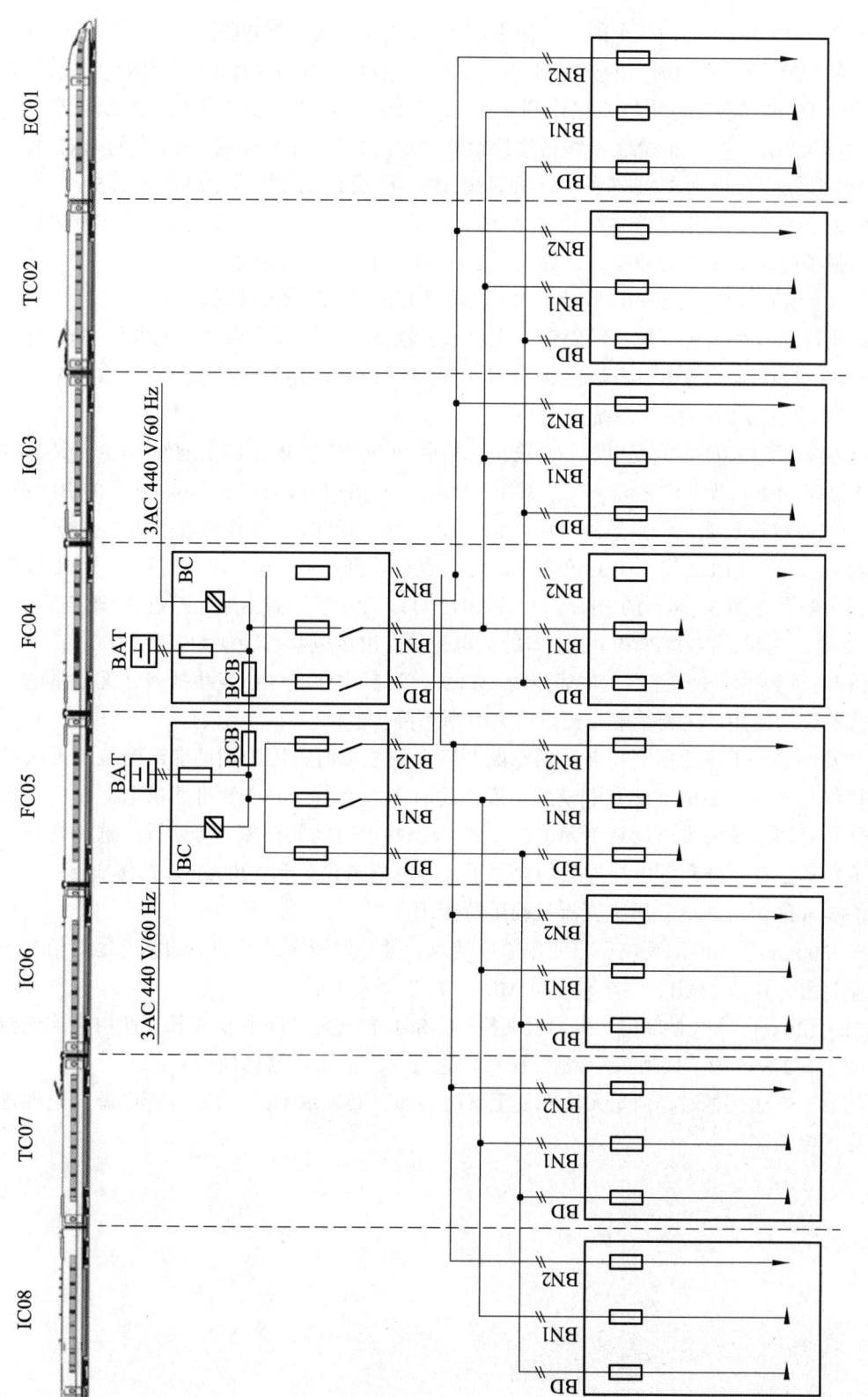

图 3-8 CRH380BL 型动车组半列车低压供电电路

首先，FC04车和FC05车的蓄电池组Bat，经充电机BC箱并联到04车与05车的贯通线BCB，在FC04车和FC05车的充电机BC箱体中，各自分配到BD母线、BN1母线和BN2母线。其中FC04车的BD母线直接连到4~1车的BD贯通线，BN1母线通过接触器主触点连到4~1车的BN1线，而BN2母线通过接触器主触点跨过04车连到5~8车的BN2线。FC05车的BD母线直接连到5~8车的BD贯通线，BN1母线通过接触器主触点连到5~8车的BN1线，而BN2母线通过接触器主触点跨过05车连到4~1车的BN2线。BN2线这种交叉接线方式，增强了应对故障的处理能力，提高了DC 110 V供电的可靠性。

图3-9所示为CRH380BL型动车组FC04车Bat与BC的接线图。

司机操作升弓、合闸后，随着牵引变流器、辅助变流器顺序启动，充电机BC输入端有3Ø AC 440 V 60 Hz交流电，接着FC04车和FC05车的BC顺序启动，并输出DC 110 V（+25%~-30%）直流电向DC 110 V系统供电。

FC04车和FC05车的充电机BC输出，并联到04车与05车的贯通线BCB，又各自分配到BD母线、BN1母线和BN2母线。其中FC04车的BD母线直接连到4~1车的BD贯通线，BN1母线通过接触器主触点连到4~1车的BN1线，而BN2母线通过接触器主触点跨过04车连到5~8车的BN2线。FC05车的BD母线直接连到5~8车的BD贯通线，BN1母线通过接触器主触点连到5~8车的BN1线，而BN2母线通过接触器主触点跨过05车连到4~1车的BN2线。此时，FC04车和FC05车的蓄电池Bat由放电状态转换为充电状态。

FC04车和FC05车充电机的容量为60 kW，当其中1台BC发生故障，无法供电，不影响直流负载的使用，主要影响是充电能力有所下降。

当发生电压击穿或所有主断路器都断开等严重故障时，因为辅助变流器装置无法供电，充电机停止工作，蓄电池的充电模式结束，此时又由蓄电池向电池母线供电。而列车网络控制与信息管理系统的中央控制单元CCU，将根据断电时间的长短，分阶段、选择性地停止部分直流负载，在不导致蓄电池过放的前提下，延迟直流供电到120 min。具体如下：

0~4 min短时断电，所有直流负载维持使用；

5~30 min较长时间断电，只使用紧急通风、紧急照明及外部照明的紧急尾灯信号、重要的控制装置，司机MMI、列车乘务员MMI，广播扬声器；

31~120 min永久性断电，由司机切换=32-S01电池为"断开"，切换"使用直连电池的紧急系统"=32-S45为"接通"，此刻仅保留紧急灯和广播扬声器的使用。

注意，电池耗尽时，列车无法恢复至就绪状态。必须由DC 110 V外部电源对电池进行充电或更换电池。

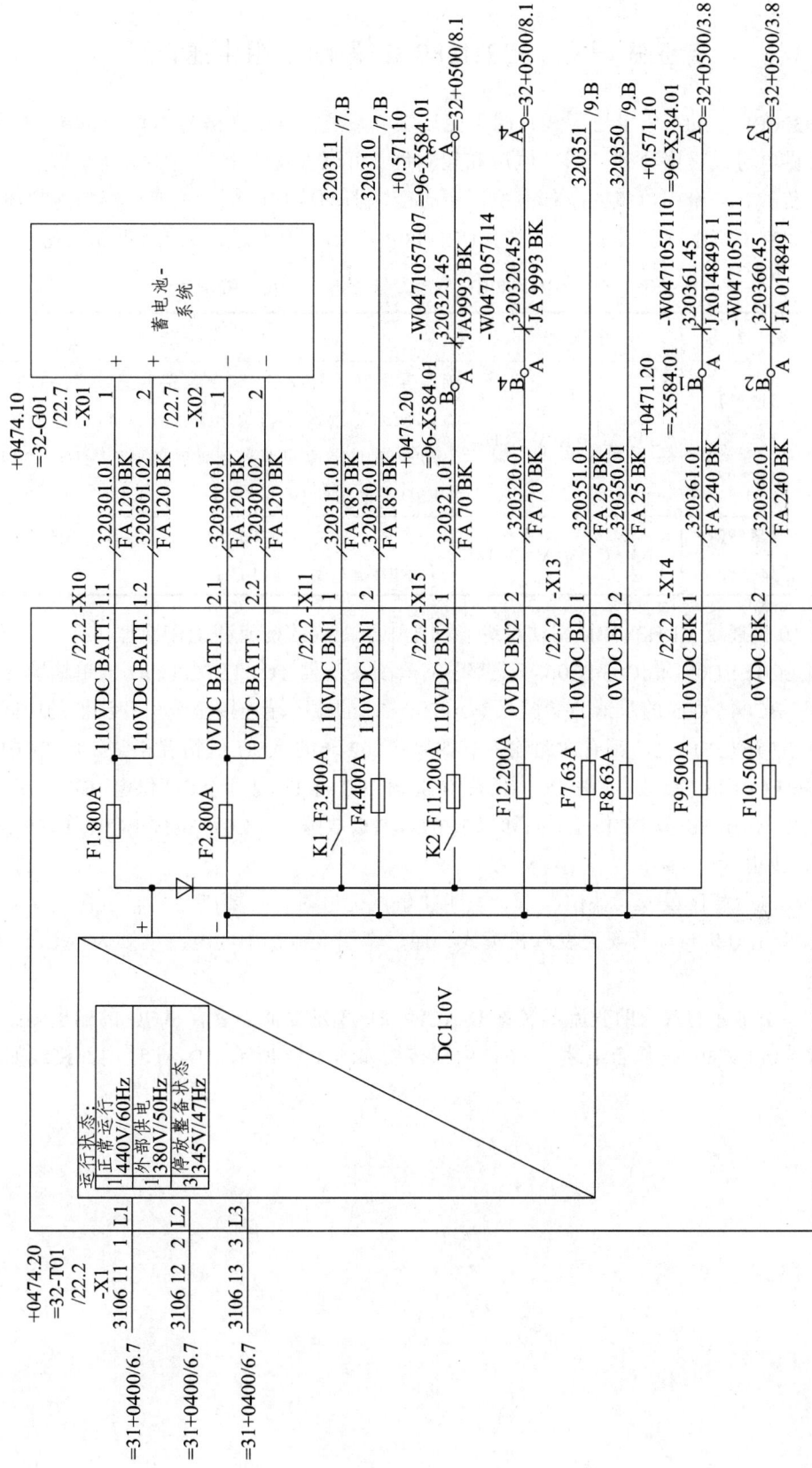

图 3-9 CRH380BL 型动车组 FC04 车 Bat 与 BC 接线图

专业知识二　CRH380BL 型动车组中压配线

CRH380BL 型动车组中压配线，属于交流供电系统，电压规格为 3Ø AC 440 V 60 Hz。

交流供电母线贯穿全列，多套电源和相应负载并联在母线上，主要为动车组上三相电动机类型的负载，如牵引电机的冷却风机、牵引变流器的冷却风机、主变压器的冷却油泵、空气压缩机和空调机组等。表 3-13 列举了 CRH380BL 型动车组交流母线及负载配置。

表 3-13　CRH380BL 型动车组交流母线及负载配置

序号	母线/线号	电压规格	负载
1	31***1 31***2 31***3	3 Ø AC 440 V 60 Hz	客室空调 HVAC，驾驶室空调 HVAC，主空气压缩机 MAC，主变压器的辅助系统 AMT，牵引变流器辅助系统 TC，牵引装置辅助系统 AT，前挡风玻璃加热 FSH，充电机 BC
2	34***2 34***3	1Ø AC 230 V 60 Hz	厨房一些的负载 GL，水系统加热 WSH，撒沙管加热 SPH，车钩加热 ECH

图 3-10 描述了 CRH380BL 型动车组半列车中压配线的构成和工作原理。

每节 EC01/EC08 和 IC03/IC06 车上都装有牵引变流器 TC，TC02/TC07 的单辅助变流器单元 ACU 和 BC04/FC05 的双辅助变流器单元 D-ACU 的输入端连接至牵引变流器的中间电路，无论是 ACU 还是 D-ACU 都有两路输入。如果 TC02 车的 ACU 的情况正常，由 EC01 的 TC 供电；如果 EC01 的 TC 故障，由 CCU 指挥 IC03 车 TC 向 TC02 车 ACU 供电。BC04 车 D-ACU 的情况正常，由 IC03 车 TC 供电；而如果 IC03 车 TC 故障，则 CCU 指挥 EC01 车 TC 向 BC04 车 D-ACU 供电。

当列车过分相区段或其他情况下，发生接触网无电时，只要满足列车运行速度大于等于 50 km/h，牵引电机自动转换为发电机模式，通过牵引变流器中间电路继续为 ACU、D-ACU 提供电能。

每个牵引单元的双辅助变流器装置 D-ACU 和单辅助变流器装置 ACU 的输出侧，都连接至 3 Ø AC 440 V 60 Hz 耦合电缆，ACU 内部接线如图 3-11 所示，D-ACU 内部接线如图 3-12 所示。

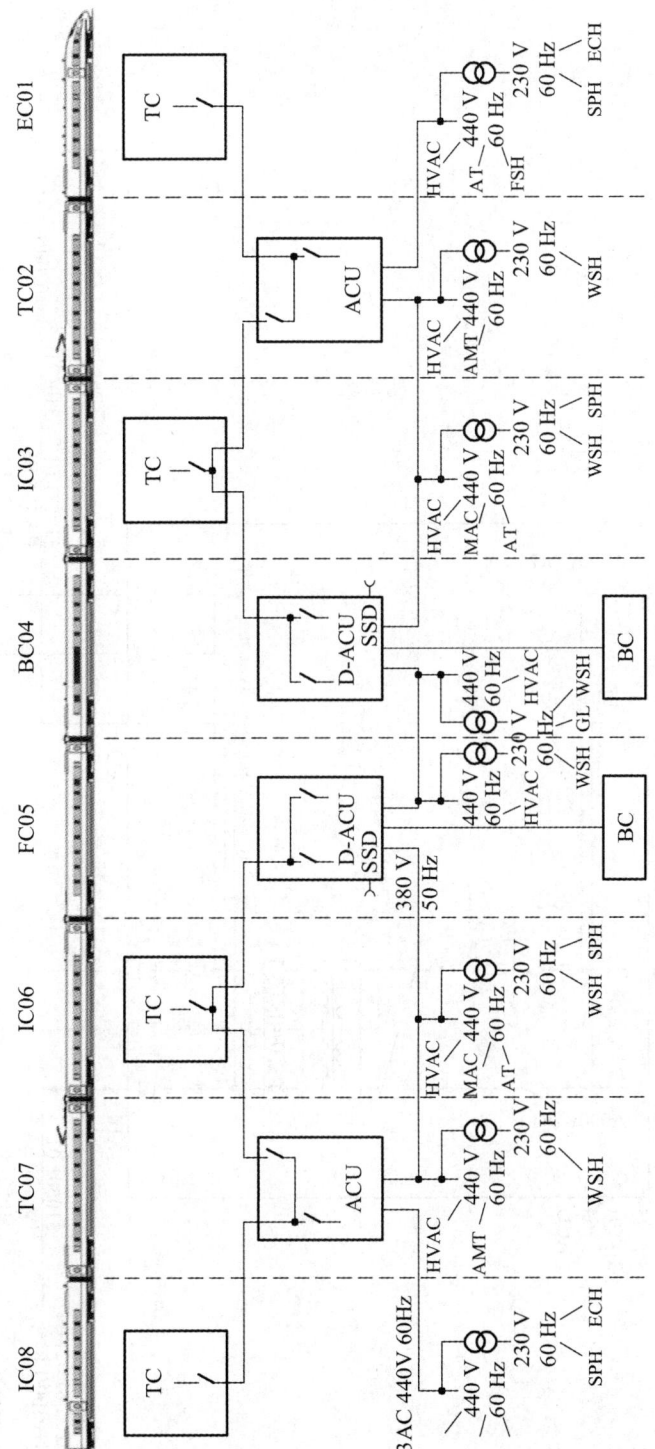

图 3-10 CRH380BL 型动车组半列车中压供电电路

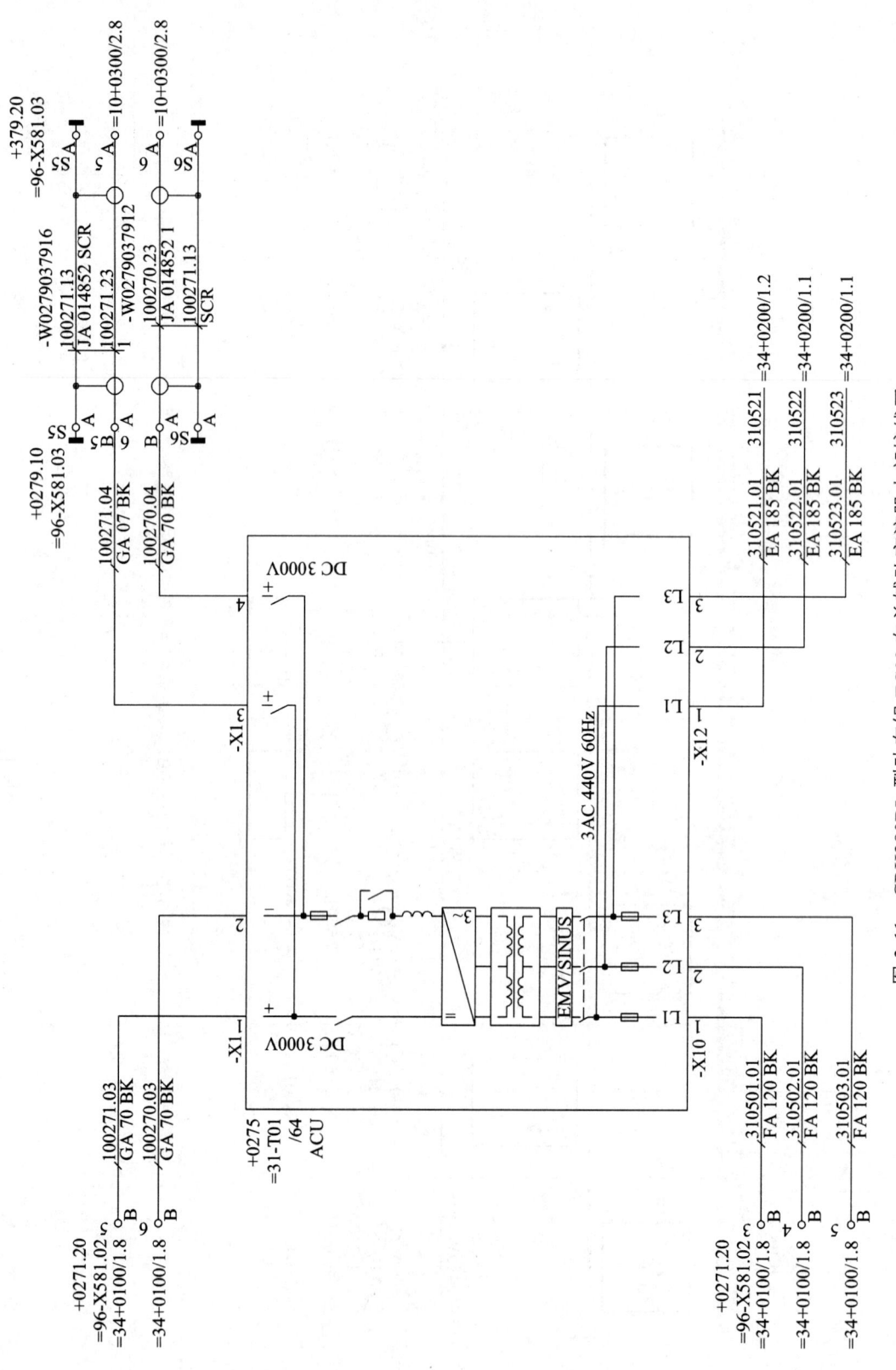

图 3-11　CRH380BL 型动车组 TC02 车单辅助变流器内部接线图

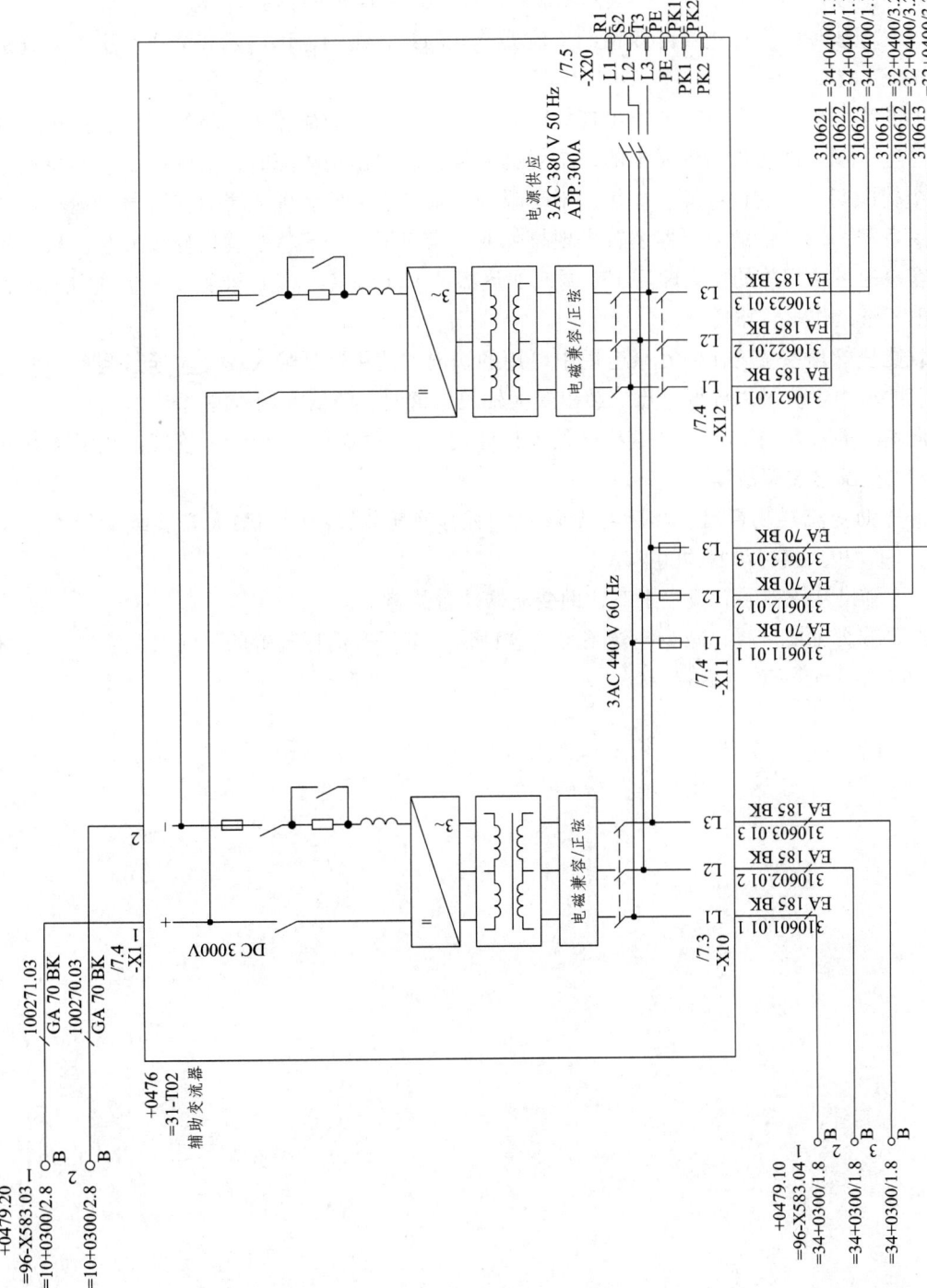

图 3-12 CRH380BL 型动车组 FC04 车双辅助变流器内部接线图

半列车所有辅助变流器单元的输出端都为半列车母线同步提供 3Ø AC 440 V 60 Hz 的电源。正常操作中母线贯穿整个半列车，为各节车的所有交流负载供电；另外每辆车上配备有由变压器隔离输出 1Ø AC 230 V 60 Hz 电源，为列车中的小功率加热器供电。

母线出现故障时，通过断开双辅助变流器单元的耦合接触器可以隔离为单牵引单元分别供电。

辅助变流器单元或牵引变流器出现故障时，其余的辅助变流器单元将继续为交流车载电源网络供电。双辅助变流器单元中的一个辅助变流器装置出现故障时，双辅助变流器装置中的另一个辅助变流器装置可继续操作，不受限制。辅助变流器装置或牵引变流器出现故障时无须减少负载。两个辅助变流器装置出现故障或一个双辅助变流器装置出现故障时，只需减少与旅客暖通设备相关的负载即可（空调或加热部件），应为牵引辅助装置、主空气空压机和电池充电器继续供电，不得减少。

有效能量管理系统确保使冗余应用中可用的输出的使用达到最大程度。通过测量辅助变流器装置的输出电流可以确保这点。超出最大输出电流时，降低空调/加热系统的输出。

根据临时的输入/输出计算，这样会最大程度减少以下情况（有效功率管理系统干预时）：

- 辅助变流器装置故障。

一个辅助变流器装置出现故障时无限制（所有消耗装置的瞬间最大安装载荷约为 2×800 kVA，平均安装载荷<2×700 kVA）

- 两个辅助变流器装置或一个双辅助变流器装置故障。

如需要减少主要供暖，减少空调系统（这种情况下所有消耗装置的瞬间最大安装载荷约为 2×640 kVA）。

专业知识三　CRH380BL 型动车组接地装置

接地装置属于动车组配线中特殊而重要的组成部分，按功能分为保护性接地、电磁兼容接地和运行接地。

1. 保护性接地

所有可能接触的且故障时可能带有高电压的导电零件，必须与车体或车体的某部件直接连接或通过接地线连接。其中包括电气设备附近的可接触导电零件，如厨房设备、金属柜、天线等。依据 UIC 533 规定，以下电压等级的设备必须接地：① 直流大于 50 V；② 交流大于 24 V。保护接地要求每个接地块最多只能与两条接地相连，接地块与接地端子之间通过加装齿式弹簧垫圈来确保电气连接的可靠性，接地块进行防腐保护，采用铝材，表面镀铜、镀锡。

2. 电磁兼容性接地

主要是电缆屏蔽层接地，电缆屏蔽层两端接地，不论对电场还是对磁场都能起到屏蔽作用。

3. 运行接地

用来把高压电网电流反馈到轨道上，轨道的作用是充当电流回归变电站的导体。

接地装置在动车组中的分布如图 3-13 所示。

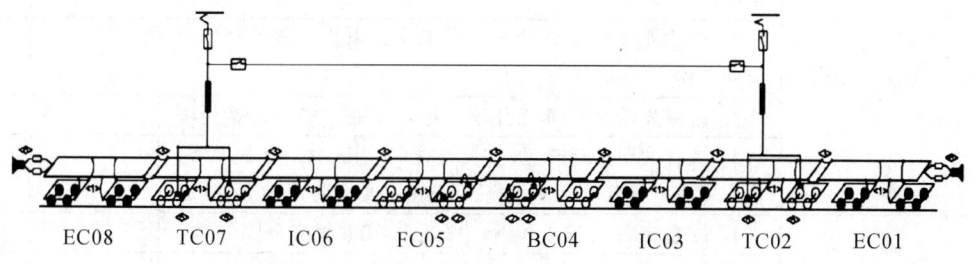

图 3-13　CRH380BL 型动车组接半列车接地装置分布

整列电动车组的保护性接地装置安装在牵引单元中心的餐车（BC 04）和一等车（FC 05）两台转向架的 4 个轴头上，运行接地装置安装在变压器车（TC 02/TC 07）转向架两个轴头上，每个接地装置通过电缆连接到变压器的汇流排上。

实训考核标准

一、电气连接装置检查、保养作业考核标准

表 3-14 电气连接装置检查、保养作业考核标准

序号	项目	配分	考核内容与评分标准	扣分记录	备注
一	安全	20分	1. 未按规定穿戴劳保用品,不允许参加考试		
			2. 未正确设置安全防护,不允许开始考试		
			3. 在作业过程中,考生发生轻伤及以上人身伤害事故,取消考试资格;发生碰伤出血,一处扣10分		
			4. 正确执行安全操作规程,每违反一条扣10分;发生电器打火、仪器仪表损坏等严重设备事故,取消考试资格		
二	过程	30分	1. 工具、材料整备齐全、正确,每漏或错一样扣5分		
			2. 按规定路线、顺序开展检查作业,一般顺序错乱或漏项一处扣2分,关键顺序错乱或漏项一处扣5分		
			3. 检查作业方法科学、合理,一般步骤错乱一处扣2分,重点步骤错乱一处扣5分		
三	质量	30分	1. 在作业过程中设计5个常见故障,未能发现故障,一处扣3分		
			2. 在作业过程中设计5个保养点,未能正确处理,一处扣3分		
			3. 故障发现加保养点处理,不足6处,按不及格处理		
			4. 执行文明生产规定,作业过程中工具、材料摆放整齐,作业完成时做到"活完地光";不符合要求每次扣8分		
四	时间	20分	1. 按规定时间完成作业,每超过30 s扣2分		
			2. 超过规定时间50%及以上,取消考试成绩		
合计		100			

二、绝缘测量考核标准

表 3-15 绝缘测量考核标准

序号	项目	配分	考核内容与评分标准	扣分记录	备注
一	安全	20分	1. 未按规定穿戴劳保用品,不允许参加考试		
			2. 未正确设置安全防护,不允许开始考试		
			3. 在作业过程中,考生发生轻伤及以上人身伤害事故,取消考试资格;发生碰伤出血,一处扣10分		
			4. 正确执行安全操作规程,每违反一条扣10分;发生电器打火、仪器仪表损坏等严重设备事故,取消考试资格		

续表

序号	项目	配分	考核内容与评分标准	扣分记录	备注
二	过程	30分	1. 工具、材料整备齐全、正确，每漏或错一样扣5分		
			2. 按规定路线、顺序开展测量作业，一般顺序错乱或漏项一处扣2分，关键顺序错乱或漏项一处扣5分		
			3. 测量作业方法科学、合理，一般步骤错乱一处扣2分，重点步骤错乱一处扣5分		
三	质量	30分	1. 每个车厢有6组数据。数据不完整，一组3分；数据错误，一组扣5分		
			2. 数据组完整、正确，不足4组，按不及格处理		
			3. 执行文明生产规定，作业过程中工具、材料摆放整齐，作业完成时做到"活完地光"；不符合要求每次扣8分		
四	时间	20分	1. 按规定时间完成作业，每超过30 s扣2分		
			2. 超过规定时间50%及以上，取消考试成绩		
合计		100			

三、外接电源操作作业考核标准

表3-16 外接电源操作作业考核标准

序号	项目	配分	考核内容与评分标准	扣分记录	备注
一	安全	20分	1. 未按规定穿戴劳保用品，不允许参加考试		
			2. 未正确设置安全防护，不允许开始考试		
			3. 在作业过程中，考生发生轻伤及以上人身伤害事故，取消考试资格；发生碰伤出血，一处扣10分		
			4. 正确执行安全操作规程，每违反一条扣10分；发生电器打火、仪器仪表损坏等严重设备事故，取消考试资格		
二	过程	30分	1. 工具、材料整备齐全、正确，每漏或错一样扣5分		
			2. 按规定路线、顺序开展操作，一般顺序错乱或漏项一处扣2分，关键顺序错乱或漏项一处扣5分		
			3. 操作方法科学、合理，一般步骤错乱一处扣2分，重点步骤错乱一处扣5分		
三	质量	30分	1. 操作过程中设计10个常见故障。未能发现故障并排除，一处扣3分		
			2. 故障发现并排除不足6处，按不及格处理		
			3. 执行文明生产规定，作业过程中工具、材料摆放整齐，作业完成时做到"活完地光"；不符合要求每次扣8分		

续表

序号	项目	配分	考核内容与评分标准	扣分记录	备注
四	时间	20分	1. 按规定时间完成作业，每超过30 s扣2分		
			2. 超过规定时间50%及以上，取消考试成绩		
合计		100			

思考题

1. CRH380A 型动车组 KE1C 型电气连接器的操作与保养作业中关键步骤是哪些？为什么？

2. CRH380A 型动车组绝缘测量作业中关键步骤是哪些？为什么？

3. 依据 CRH380A 型动车组 DC 110 V 直流供电电路图，假设 1 车为驾驶端，当各车厢配电柜的所有空气开关均处于闭合状态，而司机打开钥匙，将制动手柄移除"拔取"位，此时，有哪些电路依次接通（须标明车厢号），请用电流路径图描述出来。

4. 依据 CRH380A 型动车组 704、754 母线供电电路图，如果在列车运行途中，出现 6 车主变压器 MTr 发生重故障，三次侧无法输出，应如何进行"扩展供电"操作？此时，将有哪些电路依次接通（须标明车厢号），请用电流路径图描述出来。

5. 依据 CRH380A 型动车组 771、781、791 母线供电电路图，假如列车运行途中，8 车 APU 出现重故障，无法供电，应如何进行"BKK 投入"操作？此时，将有哪些电路依次接通（须标明车厢号），请用电流路径图描述出来。

6. CRH380BL 型动车组车辆间跨接电缆检查作业中关键步骤是哪些？为什么？

7. CRH380BL 型动车组外接电源操作中关键步骤是哪些？为什么？

8. 结合相关专业知识，比较 CRH380A 型动车组低压配线与 CRH380BL 型动车组低压配线从构造组成、参数、工作原理以及检修作业四个方面的相同点与不同点。

9. 结合相关专业知识，比较 CRH380A 型动车组中压配线与 CRH380BL 型动车组中压配线从构造组成、参数、工作原理以及检修作业四个方面的相同点与不同点。

10. 通过本项目的学习，你掌握了哪些技能点和知识点，你认为本项目学习最困难的是什么内容，试说明原因。

项目四　中、低压配电柜的检修

【项目导入】

中、低压配电柜与配线一同，在辅助供电系统中承担着电源与负载之间电气连接桥梁的作用。与配线不同，配电柜处于各种数字信息、模拟信息处理与传递，加上中、低压电力传输的枢纽地位，承担着日常操作、监测保护和故障处理极其重要的中枢功能。

为了便于随车机械师检查、操作或故障处理，中、低压配电柜通常安装在车厢两端过道旁。动车组配电柜内，不仅装有各种与车辆负载相关的传统有触点的辅助控制器件，如空开、接触器、继电器、指示操作开/关状态的指示灯等，配有适当的接口连接器，以便拆除机柜至相应区域间的连接电缆；还安装了 TCMS 的智能单元及信息传输线路，CRH380A 型动车组主要有中央装置 CCU、终端装置、列车信息显示器 MON 屏及其连接，CRH380BL 型动车组主要有中央控制单元 CCU、网关 GW、司机室人机界面 MMI、分布式输入/输出站（SIBAS-KLIP 和 MVB-CompactI/O）、MVB 中继器和旅客信息系统控制器 STC 等。

本项目对照《动车组二级检修作业办法》和《动车组途中应急故障处理办法》设计了中、低压配电柜的检查、清洁作业和故障处理基本操作两个典型工作任务，CRH380BL 型动车组增加了接地操作作业，用于开展技能训练。

在学习过程中，建议以上述检修作业为核心，结合后续专业知识的研讨，解决对动车组中、低压配电柜结构组成的深入认识以及中、低压配电柜工作原理、工作过程的深入理解问题。

为了强化职业技能的掌握、专业知识的运用，建议采取"对比—迁移"策略，拓展电工基本技能训练和电工基础理论复习。

【学习要求】

项目	职业能力		相关知识	
	工作任务	基本技能	专业知识	基础理论
中、低压配电柜的检修	一、能遵循《动车组二级检修作业办法》和《动车组途中应急故障处理办法》，对 CRH380A 型动车组中、低压配电柜进行检查、清洁与故障处理	熟练常用低压电器的分解、组装与调试；熟练常用电气故障诊断方法	熟悉 CRH380A 型动车组中、低压配电柜的构成，理解其工作原理，领会电路识图提示	复习常用电路图形、符号；复习继电-接触器控制
	二、能遵循《动车组二级检修作业办法》和《动车组途中应急故障处理办法》，对 CRH380BL 型动车组中、低压配电柜进行检查、清洁与故障处理	熟练小型三相交流异步电动机的分解、组装与调试	熟悉 CRH380BL 型动车组中、低压配电柜的构成，理解其工作原理，领会电气故障诊断策略、方法等	了解中、低压电力拖动系统与设备常见故障

任务一　CRH380A 型动车组中、低压配电柜的检查、清洁及故障处理

一、CRH380A 型动车组中、低压配电柜的检查、清洁作业

作业安排：单人。
作业范围：1 车/8 车，图 4-1 所示为 1 号车三位角、8 号车一位角配电柜。

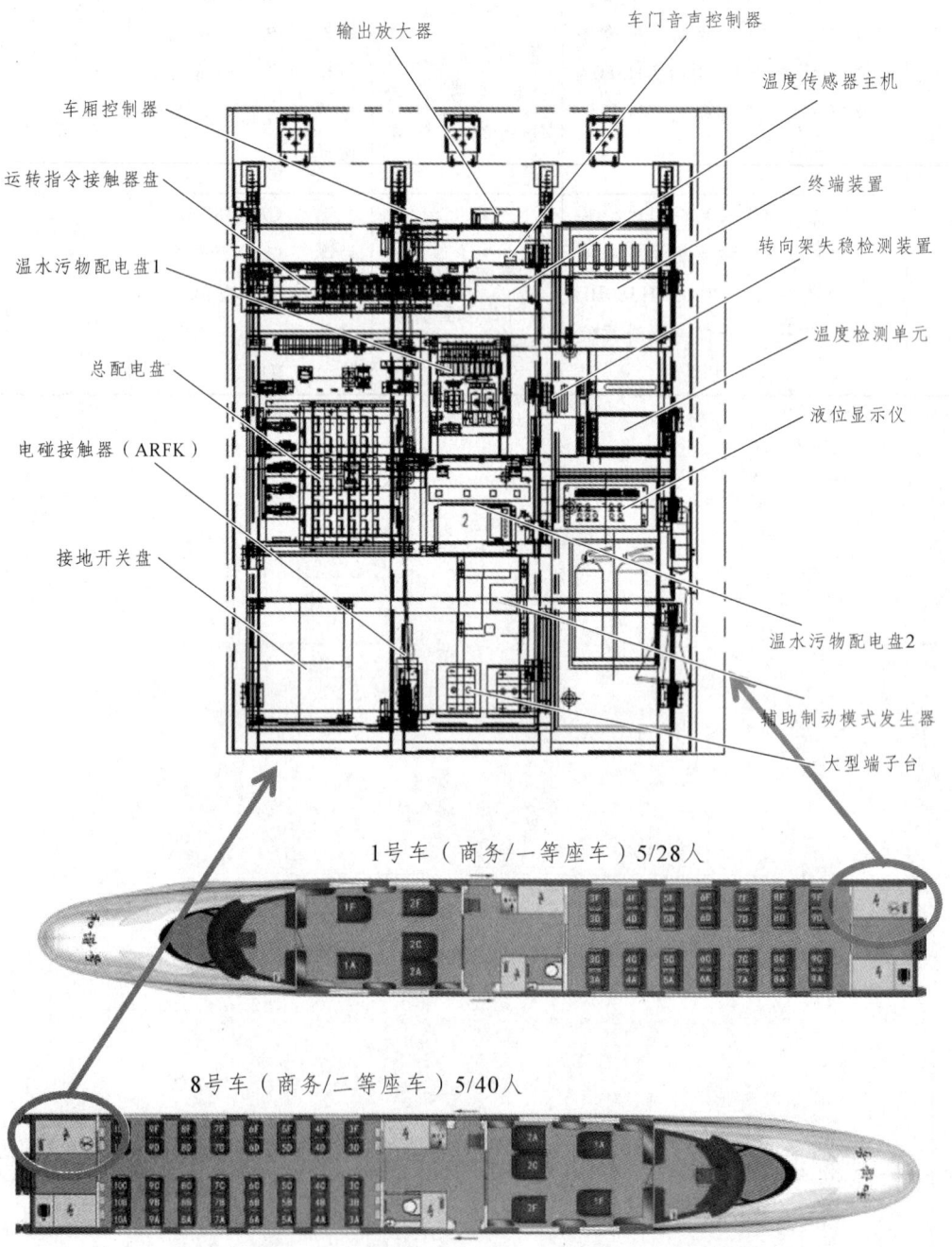

图 4-1　CRH380A 型动车组 1 号车三位角、8 号车一位角配电柜

劳保准备：穿工作服、劳保鞋，戴安全帽，佩戴标志。
工具准备：基本工具、万用表、连接线、毛刷、吸尘器。
作业步骤：如表4-1所示。

表4-1　CRH380A型动车组1~3车中、低压配电柜检查、清洁作业

作业时间	15 min		
安全注意	1. 严禁带负荷插拔电器元件； 2. 严禁用湿布或水清洗配电柜内各部件		
序号	作业目标	质量标准	图片备注
1	配电柜门	打开服务配电柜门的门锁	
2	配电柜内各部件	确认无电后，清扫配电柜内各部件	
3	无电检查配电柜内各部件	（1）各接触器、继电器、电磁阀安装状态良好。 （2）各断路器容量符合规定，位置正确，动作灵活，无卡滞。 （3）线号清晰、配线正确、各接线端子及接点无损坏和变色；线卡紧固，密封胶泥密封良好。 （4）各车故障复位及切除开关按钮动作灵活，无卡滞，安装牢固。 （5）1和0车刀片式闸刀位置正确，动作灵活，无卡滞，所用工具配置齐全；4和5车车端解除开关位置正确，动作灵活，无卡滞。 （6）各接地开关盘安装状态良好，线排插拔到位，动作灵活，接线端子无损坏和变色，密封胶泥密封良好。 （7）温水污物配电盘故障复位，坐式厕所按钮动作灵活，无卡滞。 （8）各标志牌显示正确，字体清晰，张贴说明书黏结牢固。 （9）各管路阀门位置正确，标记清晰，管路无泄漏，各螺丝紧固、无松动。 （10）各配电盘内洁净、无异物、无积水，隔热层良好无破损。 （11）柜门锁作用良好，柜子各拉门外观状态及动作良好	
4	有电检查配电柜各显示	（1）各车故障指示灯、主机指示灯、各显示灯外观状态良好，连线无损坏、变色、松动，显示正确。 （2）空调显示设定器外观良好，显示正确。 （3）蓄电池电压表无破损，安装牢固，读数正确，按期校验。 （4）车内联络电话外观性能良好	
5	配电柜门	锁闭配电柜门	

作业解析：

1. 生产背景

（1）CRH380A 型动车组在月检修程（即二级修），安排了各配电盘设备的检查。由月检人员中的电气负责人在非通电条件下担任各配电盘电气零部件的检查。具体步骤如下：

① 准备（外部电源 ON）。

为了进行车内照明，连接外部电源，打开灯。

② 各配电盘设备的检查。

- 各配电柜内整洁，无异物，无铝屑、铁屑或焊渣，无电器元件及电缆烧损的异味。
- 开关等的检查：配线用断路器的功能、外观以及安装状态良好。
- 接触器、继电器、电磁阀的检查：外观、安装状态、配线状态良好及接点无损坏和变色。
- 各连接器连接良好，无松动（不必将连接器插头拔出）。
- 各接线端子连接牢靠，无松动，端子无裂纹、变色。
- 柜门与密封条，外观无异常。
- 锁装置良好。

（2）1 车和 8 车组合配电柜元器件、部件布局。

1 号车组合配电柜设置在四位角，8 号车组合配电柜设置在二位角，如图 4-2 和图 4-3 所示，分为前后两层结构。

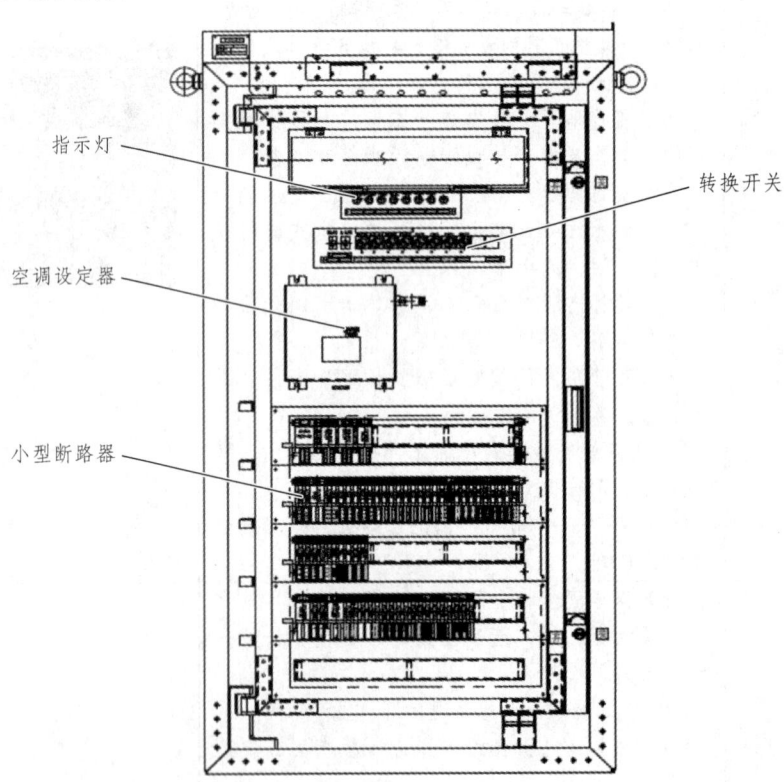

图 4-2　CRH380A 型动车组 1 号车四位角、8 号车二位角配电柜前层

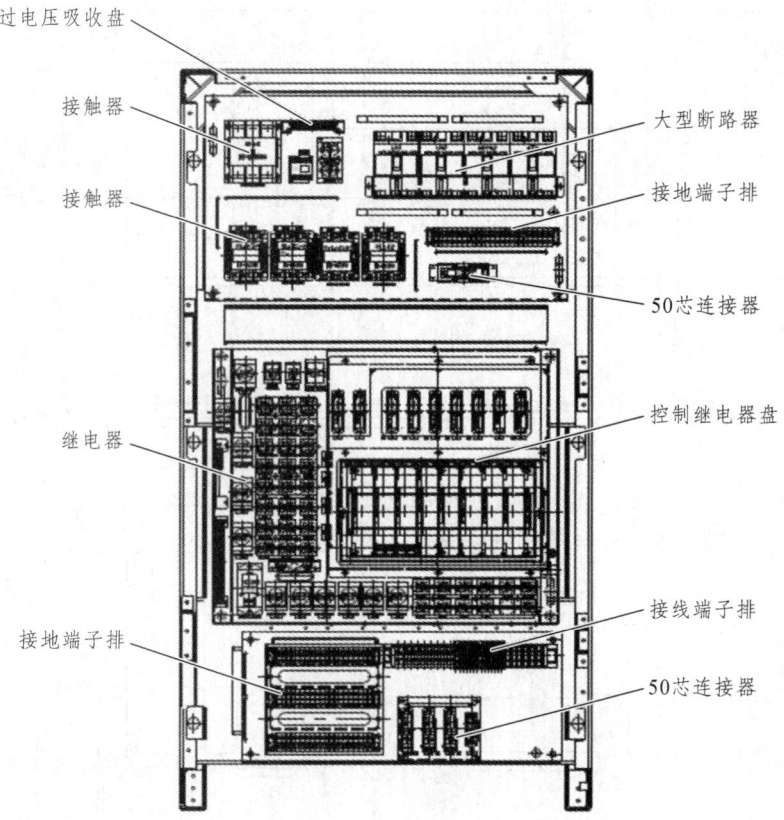

图 4-3　CRH380A 型动车组 1 号车二位端、8 号车一位端配电柜后层

前层设置，指示灯放在最顶部，下方设置转换开关。

空调设定器、电压表等需要目视的操作设备放在目视偏下位置。

断路器放在上述设备下方，为相关牵引变流器、电动送风机、辅助电源装置、空气压缩机、制动装置、监视器装置、广播设备、保温等系统控制用断路器。

后层设置上部配电盘、控制继电器盘和下部配电盘等三大设备。

上部配电盘布置接触器、上部端子排、上部连接器、接地开关盘、电压表检测等设备；下部配电盘布置下部端子排、下部连接器、接地开关盘等设备。

（3）1 车和 8 车温水污物配电盘元器件、部件布局。

温水污物配电盘安装有温水器、污物处理装置、抽水装置、洗手间、梳洗室设备的断路器及水量计等，如图 4-4 所示。

另外，温水污物饮水机供水配电盘安装有水管预热控制装置、饮水机控制的断路器及水量计、饮水机控制的断路器等。

（4）通过网络控制与信息管理 TCMS 的 MON 显示屏，可以实时监测各车厢配电柜的状态。图 4-5 所示为相应显示页面。

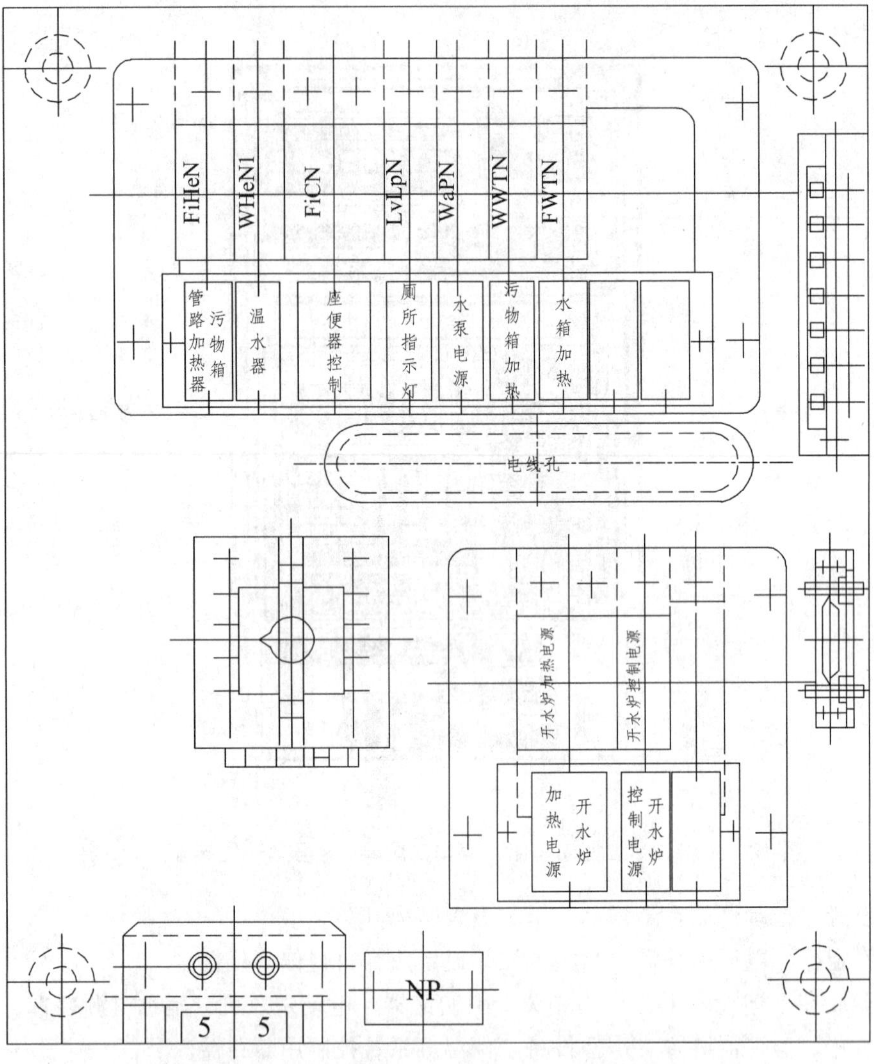

图 4-4 CRH380A 型动车组 1、2、3、4、6、7、8 号车温水污物配电柜

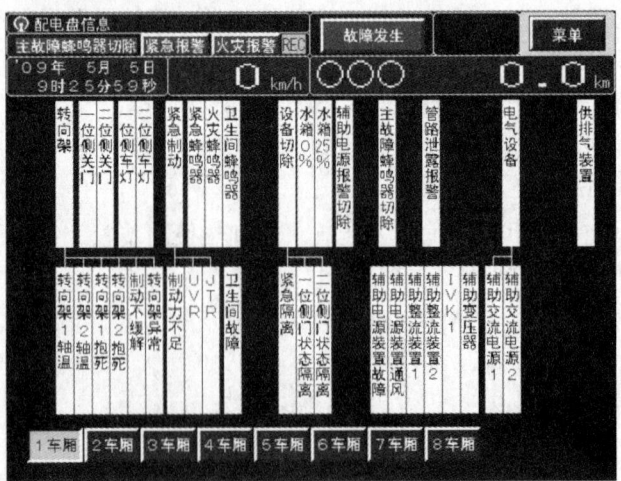

图 4-5 CRH380A 型动车组车厢配电柜 MON 显示页面

2. 作业要点

（1）重点在配电柜内元器件。

① 断路器、开关的外观、安装状态及功能；

② 接触器、继电器、电磁阀的外观、安装状态、配线状态及触点按压正常、无损坏和变色；

③ 各连接器外观与连接状态；

④ 各接线端子连接状态，端子无裂纹、变色。

（2）无电时，配电柜内通路的测试方法。

配电柜内通路的测试涉及两个方面：一个是线路是否接通；另一个是中间元器件的触点是否接通。一般用数字万用表的蜂鸣挡测试比较方便。

按照电路图"顺藤摸瓜"，从电源输入端火线或正线开始查找。遇到导线，将红黑表笔分别接导线出、入两端子，当听到蜂鸣声，表示导通；遇到元器件，将红黑表笔分别接对应触点或开关的出、入两端子，当听到蜂鸣声，表示导通；一直找到电路的末端零线或负线。

注意：测量元器件时，假如电路接线比较复杂，应甩开被测物中一端接线，以免误判；另外像按钮、空开、万能转换开关、接触器和继电器等，由于有两种及以上的工作状态，应分别测量所有状态是否都正常。

二、CRH380A 型动车组故障处理基本操作作业

作业安排：单人。

作业范围：驾驶室。

劳保准备：穿工作服、劳保鞋，戴安全帽，佩戴标志。

工具准备：手电筒、对讲机、棉布。

作业步骤：如表 4-3 所示。

表 4-3　CRH380A 型动车组故障处理基本操作作业

作业时间	30 min		
安全注意			
序号	操作目标	质量标准	图片备注
1	故障显示	发生故障时，MON 屏在当前页面下方会显示"故障发生信息"页面，并伴有报警声响。 此时可按压"故障详情"键，MON 屏切换至"故障信息"页面	

续表

序号	操作目标	质量标准	图片备注
2	设备远程切除/复位操作	（1）按压主控端司机室MON屏"远程控制切除"键，进入"远程控制切除"页面。 （2）选择相应动力单元（1U/2U/3U）。 （3）选择要切除/复位的设备。 （4）按下"设定"键，即："单元"+"对应设备"+"设定"键。 （5）MON屏切换至"切除状态"页面，确认对应设备的切除/复位状态	
3	电源切换操作	（1）按压主控端司机室MON屏"远程控制切除"键，进入"远程控制切除"页面。 （2）选择要进行MTr切除的单元，按"电源切换（ACK2合）"键，再按"设定"键。 （3）MON屏切换至"供电分类"页面，确认ACK1断开，ACK2合上	注： （1）进行电源切除前，先将故障单元VCB远程切除。 （2）闭合ACK2进行扩展供电后，CRH380A型动车组全列空调自动减半运行；CRH380AL型动车组相应的前8编组或后8编组空调自动减半运行
4	BKK、BKK2投入/复位操作	（1）按压MON屏"供电分类"键，进入"供电分类"页面。 （2）断开故障APU、APU3对应的"辅助电源装置控制"断路器。	

续表

序号	操作目标	质量标准	图片备注
4	BKK、BKK2投入/复位操作	（3）在MON屏"供电分类"页面，按压"BKK投入"/"BKK复位"或"BKK2投入"/"BKK2复位"键，再按"设定"键	注：CRH380A型动车组在进行BKK、BKK2投入操作前，须将相应单元的"BMK延时控制"断路器闭合，操作办法如下： （1）01、00车APU互相扩展供电前，将03和07车组合配电盘中的"BMK延时控制"断路器闭合； （2）00车APU对05车APU3扩展供电前，将05车运行配电盘和07车组合配电盘中的"BMK延时控制"断路器闭合。 （3）在非扩展供电工况下(即所有APU、APU3均正常)，应将03、07车组合配电盘及05车运行配电盘中的"BMK延时控制"断路器断开
5	关门车操作	（1）对于CRH380A和CRH380AL动车组，关闭"紧急"阀（红色）、"供给"阀（白色）；对于CRH380A（非高寒）动车组，仅关闭"供给"阀（白色）。使手柄至于垂直位。 （2）将"紧急短路"开关切换至紧急位。 （3）断开"制动控制装置"断路器。 （4）隔离停放制动[仅限CRH380A（非高寒）]，通过MON屏"切除状态"画面，确认停放制动已切除	
6	抱死切除/复位操作	（1）按压主控端司机室MON屏"抱死切除"键，进入"抱死切除"页面。 （2）选择相应车厢。 （3）选择"抱死1"或"抱死2"。 （4）按"切除"/"复位"键。 （5）按"设定"键	

续表

序号	操作目标	质量标准	图片备注
7	轴温报警切除/复位操作	（1）按压主控端司机室MON屏"轴温切除"键，进入"轴温切除"页面。 （2）选择相应车厢。 （3）选择"轴温1"或"轴温2"。 （4）按"切除"/"复位"键。 （5）按"设定"键	
8	切除空调操作	将相应车厢配电盘中的"空调电源1""空调控制1""换气通风机1V控制2""换气通风机1V控制1"或"空调电源2""空调控制2""供排气"断路器断开	注："空调电源1"或"空调电源2""供排气"断路器断开后，3 min之内不允许再次闭合；切除时先断控制电源，再断主电源
9	复位操作	RS复位操作：按压主控端司机室操纵台上的"复位"开关。 紧急复位操作：将制动手柄置于"快速"位，按压主控端司机室操纵台上的"紧急复位"按钮。 大复位操作：在停车状态下，断开VCB、降下受电弓，将制动手柄置于"拔取"位，30 s后重新投入制动手柄	注： （1）RS复位操作只对保护电器的轻故障起复位作用。 （2）大复位操作前须关闭全列侧拉门，复位之后须重新输入车次

作业解析：

1. 生产背景

本操作由司机在驾驶室指挥，随车机械师在车厢配合得以完成。

（1）司机室的操作设备。

司机室采用单司机驾驶布局。司机室前部设置前窗，以确保司机视野满足要求。前窗设置有刮雨器和遮阳装置，提高驾乘舒适度。司机室侧边设置侧窗，以满足异常情况下的逃生要求。司机室与观光区之间的玻璃隔墙上，安装有向观光区内开的门，以满足司机正常进出要求。司机室中部设置操纵台和司机座椅，提供驾驶过程中的控制功能。司机室两侧设置电气边柜，提供其他控制功能。通过操作司机操纵台搁脚台处安装有脚踏式风笛开关，控制气密墙外的风笛，提供鸣笛功能。司机室顶板设置司机室灯，提供照明功能。司机室设置司机室空调和暖风机，提供对司机室温度的控制功能。

司机室内最主要的设备是操纵台，该内容已在项目一中介绍。另外还设置了司机室转换开关盘、联解试验开关盘和包含了应急操作开关的司机室配电盘。

① 司机室转换开关盘位于司机室左侧边柜内，打开上部检修门可以对司机室转换开关盘各开关进行操作，如图 4-6 和图 4-7 所示。

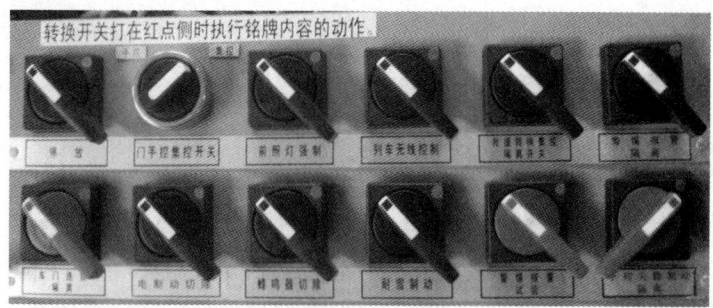

图 4-6　CRH380A 型动车组司机室转换开关盘 1 布置

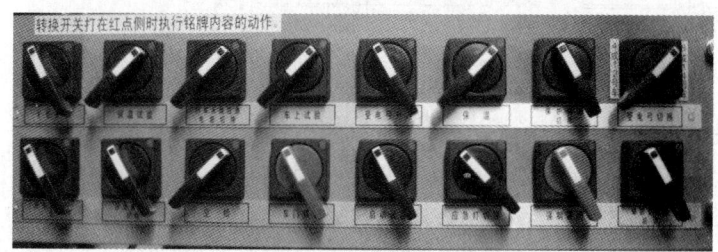

图 4-7　CRH380A 型动车组司机室转换开关盘 2 布置

注："强制罩闭"转换开关仅在 8 号车司机室转换开关盘 2 中有。

② 联解试验开关盘位于司机右侧边柜中，如图 4-8 和图 4-9 所示。

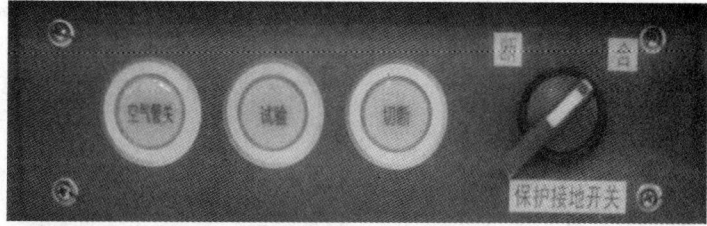

图 4-8　CRH380A 型动车组 1 号车联解试验开关盘布置

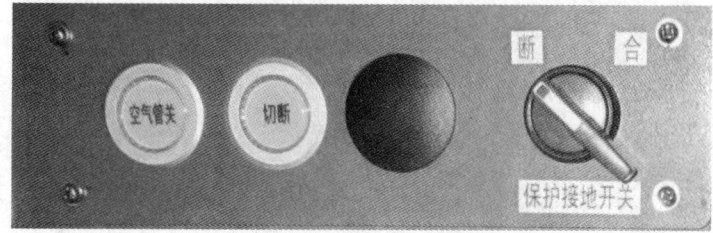

图 4-9　CRH380A 型动车组 8 号车联解试验开关盘布置

③ 司机室配电盘位于司机右后边柜内，配置了主控制、制动、速度、有关标识灯的继电器、电压检测器、一部分有联解关系的继电器及标识灯控制器。继电器采用玻璃半导体继电器，这种继电器配置在印刷电路板 A～F 上，如图 4-10 所示。

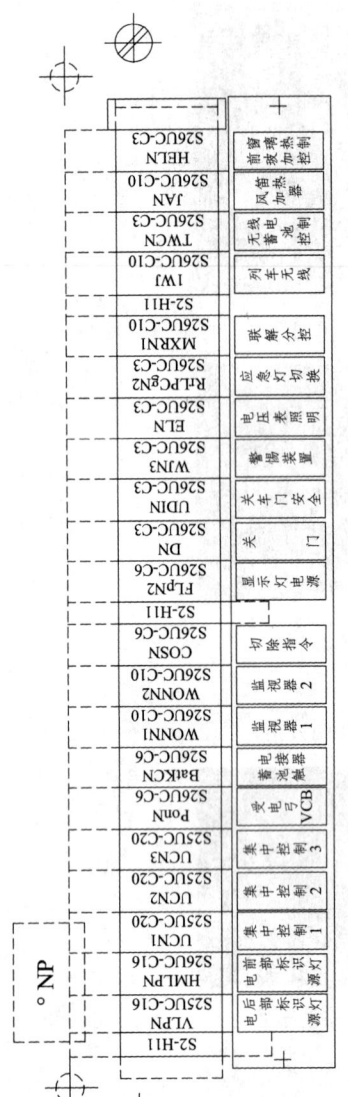
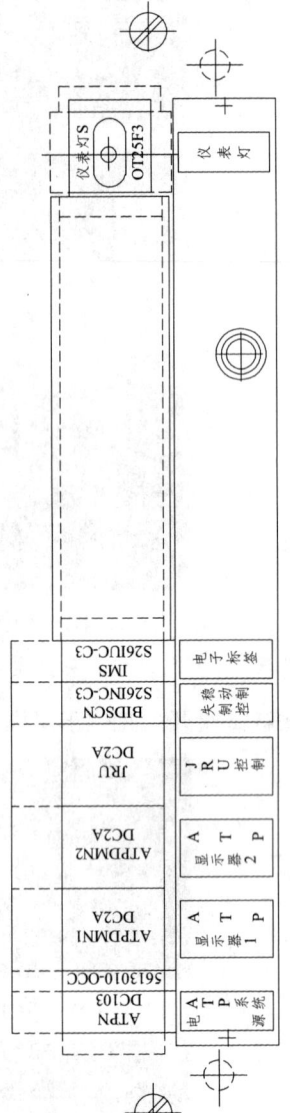

图 4-10 CRH380A 型动车组 1、8 车司机配电盘 2

注：列车间隔检测装置仅 1 号车司机配电盘 2 有。

司机室配电盘还配置了冷暖气装置、电压表等的 NFB（无熔丝开关），如图 4-11 所示。

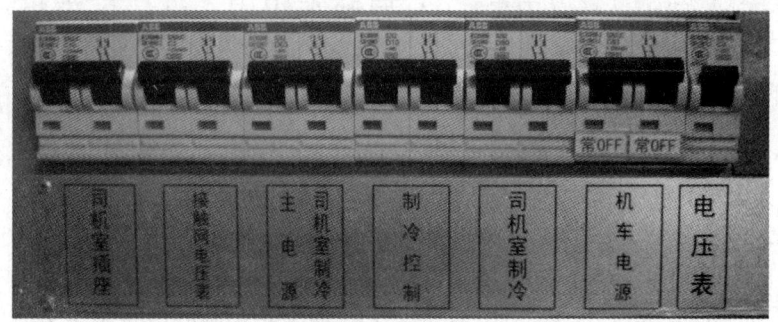

图 4-11　CRH380A 型动车组 1、8 号车司机配电盘 1

2. 作业要点

本操作司机是主角，随车机械师是配角，但动车机械师应熟悉操作流程，并理解背后的工作原理。

专业知识一　CRH380A 型动车组中、低压配电柜

1. 中、低压配电柜的整车配置

CRH380A 型动车组中、低压配电柜主要是有组合配电柜、温水污物配电盘和接地开关盘三类，功能元件、部件主要集中在组合配电盘。

1 号车配置了代号为 SFE27T1-983-00000 的组合配电柜，代号为 JKDQ041-67-000G1 的温水污物配电盘，以及代号为 JKDQ001-50-000G1 的接地开关盘。

8 号车（即 0 号车）配置了代号为 SFE27T2-983-00000 的组合配电柜，代号为 JKDQ041-67-000G1 的温水污物配电盘，以及代号为 JKDQ001-50-000G2 的接地开关盘。

2 号车配置了代号为 SFE27M1-983-00000 的组合配电柜，以及代号为 JKDQ041-67-000G2 的温水污物配电盘。

3 号车配置了代号为 SFE27M2-983-00000 的组合配电柜，以及代号为 JKDQ041-67-000G1 的温水污物配电盘。

4 号车配置了代号为 SFE27M3-983-00000 的组合配电柜，以及代号为 JKDQ041-67-000G2 的温水污物配电盘。

5 号车配置了代号为 SFE27M4-983-00000 的组合配电柜，以及代号为 JKDQ041-68-000 的开水炉供水配电盘。

6 号车配置了代号为 SFE27M5-983-00000 的组合配电柜，以及代号为 JKDQ041-67-000G2 的温水污物配电盘。

7 号车配置了代号为 SFE27M6-983-00000 的组合配电柜，以及代号为 JKDQ041-67-000G1 的温水污物配电盘。

2. 配电柜的工作原理

CRH380A 型动车组中、低压配电柜对应的电路图，是按车厢+功能模式绘制的单车电路原理图。

1 号车配电柜对应的电路图——《辅助电路 1 号车 T1》。
2 号车配电柜对应的电路图——《辅助电路 2 号车 M1》。
3 号车配电柜对应的电路图——《辅助电路 3 号车 M2》。
4 号车配电柜对应的电路图——《辅助电路 4 号车 M3》。
5 号车配电柜对应的电路图——《辅助电路 5 号车 M4》。
6 号车配电柜对应的电路图——《辅助电路 6 号车 M5》。
7 号车配电柜对应的电路图——《辅助电路 7 号车 M6》。
8 号车/0 号车配电柜对应的电路图——《辅助电路 0 号车 T2》。

根据 1~8 车辅助电气电路，CRH380A 型动车组配电柜的构成与工作原理有两个特点：

一是头车与中间车差异化。1 车、8 车由于有驾驶室，配电柜必须具备受电弓控制，主断路器控制，牵引、制动运行指令逻辑控制、联挂解联控制，列车无线、网络控制与信息管理系统 TCMS 控制等低压控制电路相关元器件以及标志灯、司机室照明、刮雨器、窗玻璃加热、笛加热及司机室空调等中、低压辅助用电电路相关元器件。而 2~7 车中间车没有上述功能。

1~8车车厢服务设施配置基本相同。因此，配电柜均配置车厢照明、火灾报警、污物处理装置、水箱加热、电茶炉、客室加热和客室空调的控制电路与主电路相关元器件。

二是按动力单元配置，动车与拖车差异化。CRH380A型动车组动力单元为1~3车、4~5车和6~8车三个，除了1车和8车，中间6辆车都是动车。以第一动力单元1~3车为例来分析：

1车作为拖车，转向架上未安装牵引电机和牵引变流器，相应的辅助设备也没有，但配置了辅助电源。因此，该车配电柜配置了APU、ARf的控制电路与主电路相关元器件。

2车是动车，不仅转向架上安装了牵引电机，牵引变流器和本动力单元主变压器也安装在本车上。因此，该车配电柜配置了牵引电机通风机MMBM1、2，牵引变流器通风机CIBM1、2、3，牵引变压器通风机MTBM和牵引变压器油泵电机MTOPM的控制电路与主电路相关元器件。另外，因为安装了1个蓄电池组，所以该车配电柜配置还了蓄电池控制、保护电路相关元器件。

3车也是动车组，转向架上安装了牵引电机和牵引变流器，但没有主变压器。因此，该车配电柜配置了牵引电机通风机MMBM1、2，牵引变流器通风机CIBM1、2、3的控制电路与主电路相关元器件。又因为增加了空气压缩机CM，没有蓄电池组，所以该车配电柜配置了空气压缩机CM的控制、保护电路与主电路相关元器件。

3. 1、8车配电柜的元器件布局

参见本项目的"CRH380A型动车组中、低压配电柜的检查、清洁作业"。

4. 2~7车配电柜的元器件布局

（1）组合配电柜。

2~7号车组合配电柜设置在各车二位角，如图4-12和图4-13所示，分为前后两层结构。

为了设备的操作、使用和观察方便，指示灯放在最顶部，包括主故障、空调故障显示灯。大型断路器需要较大操作力，放在（后层）手臂平直偏上位置，下方设置转换开关。

空调设定器、电压表等需要目视的操作设备放在目视偏下位置。断路器放在上述设备下方，但考虑操作方便性，断路器尽量靠上放置，为相关牵引变流器、电动送风机、辅助电源装置、空气压缩机、制动装置、监视器装置、广播设备、保温等系统控制用断路器。

后层设置上部配电盘、控制继电器盘和下部配电盘等三大设备。

上部配电盘布置接触器、上部端子排（上部TB）、上部连接器（上部CN）、接地开关盘、电压表检测等设备。

控制继电器盘配置有关控制的继电器、显示灯等。继电器大部分采用玻璃半导体继电器，这类继电器按不同电路配置在印刷板上。

下部配电盘布置下部端子排（下部TB）、下部连接器（下部CN）、接地开关盘等设备。

图4-14所示为CRH380A型动车组2、3、6、7号车三位角配电盘。

图4-15所示为CRH380A型动车组2、3、6、7车四位角配电盘。

（2）接触器盘。配置接地检测器、辅助电动空气压缩机用接触器等。

（3）车端解除开关（见图4-16）。为避免制动电路的接地事故及提高断开操作时的操作性，需要安装车端断路器，接收有关紧急制动电路的列车贯通线（153、154、155、156线）、EGS条件（110线）、VCB条件（111线）、外电源贯通线（107EX、107EX1、107EX20）等的信号。

350 km动车组有3个牵引单元：M1-M2车、M3-M4车、M5-M6车，车端断路器设置位置为5号车后部、6号车前部，这样6辆—3辆断开操作后也可以单独行驶。

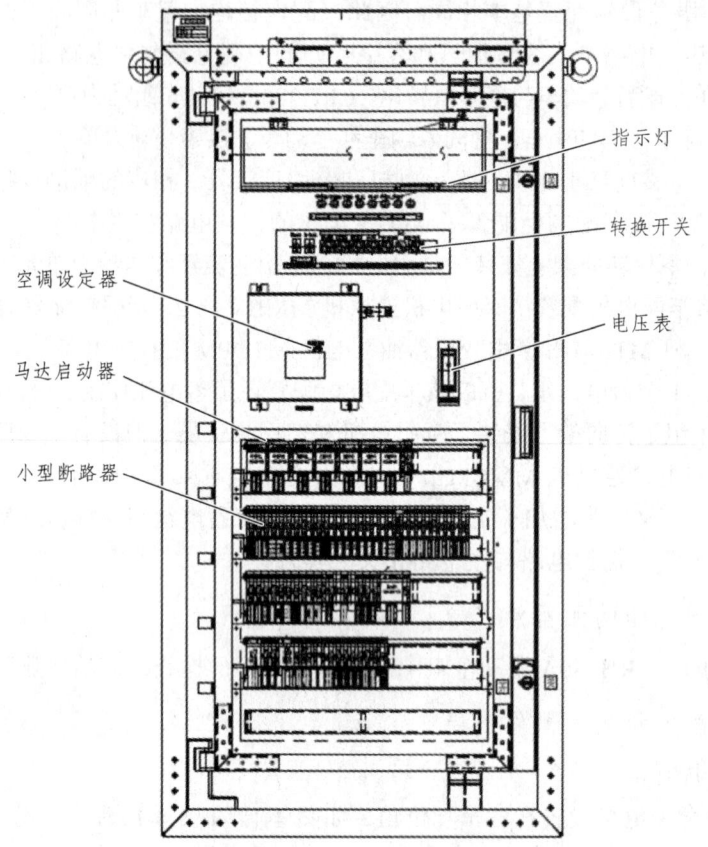

图 4-12　CRH380A 型动车组 2、3、6、7 号车二位角组合配电柜前层

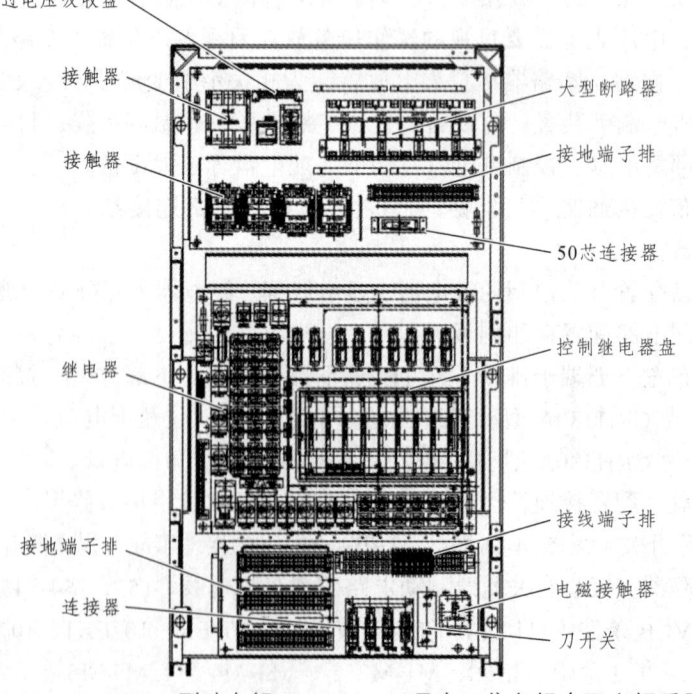

图 4-13　CRH380A 型动车组 2、3、6、7 号车二位角组合配电柜后层

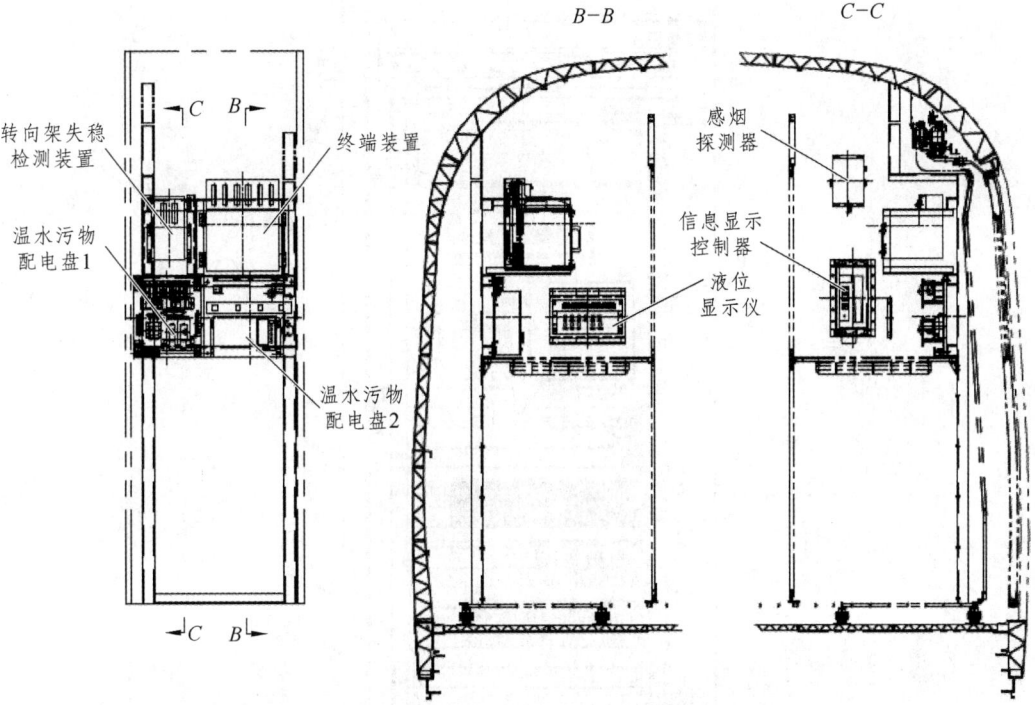

图 4-14 CRH380A 型动车组 2、3、6、7 号车三位角配电盘

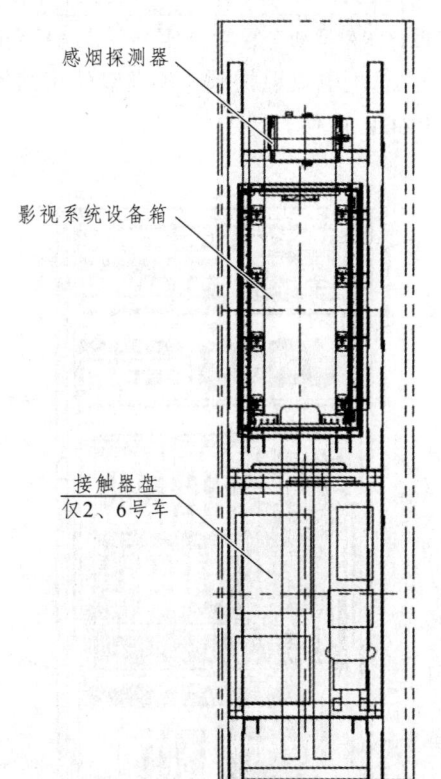

图 4-15 CRH380A 型动车组 2、3、6、7 车四位角配电盘

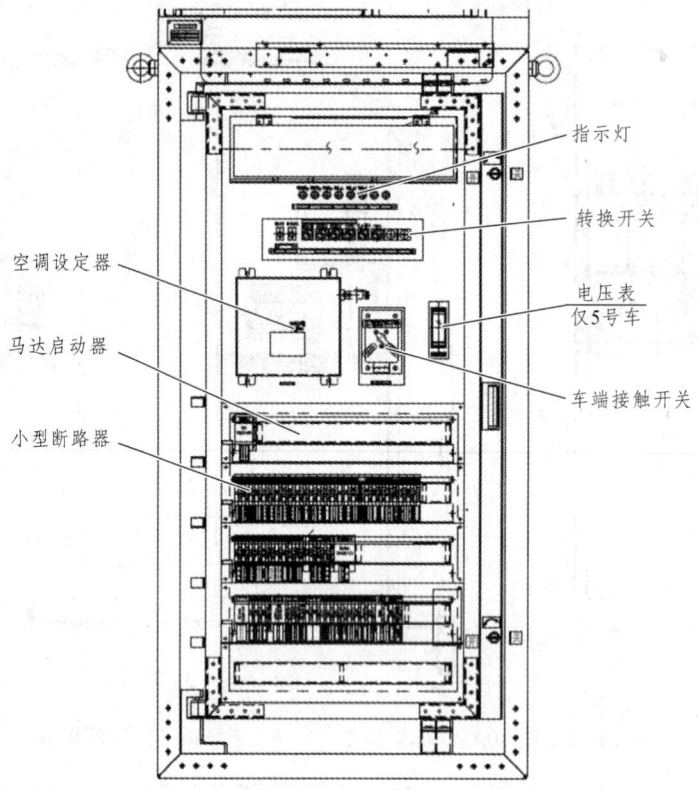

图 4-16　CRH380A 型动车组 4、5 号车二位角组合配电柜前层

（4）继电器（见图 4-17）。总配电盘、控制继电器盘使用信赖度高的玻璃半导体继电器，玻璃半导体继电器的规格为 RZDR 系列。

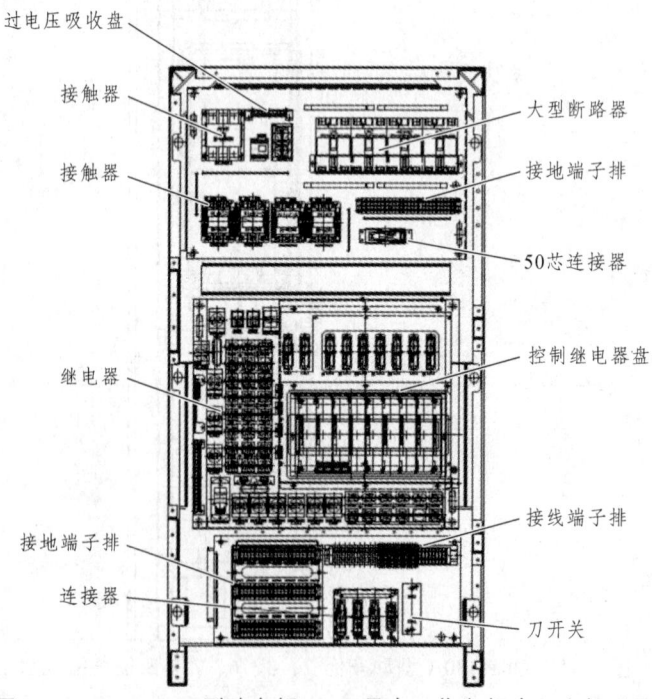

图 4-17　CRH380A 型动车组 4、5 号车二位角组合配电柜后层

图 4-18 所示为 CRH380A 型动车组 4 号车一位角配电盘。

图 4-19 所示为 CRH380A 型动车组 4 号车三位角配电柜。

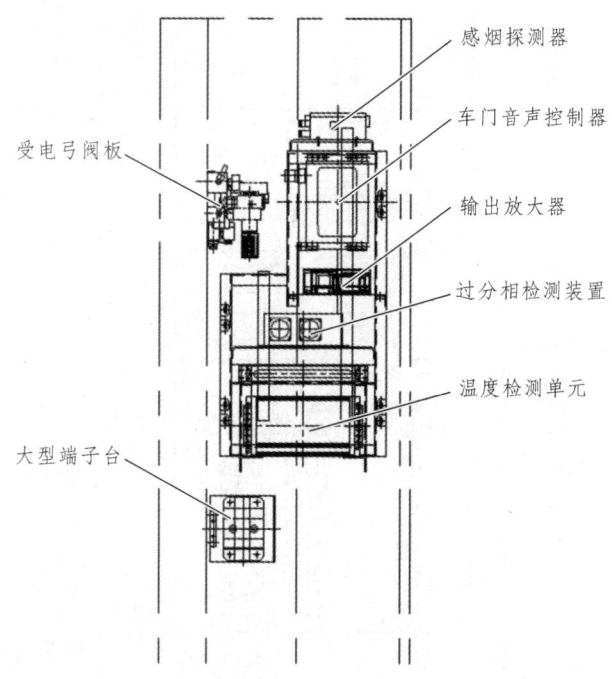

图 4-18　CRH380A 型动车组 4 号车一位角配电盘

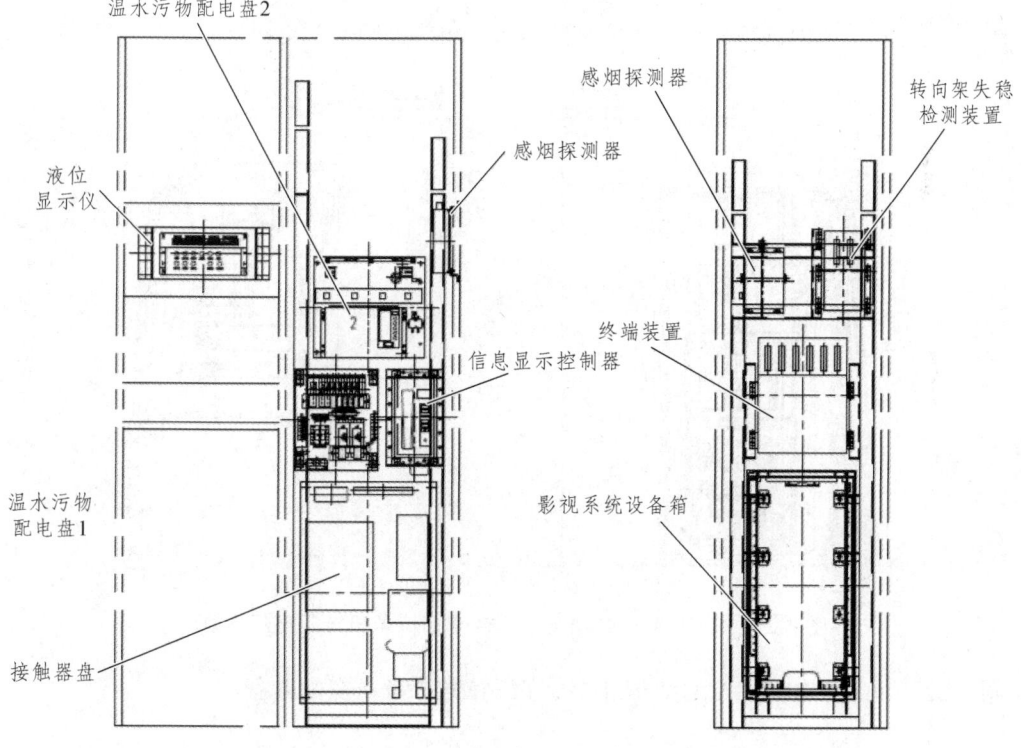

图 4-19　CRH380A 型动车组 4 号车三位角配电柜

（5）接地开关盘（见图4-20）。配置断路端子台、闸刀开关。

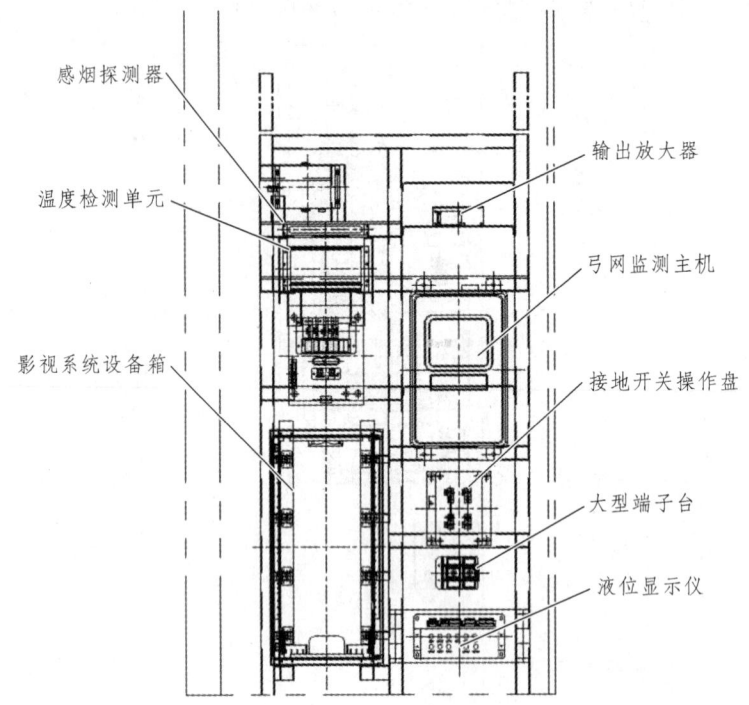

图4-20　CRH380A型动车组5号车一位角配电柜

图4-21所示为CRH380A型动车组5号车四位角机械师室配电盘。

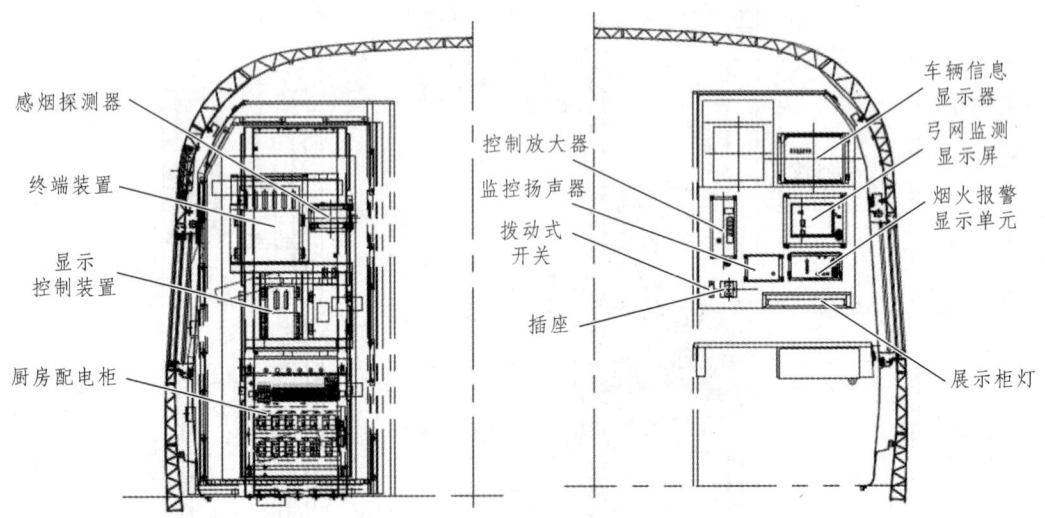

图4-21　CRH380A型动车组5号车四位角机械师室配电盘

图4-22所示为CRH380A型动车组5号车三位角乘务员室配电盘。

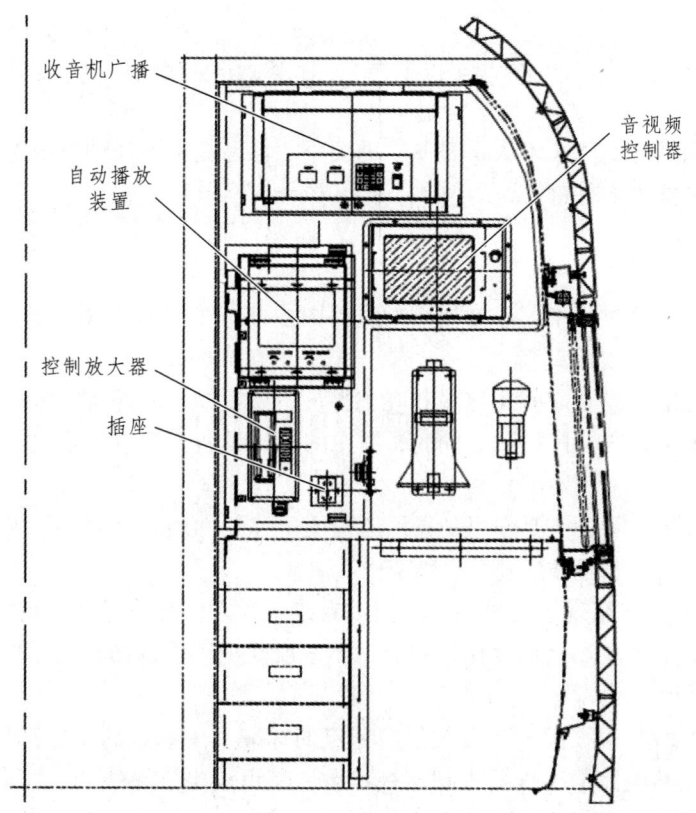

图 4-22　CRH380A 型动车组 5 号车三位角乘务员室配电盘

专业知识二　电路图识读

能看懂电路图是对电气技术人员最基本的要求，也是能否胜任动车组电气检修技术任务，并获得可持续发展能力的关键。

1. 电路图的分类

在动车组运用检修过程中，经常使用的电路图主要有布线图（线路图）和电路原理图。

（1）布线图。

电路布线图是电气设备之间用导线相互连接的真实反映，所连接的电气设备的安装位置、外形和线路所走的路径与实际一致，同时，图中的电气设备大多以实物轮廓的示意形状表示，给人以真实感。

布线图，又称接路图，主要作用是指示原理图中各元件的线路实际位置及整车走线颜色、直径及去向，便于安装、配线、检测与维修。

CRH380BL 型动车组现场提供的电路图以布线图为主。优点是较好地再现了电路的实际情况，线路走向清楚；缺点是识读比较困难，不能反映电路内部结构与工作原理。

（2）原理图。

电路原理图一般是根据国家或有关部门制定的标准，用规定的图形符号绘制的较简明的电路。其作用是表达电路的工作原理和连接状态，是识读电气布线图、线束图及分析电路工作原理和判断故障大致部位的基础图。

CRH380A 型动车组现场提供的电路图以原理图为主。

原理图描述的连接关系仅仅是功能关系，不是实际的连接导线，所以原理图不能代替布线图。

检修中，通过故障现象和对电气原理图的分析，在电气原理图上建立逻辑的检查步骤，再通过电气布线图的指示，在设备上具体实施，布线图与原理图结合使用，会达到事半功倍的效果。

2. 电路图识读提示

动车组电路图非常复杂，又由于各国、各生产厂家电路图的绘制方法、符号标注、文字标注、技术标准的不同，电路图的画法有很大差异，这更加增添了识读的难度。但是，我们应该注意到 CRH380A 或 CRH380BL 都有着自身的特点，抓住特点，把各个子系统、单元电路的构成、原理理解透彻，再综合理解整体电路也就容易多了。

CRH380A 型动车组辅助电气电路一部分按功能绘制了整车电路，如牵引主回路、辅助电源电路系统、列车网络控制系统、直流电源系统、BKK 接通控制电路、3 次电源扩展控制电路、APU 装置控制等；另一部分按车厢+功能模式绘制了单车电路，如辅助电路 1 号车～辅助电路 0 号车。

识读电路图是有章法可循的，现介绍如下：

（1）从基础入手，缕清回路。

认真阅读图注，了解电路图的名称、功能、技术规范；从元件的符号与代号、参数与特性着手，明确图形符号的含义，建立真实元器件、图形符号间的对应关系，这样才能具体、准确地识读，打好识读电路图的基础。

在电工学中，回路是一个最基本、最重要，同时也是最简单的概念。任何一个完整的电路都由电源、用电器及把电源和用电器连成一个闭合回路的中间环节（即开关、导线等）三大部件组成。

电路正常工作时，回路中会产生电流，电流是具有一定方向的。

直流电路里，电流总是要从电源的正极出发，通过导线、熔断器、开关到达用电器，再经过导线（或搭铁）回到同一电源的负极。在这一过程中，只要有一个环节出错，此电路就不会正确、有效。例如：从电源正极出发，经某用电器（或再经其他用电器），最后又回到同一电源的正极，由于电源的电位差（电压）仅存在于电源的正负极之间，电源的同一电极是等电位的，没有电压。这种"从正到正"的途径是不会产生电流的。在直流电路中，充电机和蓄电池都是电源，在寻找回路时，不能混为一谈，不能从一个电源的正极出发，经过若干用电设备后，回到另一个电源的负极，这种做法不会构成一个真正的通路，也不会产生电流。所以必须强调，回路是指从一个电源的正极出发，经过用电器，回到同一电源的负极。

交流电路里，电流总是从火线（U相、V相、W相）出发，通过导线、熔断器、开关或控制柜等到达用电器或电机，再经过导线回到N线。

（2）了解电路图的一般规律。

电源部分到各电器熔断器或开关的导线是电器设备的公共火线，在电路原理图中一般画在电路图的上部、中部等显眼的位置。

各用电设备并联在电路中，大部分用电设备都经过熔断器，受熔断器的保护。

开关，继电器线圈、触头和接触器线圈、辅助触头串联在电路中。标准画法的电路图中，触头位于零位或静态，即继电器、接触器线圈处于不通电状态。

（3）复杂电路简单化。

一个大型而复杂的电路图，笼统去看，看不出什么眉目，如果按功能把它分解为若干初级电路，先分析容易的局部电路，再弄清各局部电路间的关联，最后把它们组合还原成整个电路，问题就简单多了。

（4）找出核心元件，排除干扰。

一个完整电路图，往往有一些具有典型特征的关键元件。在分析电路工作原理时，首先找出核心元件，它是什么类型的器件，连接方式、作用是什么，在工作过程中处于何种工作状态等，然后再分析与核心元件相连的其他附属元件，以点带面，由此辐射开去。

一个电路往往由多个功能或由多个基本电路组成。有不少同学在识电路图时，常常是"眉毛胡子一把抓"，不得要领，没有针对性。其实，在分析电路时，我们往往是带着某一个目的，例如，要分析电源电路，那我们就只要识读电源这部分电路，其他电路多么复杂都不用管。

（5）找出线索，顺藤摸瓜。

电路图中各组成电路不是孤立的，而是相互联系的。由于电路图中各部分电路不一定依次按顺序排列，分析各电路间的联系并不容易。如控制电路必然是处理信号的，那么信号流程就是一根明线索，每个电路必然需要电源，电源供给那就是一根暗线索了。根据线索，顺藤摸瓜。

（6）多角度分析，全面把握。

弄清电路的基本连接和作用后，最后应全面把握电路的工作原理。每个电路都是用来完成一定任务的，即具有一定功能，我们可以根据电路功能来验证电路，也可以反过来通过分析电路来推测其功能；我们还可以按控制信号流程分析，如按信号的输入、传输、输出过程逐步分析；可以按方框图来分析；可以按工作状态来分析，这样，我们对于电路就有一个清晰而全面的认识，做到"有板有眼"，而不再是一团乱麻。

任务二　CRH380BL 型动车组中、低压配电柜的检查、清洁及故障处理

一、CRH380BL 型动车组中、低压配电柜的检查、清洁作业

作业安排：单人。
作业范围：1 车/16 车中、低压配电柜，如图 4-23 所示。
劳保准备：穿工作服、劳保鞋，戴安全帽，佩戴标志。
工具准备：基本工具、万用表、连接线、毛刷、吸尘器。

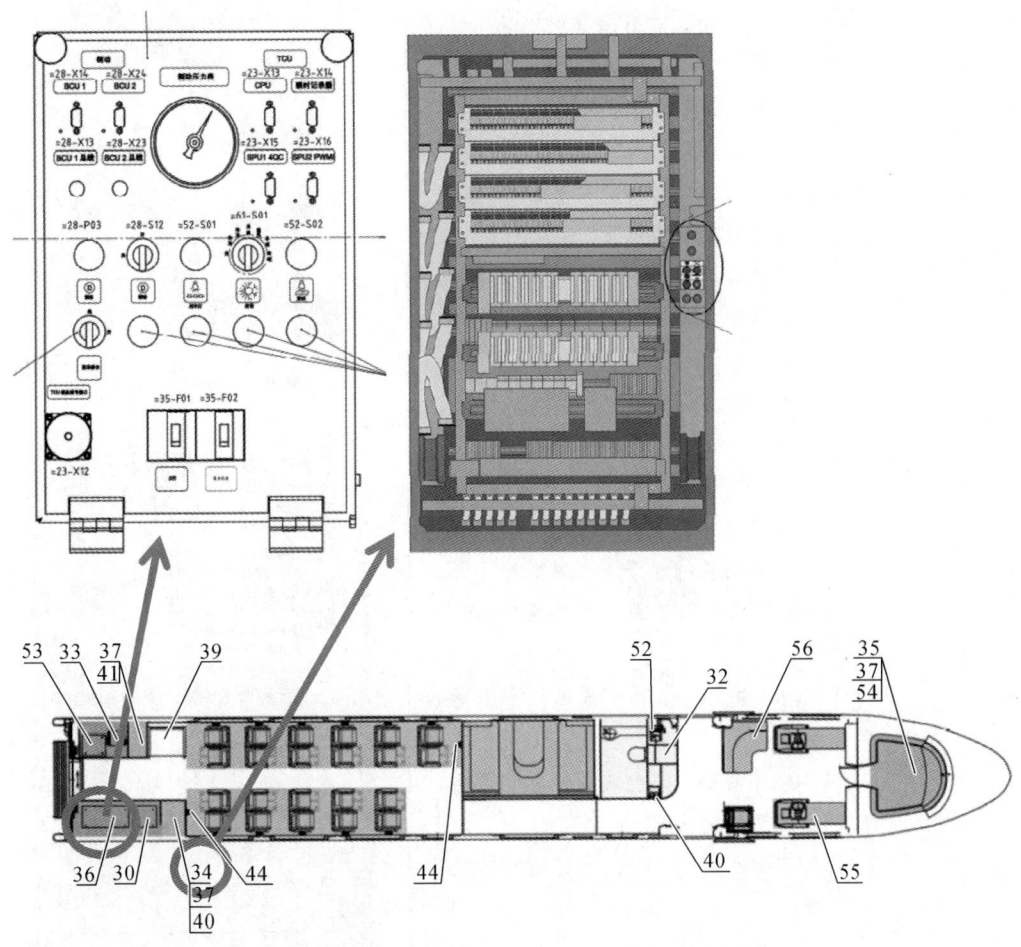

图 4-23　CRH380BL 型动车组 1 车/16 车中、低压配电柜

53—电气柜 OCS（列车控制系统柜）；33—电气柜 HVAC（空调控制）；36—电气柜车辆开关装置（开关柜）；30—电气柜 PIS（旅客信息系统+火警中心）；34—车辆控制面板

作业步骤：如表 4-4 所示。

表 4-4 CRH380BL 型动车组 1 车/16 车中、低压配电柜检查、清洁作业

作业时间	30 min		
安全注意	1. 严禁带负荷插拔电器元件； 2. 严禁用湿布或水清洗配电柜内各部件		
序号	作业目标	质量标准	图片备注
1	全面目检	（1）打开电气设备箱、电气柜、司机室和车辆控制屏的盖。 （2）进行全面目检： ① 无可视的缺陷。 ② 检查零部件的牢固/紧密配合。 ③ 无污染，如有必要使用工业吸尘器清理。 （3）对电缆进行目检： ① 无损坏的电缆或擦破的痕迹。 ② 电缆上无拉伸载荷。 ③ 无过热应力或变形。 ④ 电缆绝缘无剥皮、无裂纹或其他表面损坏。必要时，更换损坏的电缆。 （4）进行连接器的目检： 无松开或不牢固的连接。 （5）进行电气连接的目检： ① 无可视的缺陷。 ② 无过热的迹象。 ③ 无明显的松开或未紧固的元件。对松开的重新紧固。更换损坏的连接器。 （6）进行盖、活门或车门内密封的目检： ① 无变形、裂纹或其他表面损坏。 ② 无剥离出来。 （7）进行控制元件的目检和功能检查： ① 自由运转。 ② 标签的可读性。如果受到污染，要清洁，如模糊，要更换。 ③ 无污染。如果受到污染，要清洁，用吸尘器	

续表

序号	作业目标	质量标准	图片备注
2	电气柜内过滤垫的检查与更换	（1）从导轨取出位于电气柜外侧带有过滤垫的滤筒。 （2）进行过滤垫的目检。如果严重受到污染，要更换过滤垫。 （3）从通风格栅取出过滤垫。 （4）用布清洁安装空间和通风格栅。 （5）插入新的过滤垫。 （6）在电气柜的导轨内插入带过滤垫的滤筒	
3	测试电气柜内的风扇	（1）接通电气柜的风扇电源。 如果风扇活门打开，功能正常。 如果风扇活门没有打开，过滤垫堵塞。 （2）进行风扇的功能和噪声检查： 风扇无不寻常的噪声。如果风扇有不寻常的噪声，需更换损坏的风扇	注：车辆必须处于"电池接通"方式
4	更换电气设备箱内的海绵	（1）清洁凝结物排泄和U形型材的底孔。 （2）更换凝结物排泄的海绵（A2V00156012665）	

- 159 -

续表

序号	作业目标	质量标准	图片备注
5	柜门和活门的功能检查	（1）进行电气柜门和电气设备箱活门的功能检查。 ① 适当的功能。 ② 自由运转。 ③ 拧紧柜的座和活门锁。 ④ 对粗糙运行的零件和其他滑动导轨加注油脂，如锭子油 10/15 润滑脂，Fa.Shell。 （2）关闭电气设备箱、电气柜、司机室和车辆控制屏的活门和柜门	

作业解析：

1. 生产背景

（1）检修计划见表 4-5。

表 4-5 CRH380BL 型动车组配电柜检修计划

序号	部件	检修任务	运行里程/km	800 000 km/年条件下的时间间隔	检修等级
1	电气柜内过滤垫	检查	4 000	2 天	I1
2	全面	目检	100 000	1.5 月左右	M1
3	电气柜内的风扇	测试	100 000	1.5 月左右	M1
4	电气柜内的过滤垫	更换	100 000	1.5 月左右	M1
5	电气设备箱内的海绵	更换	100 000	1.5 月左右	M1
6	柜门和活门	功能检查	100 000	1.5 月左右	M1
7	连接	目检	1 200 000	1.5 年左右	R1

（2）连接的目检。要对所有的电气设备箱、司机室和电气柜进行下述工作：

① 进行机械连接的目检。判断有无松动的螺钉和螺母，如果有，根据组装图重新拧紧；判断有无松动的铆钉连接，如果有，根据组装图重新加工铆钉连接。

② 进行地线的目检。拧紧接地系带座，根据组装图重新拧紧松动的接地系带；判断单个系带有无裂纹，如有，更换接地系带。

2. 作业要点

（1）重点：一是配电柜内的清洁干燥，二是配电柜内的元器件。
① 断路器、开关的外观、安装状态及功能；
② 接触器、继电器、电磁阀外观、安装状态、配线状态及触点按压正常、无损坏和变色；
③ 各连接器外观与连接状态；
④ 各接线端子连接状态，端子无裂纹、变色。

（2）带电时，配电柜内通路的测试方法。

首先应根据被测电路的工作电压选择好万用表电压挡位，黑表笔接零线或负线，红表笔接线路中的端子。

与无电作业相同，带电检测配电柜内通路也涉及两个方面：一个是线路是否接通；另一个是中间元器件的触点是否接通。

此时，黑表笔不动，红表笔按照电路图"顺藤摸瓜"，从电源输入端火线或正线开始查找。无论是导线进端/出端，还是元器件触点的进端/出端，万用表上有正常电压指示，表示导通；电压为零，表示断开；电压明显偏小，表示接触不良；一直找到电路的末端零线或负线。

如按钮、开关或熔断器两端均有电，则断路故障部位在其后部电路中；按钮、开关或熔断器两端均无电，则断路故障部位在其前部电路中；如按钮、开关或熔断器一端有电而另一端无电，则断路故障是该按钮、开关或熔断器本身引起的。

二、CRH380BL 型动车组故障处理基本操作作业

作业安排：单人。
作业范围：驾驶室。
劳保准备：穿工作服、劳保鞋，戴安全帽，佩戴标志。
工具准备：手电筒、对讲机、棉布。
作业步骤：如表 4-6 所示。

表 4-6　CRH380BL 型动车组故障处理基本操作作业

作业时间	30 min		
安全注意			
序号	操作目标	质量标准	图片备注
1	查看故障信息及提示	CRH380BL 动车组的诊断系统将故障信息集成在动车组的 8 个显示界面上（4 个司机室 HMI，3 个 CCU 柜 HMI，1 个乘务员 HMI）。 发生故障时，司机及随车机械师可到 HMI 上查看故障记录，并采取相应解决办法。 故障排除后，该故障信息不再显示	
		HMI 上主界面，可使用硬键显示故障记录。 故障记录界面，按故障发生的顺序显示故障信息，每种故障，除显示车号和故障代码外，还显示发生的日期、时间和故障描述	

续表

序号	操作目标	质量标准	图片备注
1	查看故障信息及提示	选择"1-报告"软键可调出故障描述。 此外,选择"7-更改布局"可显示故障代码	
		列车静止时,可使用硬键⊞查看相应的故障处理方法。列车运行时,可使用硬键⊞查看相应的故障处理方法	
2	在HMI上执行远程数据传输流程	在占用司机室HMI主页面中选择"1维护模式开启",在子页面中选择"4远程数据传输"	注: 故障无法处理时,为了便于故障分析,司机需要在HMI上执行远程数据传输
		在子页面中选择"1初始化"	
		在弹出的对话框中选择"E确认"	
		出现此页面即为发送正确	

续表

序号	操作目标	质量标准	图片备注
3	进行轮径检测	当速度超过 90 km/h，司机将牵引手柄置"0"位，惰行。系统自动检测轮径。 惰行 10 s 以上，推牵引手柄继续运行。否则当速度到达 300 km/h 时牵引会丢失	注：软件刷新/镟轮后，需要进行轮径检测
4	启动紧急驱动模式继续行车	在占用司机室确认动车组已降弓，并且方向开关不在"0"位，施加停放制动	注： （1）发生火灾时或动车组故障停在桥梁或隧道等紧急情况，司机可启动紧急驱动模式继续行车。 （2）在紧急驱动模式，必须启用备用制动减速停车。 （3）紧急驱动模式下，无论动车组静止和运行时，ASD 装置都需要一直操作。 （4）紧急驱动模式下，动车组将升四弓
		在司机室右侧故障开关面板上将"紧急模式"开关打到横向位置； 然后将故障面板上所有红色开关（停车制动监测回路开关、转向架监测回路开关）打到横向位置； 将 ATP 隔离开关打到隔离位	
		在司机操纵台右侧按下"紧急关断"蘑菇头按钮； 然后向左旋转按钮复位（如果不复位将无法升弓）	
		在司机操纵台右下角打开 C14 阀，启动备用制动（C14 阀横向为打开位置）	
		升弓，合主断（此时车顶隔离开关断开，受电弓全部升起）	

续表

序号	操作目标	质量标准	图片备注
4	启动紧急驱动模式继续行车	将司机操纵台上制动手柄置于"REL"位置，使用备用制动手柄充风；然后缓解停放制动，推动牵引手柄可以继续行车	
5	大复位操作	停车。 司机通知列车长，列车长安排工作人员对车门进行看护，司机降弓，方向开关回到零位，退出占用 将蓄电池开关打到"关"位，等待3 min后重新开启蓄电池。 重新占用司机室，进行正常操作，并对ATP、CIR重新设置，并在占用端重做制动试验	注：在进行此操作过程中，全列车门将处于"释放"状态，此时可手动紧急解锁开门 

作业解析：

1．生产背景

本操作由司机在驾驶室主持，随车机械师在车厢配合得以完成。

CRH380BL司机室由司机操纵台（第一操作区）、右控制柜（第二操作区和故障面板区）、左控制柜（第三操作区）、脚踏区域、司机间壁、司机室遮阳帘、司机座椅、司机室空调。司机驾驶列车所需的电子、电气、空气和机械等设备分别布置在司机操纵台、左控制柜和右控制柜中，通过它可以进行行车、通信、调节内部环境等控制活动。

司机室内最主要的设备是操纵台，该内容已在项目一中介绍。另外还设置了右控制柜操作区、左控制柜操作区和线路安全开关。

（1）司机室右控制柜操作区，布置在司机的右手侧，如图4-24所示。安装一些司机驾驶列车过程不常用的零部件。按照功能分，右控制柜操作区又可以分为第二操作区（或辅助操作区）和故障面板区域。

图4-24　CRH380BL型动车组驾驶室右控制柜

第二操作区又称为辅助操作区，布置一些司机在驾驶时不需要，但必须进行监控及部分操作的元件，如司机室空调的操作元件。

故障面板位于司机室右控制柜的面板后，如图 4-25 所示，布置了在维修期间或故障发生时主要需要的元件。

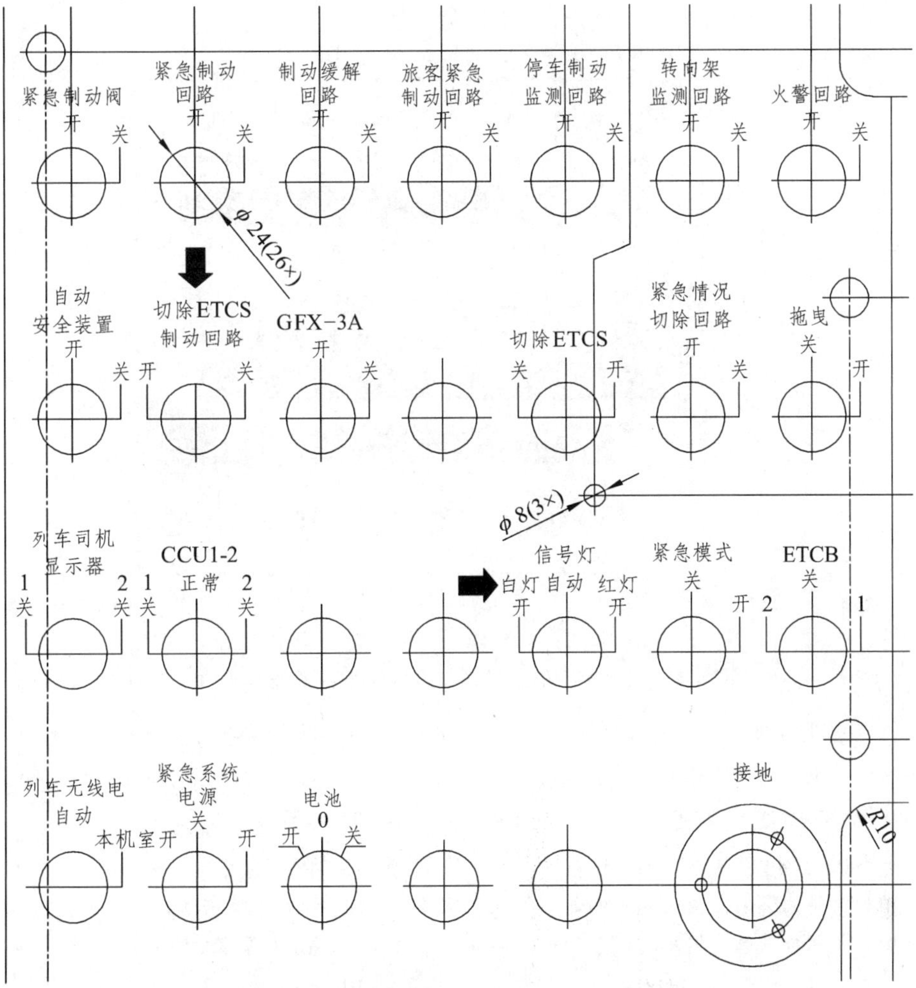

图 4-25 CRH380BL 型动车组驾驶室故障面板

（2）左控制柜操作区，布置一些司机驾驶过程不常使用或不使用的元件，如打印机、垃圾箱、灭火器、杯托等结构，如图 4-26 所示。

图 4-26 CRH380BL 型动车组驾驶室左控制柜操作区

（3）线路安全开关，位于左控制柜操作区后部，如图 4-27 所示。

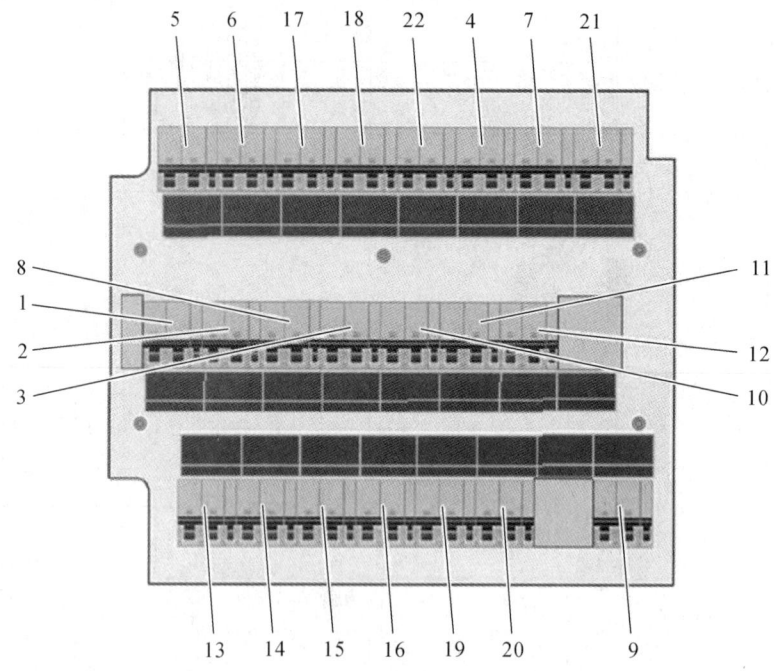

图 4-27　CRH380BL 型动车组驾驶室线路安全开关

1—紧急-关断控制断路器（=21-F12），额定电流 4 A，由 BN1 母线供电；
2—方向开关电源控制断路器（=22-F43，额定电流 2 A，由 BN1/BD 母线供电；
3—紧急模式断路器（=22-F71），额定电流 4A，由 BN1/BD 母线供电；
4—制动控制单元 1 断路器（=28-F11），额定电流 10 A，由 BD 母线供电；
5—制动控制单元 2 断路器（=28-F12），额定电流 10 A，由 BN1 母线供电；
6—制动设备面板微型断路器（=28-F19），额定电流 4 A，由 BN1 母线供电；
7—停放制动电源断路器（=28-F28），额定电流 4 A，由 BD 母线供电；
8—司机室显示器断路器（=42-F05），额定电流 2 A，由 BD 母线供电；
9—自动列车保护 ATP 人机界面 1 和 2 断路器（=42-F06），额定电流 2 A，由 BN1 母线供电；
10—环路控制断路器（=43-F01），额定电流 2 A，由 BN1/BD 母线供电；
11—紧急制动环路、自动列车保护、火警中心断路器（=43-F02），额定电流 2 A，由 BN1/BD 母线供电；
12—停放制动监控环路、火警环路、转向架监控环路、制动缓解环路断路器（=43-F03），额定电流 2 A，由 BN1/BD 母线供电；
13—旅客紧急制动环路断路器（=43-F04），额定电流 2 A，由 BN1/BD 母线供电；
14—拖拽断路器（=43-F05），额定电流 6A，由 BN1/BD 母线供电；
15—自动安全装置环路断路器（=43-F06），额定电流 2 A，由 BN1/BD 母线供电；
16—紧急制动环路断路器（=43-F08），额定电流 2 A，由 BN1/BD 母线供电；
17—自动列车保护 ATP 主机柜电源断路器（=44-F11），额定电流 10 A，由 BN1 母线供电；
18—自动列车保护 ATP 主机 JRU 电源断路器（=44-F13），额定电流 4 A，由 BN1 母线供电；

19—车辆系统轨道电路阅读器(=44-F23),额定电流4 A,由BN1母线供电;
20—列车无线电断路器(=48-F01),额定电流10 A,由BN1/BD母线供电;
21—列车无线电断路器(=48-F02),额定电流10 A,由BD母线供电;
22—列车头罩/自动车钩(=74-F13),额定电流6 A,由BN1母线供电

2. 作业要点

本操作司机是主角,随车机械师扮演配角,但动车组机械师也应熟悉操作流程,并理解背后的工作原理。

三、CRH380BL型动车组接地操作作业

作业安排:单人。
作业范围:驾驶室。
劳保准备:穿工作服、劳保鞋,戴安全帽,佩戴标志。
工具准备:手电筒、对讲机、棉布。
作业步骤:如表4-7所示。

表4-7 CRH380BL型动车组接地操作作业

作业时间	20 min		
安全注意	1. 首先必须使用高压检测仪器检测工作对象是否彻底放电,如果没能彻底,必须等放电完成后再进行后续作业; 2. 对牵引变流器、牵引电机、制动电阻的电气连接、主变压器的次级线路、牵引部件的连接电缆(包括在单车)进行修理和维护前,必须正确执行接地操作; 3. 在辅助变流器、电池充电机、440 V三相交流列车母线(包括在单车上)、牵引变流器与辅助变流器之间的连接电缆(包括在单车上)工作时,列车高压装置必须接地,同时需防止外接380 V三相交流供电。		
序号	操作目标	质量标准	图片备注
1	条件准备	放电和接地过程中环境要求: (1)110 V电源处于正常供电状态; (2)主风缸的压力不小于0.6 MPa	
2	断开主断路器和降弓	停车; 在司机室控制台上激活"主断路器断开"和"降弓"	注:如果发生信息传输错误,司机室控制台上不能断开主断路器和降弓。 在这种情况下只有当A钥匙开关依照第4步和第6步移到"关"位置后才能使主断路器断开及受电弓降下
3	进入"中间直流电压"界面	在司机室HMI上进入"中间直流电压"界面,显示每个牵引变流器的中间直流电压	

续表

序号	操作目标	质量标准	图片备注
4	放电及检查放电程度	将司机室方向开关（向前－向后）置零，即中间回路放电命令，目的是牵引变流器中间回路电容放电；在司机室HMI上检查放电程度，放电结束司机室HMI上显示中间直流电压降至0	警告！如果放电过程不能完成。例如，因为通信错误（司机室HMI上没有显示或显示为"?"）或者列车停车时间较长并且中间回路已经放电（司机室HMI上显示为0 V）后，为了确保安全，在操作接地装置之前，应检测牵引变流器中间回路电容的放电情况（需使用一个高压检测仪器在牵引变流器的接地点上进行检测）
5	操作A钥匙	确认受电弓降下后； （1）分别将EC01车的A1钥匙、EC16车的A2钥匙旋至"关"位置； （2）再旋至"锁闭"位置并取出	作用是： （1）锁闭了整列动车组所有受电弓升起和主断路器闭合的控制功能； （2）A钥匙旋至"锁闭"位置后，此钥匙所在牵引单元的车顶隔离开关闭合
6	操作B钥匙	（1）将EC01车的A1钥匙插入TC02车接地开关处的A1钥匙锁并旋转，然后转动手柄将接地开关打开，并取出B1钥匙； （2）将TC02车的B1钥匙插入TC07车接地开关处的B1钥匙锁并旋转，然后转动手柄将接地开关打开，并取走C1钥匙； （3）将EC16车的A2钥匙插入TC15车接地开关处的A2钥匙锁并旋转，然后转动手柄将接地开关打开，并取出B2钥匙； （4）将TC15车的B2钥匙插入TC10车接地开关处的B2钥匙锁并旋转，然后转动手柄将接地开关打开，并取走C2钥匙	作用是： （1）高压装置接地； （2）取走B钥匙和C钥匙避免接地开关误动

续表

序号	操作目标	质量标准	图片备注
7	操作C钥匙	将两个钥匙C1、C2插入IC08车的钥匙锁闭装置中并旋转，从而移动两个多孔板	
8	从事高压系统或牵引系统工作时的操作	从事高压系统或牵引系统工作时： （1）工作人员都必须在标有蓝色区域的孔中插入个人挂锁，从而锁住C1、C2两个C钥匙，以防止被取走； （2）工作前必须使用高压检测仪器检测是否绝缘； （3）当所有的挂锁都从多孔板上取下后，多孔板可移回起始位置，两个C钥匙可取下，用于操作接地开关取消高压系统接地	本操作属于"警告！"级别
9	在3AC 380 V/3AC 440 V电压下工作时的操作	在3AC 380 V/3AC 440 V电压下工作时： （1）必须把其个人挂锁放在标有红色区域内的孔里（从而锁住两个列车母线钥匙和两个C钥匙，以防被取走）； （2）工作前必须使用高压检测仪器检测是否绝缘； （3）完成维护和修理工作后，取下接地装置，取下安全锁使列车母线排多孔板位置复原（以便取走列车母线钥匙）	本操作属于"警告！"级别
10	防止外接380 V三相交流供电的操作	（1）将FC05车和SC12车配置的两把列车母线钥匙一起插入IC08车钥匙锁闭装置中并旋转，使之移向列车供电总线多孔板，释放更多的孔以供悬挂挂锁； （2）列车母线钥匙复位	注：这样可以防止工作时高压装置再次接通和外接380 V三相交流供电

作业解析：

1. 生产背景

因为高压设备分散在几个车厢中，为了确保断开列车的整个高压系统，防止意外发生，在高压设备和车载电源上的工作前，必须执行动车组接地作业。

（1）高压装置接地钥匙的位置。

牵引单元 1 配置 A1 钥匙和 B1 钥匙。

A1 钥匙的操作状态在 EC01 车司机室的故障开关面板处，接地状态在 TC02 车的接地开关处。

B1 钥匙的操作状态在 TC02 车的接地开关处，接地状态在 TC07 车的接地开关处。

牵引单元 2 配置 C1 钥匙。

C1 钥匙的操作状态在 TC07 车的接地开关处，接地状态在 IC08 车钥匙锁装置上。

牵引单元 3 配置 C2 钥匙。

C2 钥匙的操作状态在 TC10 车的接地开关处，接地状态在 IC08 车钥匙锁装置上。

牵引单元 4 配置 A2 钥匙和 B2 钥匙。

A2 钥匙的操作状态在 EC16 车司机室的故障开关面板处，接地状态在 TC15 车的接地开关处。

B2 钥匙的操作状态在 TC15 车的接地开关处，接地状态在 TC10 车的接地开关处。

（2）车载电源接地钥匙的位置。

车载电源接地钥匙即列车母线钥匙，配置在 FC05 车和 SC12 车。440 V 三相交流装置工作情况下，配置在 IC08 车的钥匙锁装置上；外部供电情况下，配置在 FC04/FC05/SC12/SC13 车外部供电的交流插座处。

（3）高压装置接地钥匙的操作。

各牵引单元高压装置的接地开关都配有专用的锁，必须用专用钥匙（在每个牵引单元有 A 钥匙、B 钥匙和 C 钥匙）对其进行操作。

首先必须从司机室将 A 钥匙取下，使主断路器处于断开状态及受电弓处于下降状态。A 钥匙插入 TC02 和 TC15 车接地开关处 A 钥匙锁时，接地开关可被操作。接地开关处于接地位时，A 钥匙被锁闭，并且另一个钥匙（B 钥匙）可被操作。接地完成后，可拔出 B 钥匙并将 B 钥匙插入 TC07 和 TC10 车接地开关处 B 钥匙锁，此时 TC07 和 TC10 车接地开关可被操作，接地开关处于接地位时，B 钥匙被锁闭，另一个钥匙（C 钥匙）可被操作。接地完成后，拔出 C 钥匙并将 C 钥匙集中在一个存放点（IC08 车钥匙锁闭装置）。把整列车的 C 钥匙置于钥匙锁闭装置中时，C 钥匙的两排多孔板可以和一个固定的多孔板排在一起。允许维护人员插入简单的挂锁用来防止高压装置在维修工作完成前接地被解除。

每半列车（1～8 车，9～16 车）使用一个列车母线钥匙控制 440 V 三相交流供电断开，并禁止接入外接电源。

图 4-28 所示为 CRH380BL 型动车组钥匙——锁闭电气部分。

正确操作接地流程可以使所有部件都直接连入 110 V 供电系统中。例如，因为压缩空气故障，车顶电缆的两个隔离开关不能闭合，当进行修理和维护工作时必须正确操作接地流程进行接地（这也应适用于单个停放的车辆）。

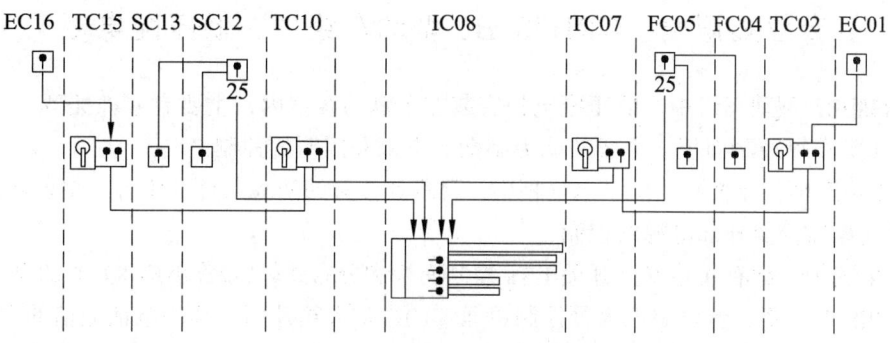

图 4-28　CRH380BL 型动车组钥匙——锁闭电气部分

为了尽可能地防止误操作，A 钥匙、B 钥匙和 C 钥匙在同一牵引单元不能交换使用。

不同的牵引单元 A 钥匙、B 钥匙、C 钥匙及列车母线钥匙也是不能交换的。A 钥匙、B 钥匙、C 钥匙及列车母线钥匙各配备两个备用钥匙由车辆操作者妥善保管。

（4）车载电源接地钥匙的操作。

在辅助变流器、电池充电机、440 V 三相交流列车母线及牵引变流器与辅助变流器之间的连接电缆上工作时，需要将 FC05 车和 SC12 车配置的两把列车母线钥匙，一起插入 IC08 车钥匙锁闭装置中并旋转，使之移向列车供电总线多孔板，释放更多的孔以供悬挂挂锁。这样可以防止工作时高压装置再次接通和外接 380 V 三相交流供电。

当需要外部供电时，FC05 车的列车母线钥匙可以将 FC04 车、FC05 车的辅助变流器上的外接电源插座解锁，SC12 车的列车母线钥匙可以将 SC12 车和 SC13 车的辅助变流器上的外接电源插座解锁。详情参见本书项目三中 CRH380BL 型动车组外接电源操作作业。

2. 作业要点

（1）在以下设备的修理和维护工作前必须正确使用接地装置。

① 牵引变流器。

② 牵引电机。

③ 制动电阻的电气连接。

④ 主变压器的次级线路。

⑤ 牵引部件的连接电缆，包括在单车上工作时。

特别注意，工作前必须使用高压检测仪器检测是否彻底放电，如果没能彻底，必须等放电完成后再进行工作。在牵引变流器侧面翼板的后侧具有接地柱。

（2）当在以下部件上工作时，列车高压装置必须接地，同时需防止外接 380 V 三相交流供电。

① 辅助变流器。

② 电池充电机。

③ 440 V 三相交流列车母线，包括在单车上工作时。

④ 牵引变流器与辅助变流器之间的连接电缆，包括在单车上工作时。

特别注意，工作前必须使用高压检测仪器检测是否彻底放电，如果没能彻底，必须等放电完成后再进行工作。在牵引变流器侧面翼板的后侧具有接地柱。

专业知识一 CRH380BL 型动车组中、低压配电柜

CRH380BL 型动车组中、低压配电柜安装在车辆的客室内，主要有 6 种类型。
（1）1 类车辆控制面板，主要功能为制动、空调和照明的控制。
（2）2 类车辆控制面板，位于电气柜中，其所处位置的防火条件非常好，主要功能为火警系统、转向架监控及外部电源的控制。
（3）电气柜，配有线路安全开关 LSS 控制面板和分布式输入/输出站 KLIP 的电气柜。
（4）PIS 电气柜，包含中央火警控制单元、UIC 防火箱及用于移动电话通信的中继器。
（5）HVAC 电气柜，带有 HVAC 控制单元。
（6）包含操作控制系统组件的电气柜，只安装在 EC01/16 驾驶室中，而上述 5 种配电柜每节车厢都有。

下面选择第一个牵引单元 EC01、TC02、VC03、FC04 车，着重介绍前 3 种根据不同工况需要操作的配电柜。

1. 配电柜元器件代号含义

CRH380BL 型动车组配电柜元器件代号由两部分组成。"="后加两位数码表示所属系统/子系统，具体含义如表 4-9 所示。

表 4-9 CRH380BL 型动车组配电柜元器件代号——系统

编码	含义	编码	含义
=10	牵引主电路	**=50**	照明
=20	控制电路	=51	信号灯
=21	受电弓和主断路器控制电路	=52	内部灯
=22	牵引-制动 CCU 控制电路	**=60**	空调设备
=23	牵引-制动 TCU 控制电路	=61	旅客车厢空调
=24	控制电路系统监测/无线通信系统电子输入	=62	司机室空调
=28	制动控制/防滑保护系统	=64	辅助加热及通风
=30	辅助设备和电源系统	**=70**	辅助元件
=31	辅助供电单元	=71	雨刷和喇叭
=32	直流电源及配电	=72	撒砂装置
=34	交流配电	=73	轮缘润滑装置
=40	监控和自动化系统	=74	联轴节
=41	测量和保护电路	=75	厕所系统
=42	信号电路	=76	水系统
=43	安全设备	**=80**	门控制系统
=44	ATP 数据通信	**=90**	特殊系统
=45	PIS 信息通信	=92	厨房设备

续表

编码	含义	编码	含义
=46	音视频娱乐系统	=96	端子条（备用端子）
=48	列车无线电	=97	插头
=49	火灾报警系统	=98	开关柜和开关箱
		=99	列车电线/备用电缆

"-"后1位字母加两位数码表示元器件种类和序号，字母含义如表4-10所示。

表4-10 CRH380BL型动车组配电柜元器件代号——种类

字母	含义
F	空气开关/微型断路器
P	指示灯/指示按钮
S	按钮/旋钮开关/钥匙开关/控制器
X	数据服务接口/电力插头
K	人机界面/显示器
T	终端/线端子排

2. 1类车辆控制面板的元件及其操作使用

总体来说，1类车辆控制面板的控制功能主要有6项：

（1）用于试运行的诊断/服务接口。

（2）测试C压力的压力表。

（3）用于空气制动控制的诊断/服务接口。

（4）用于照明控制的按钮（其中阅读灯仅用于EC01/EC16，TC02，VC03，和FC04车辆中，主灯仅用于EC01/EC16车辆中）。

（5）用于空调装置控制的转换开关。

（6）测量TCU信号的服务接口（仅用于EC01/EC16，VC03，IC06/11/14，IC08和BC09车辆中）。

图4-29所示为CRH380BL型动车组EC01/EC16车的1类车辆控制面板元器件布局。

EC01/EC16车1类车辆控制面板，按照由左至右，从上到下的顺序，元器件布局与使用具体如下：

BCU连接器=28-X13、=28-X14、=28-X23、=28-X24为制动控制单元BCU的服务接口，=28-X13/X14对应BCU1，=28-X23/X24对应BCU2。

制动压力表B11为显示空气制动在制动管路到制动缸的制动缸压力（C压力）。

TCU连接器=23-X13、=23-X14、=23-X15、=23-X16为牵引控制单元TCU的服务接口，用于CPU（=23-X13）、瞬变记录器（=23-X14）、信号处理器SIP1/4QC（=23-X15）、信号处理器SIP2/PWMI（=23-X16）。

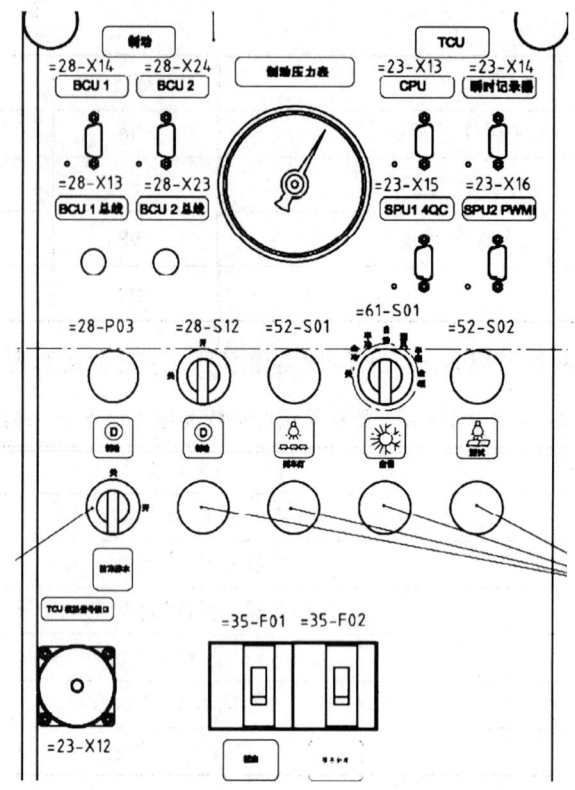

图 4-29 CRH380BL 型动车组 EC01/EC16 车 1 类车辆控制面板

"空气制动关"（=28-P03）指示灯为红色，当本车辆的空气制动处于停用状态时，该指示灯会点亮。

"空气制动"（=28-S12）旋转开关为本车辆的空气制动控制设置。"On"为"开"，"Off"为"关"。

"列车灯开关"按钮（=52-S01）为白色，此按钮可用于接通/切断整趟列车或列车组（在多点牵引中）所有车厢中的主照明灯。如果列车中的所有主照明灯均点亮，则按钮中的信号灯也变亮。

"空调系统"旋转开关（=61-S01）是对本车的空调系统进行控制。如果当出现严重故障时，设置"On"为"开"，"Off"为"关"。

"阅读灯测试"按扭（=52-S02）可用于接通/切断阅读灯，以检查这些阅读灯是否正常工作，在程序设置时间到期后或者重新按下按钮后，测试阶段结束。

"FWT 防冻排水"旋转开关（=76-S12）用于车辆 2 端平顶板内净水箱的排水，设置"On"为"开"，"Off"为"关"。

TCU 插头（所示插头不带有盖）（=23-X12）用作牵引控制单元 TCU 模拟信号的测量连接。

RCD 保护装置（=35-F01）和服务插座（=35-F02）为故障电流监控断路器。

图 4-30 所示为 TC02 车的 1 类车辆控制面板，因为 TC02 车是拖车，在控制面板上没有 TCU 连接器=23-X13、=23-X14、=23-X15、=23-X16 和 TCU 插头=23-X12，但因为 TC02 车下增设了单辅助变流器 ACU，于是在控制面板上增加了连接器=31-X11 为 ACU 的服务接口。

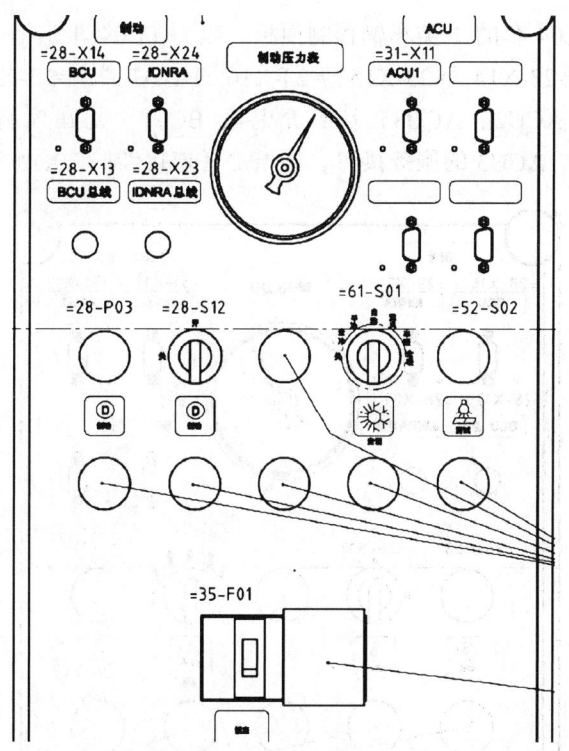

图 4-30　CRH380BL 型动车组 TC02 车 1 类车辆控制面板

图 4-31 所示为 VC03 车 1 类车辆控制面板，因为 VC03 车为动车，其控制面板的布局与 EC01 车相同。

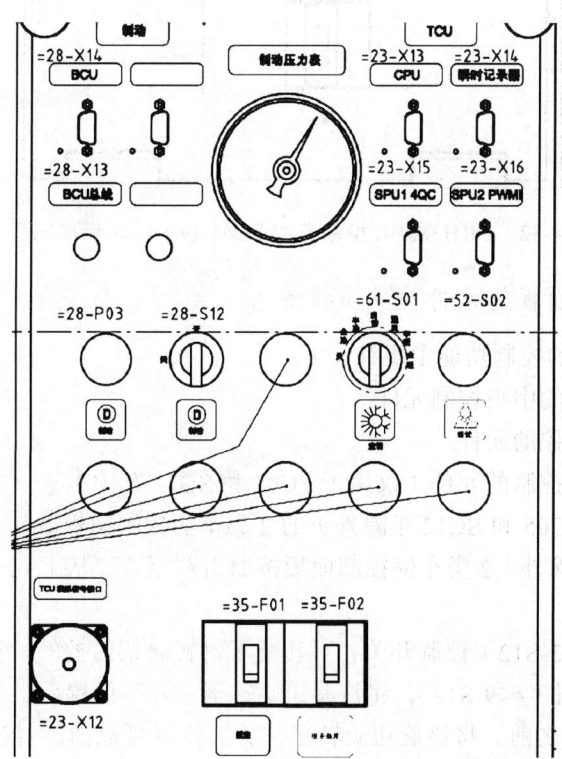

图 4-31　CRH380BL 型动车组 VC03 车 1 类车辆控制面板

图 4-32 所示为 FC04 车的 1 类车辆控制面板，因为 FC04 车是拖车，在控制面板上没有 TCU 连接器=23-X13、=23-X14、=23-X15、=23-X16 和 TCU 插头=23-X12，但因为 FC04 车下增设了双辅助变流器 ACU2、ACU3，还有充电机 BC，于是在控制面板上增加了连接器=31-X11/X12 为 ACU2、ACU3 的服务接口，还增加了连接器=32-X11 为 BC 的服务接口。

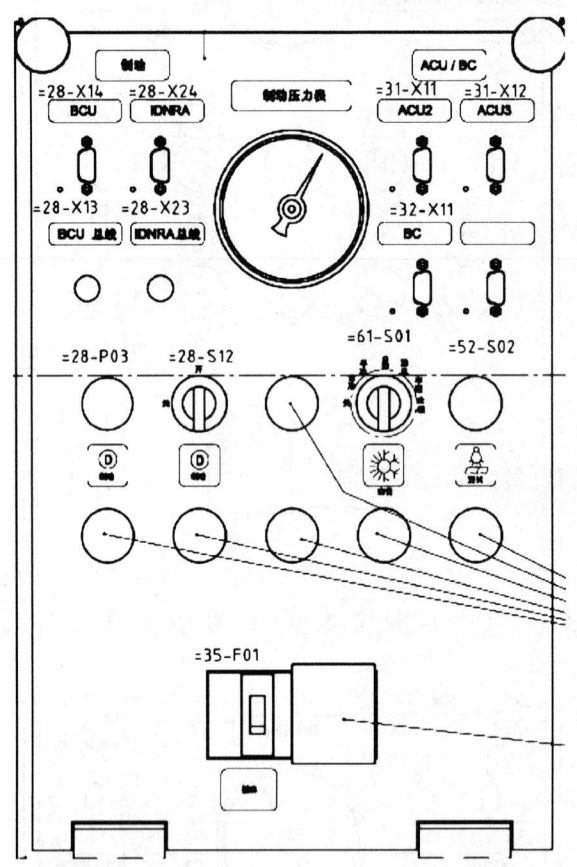

图 4-32　CRH380BL 型动车组 FC04 车 1 类车辆控制面板

3. 2 类车辆控制面板的元件及其操作使用

2 类车辆控制面板的控制功能主要有 3 项：
（1）用于火灾报警的中央控制元件。
（2）用于转向架监控的元件。
（3）用于外部电源控制的元件（仅用于 FC05 和 SC12 车中）。

图 4-33 所示为（FC05 和 SC12 车除外）的 2 类车辆控制面板。

（FC05 和 SC12 车除外）2 类车辆控制面板按照由左至右，从上到下的顺序，元器件布局与使用具体如下：

"转向架监控"（=43-S12）控制开关，可切断车辆转向架监控的紧急制动操作。

"FDCU 测试"旋钮（=49-S12），将该旋钮旋转至"开"位置后，会开展完整的一次测试过程。在完成测试过程之前，将该旋钮旋转至"关"位置可取消该过程。如果重新将该旋钮旋转至"开"位置，则测试过程将重新从头开始。

"FDCU"旋钮（=49-S13）出现故障时，该旋钮会解除对火灾警报中心的干涉。

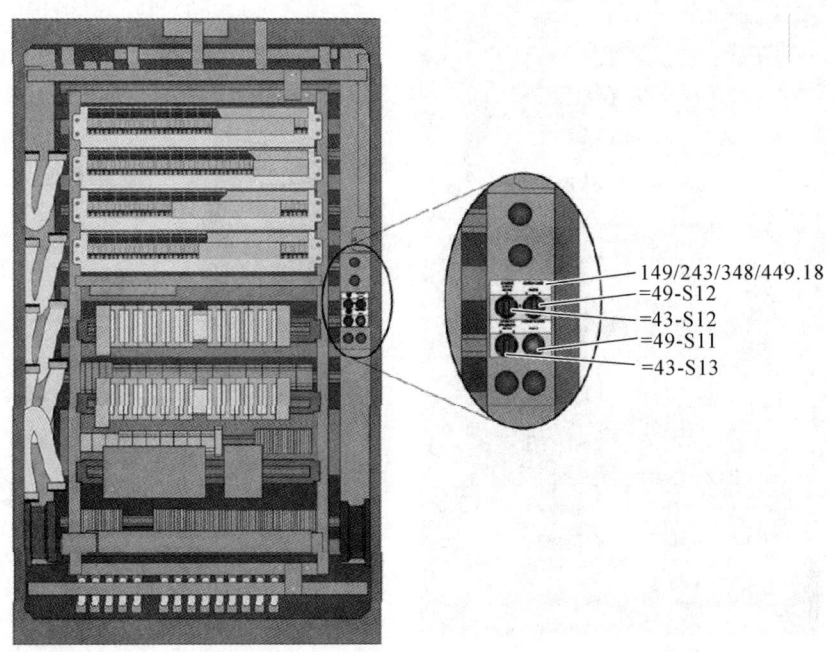

图 4-33　CRH380BL 型动车组（FC05 和 SC12 车除外）2 类车辆控制面板

"FDCU 响应线"指示灯按钮（=49-S11）为红色，此按钮上的灯指示火灾警报已经被触发，消除火灾后，按下此按钮可复位火灾警报。

图 4-34 所示为 FC05 和 SC12 车 2 类车辆控制面板。按照由左至右，从上到下的顺序，元器件布局与使用具体如下：

"外部供电就绪"（=31-P01）指示灯，当此钥匙开关（=31-S01）处于"外部供电就绪"位置上时，在开展所有必需切换和控制功能后，该指示灯会点亮。此钥匙开关可从该位置上移开，然后可用于打开一个在辅助变流器处的外部电源插座。

"外部供电"（=31-S01）钥匙开关，用于准备外部供电的列车母线钥匙开关，具有 3 种设定值："440 V AC ON"/"440 V 交流开"，"OFF"/关，"Externalpower supply""外部供电"。当该钥匙开关从"440 V 交流开"位置（通过高压系统对车载电源展开正常操作）经"关"位置切换至"外部电源"位置时，此外部供电启用。

其他 4 个元器件与前面控制面板一样。

4. 电气柜/线路安全开关 LSS 面板的元件及其操作使用

CRH380BL 型动车组的电气柜/线路安全开关 LSS 面板上主要安装各种低压线路安全开关。

图 4-35 所示为 EC01/EC16 车 LSS 面板。

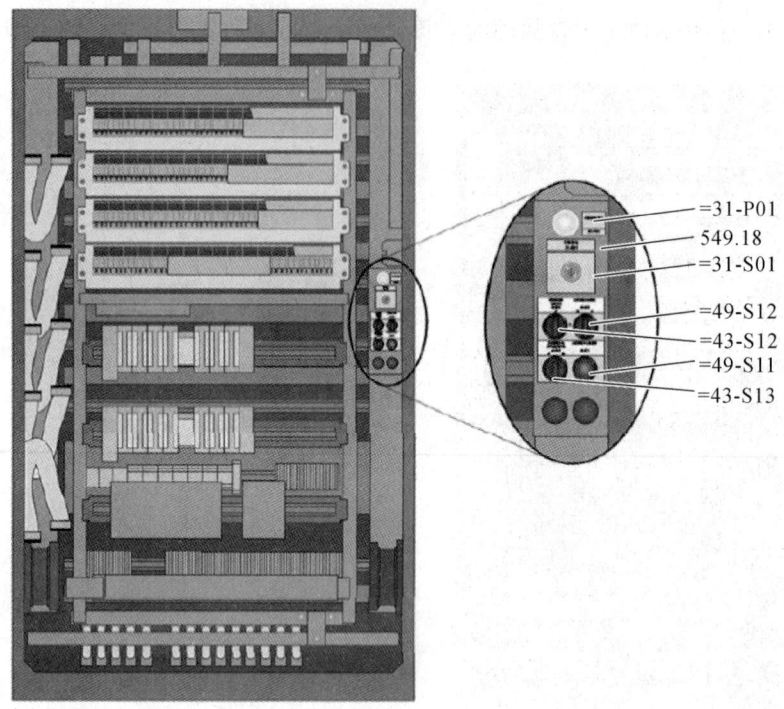

图 4-34　CRH380BL 型动车组 FC05 和 SC12 车 2 类车辆控制面板

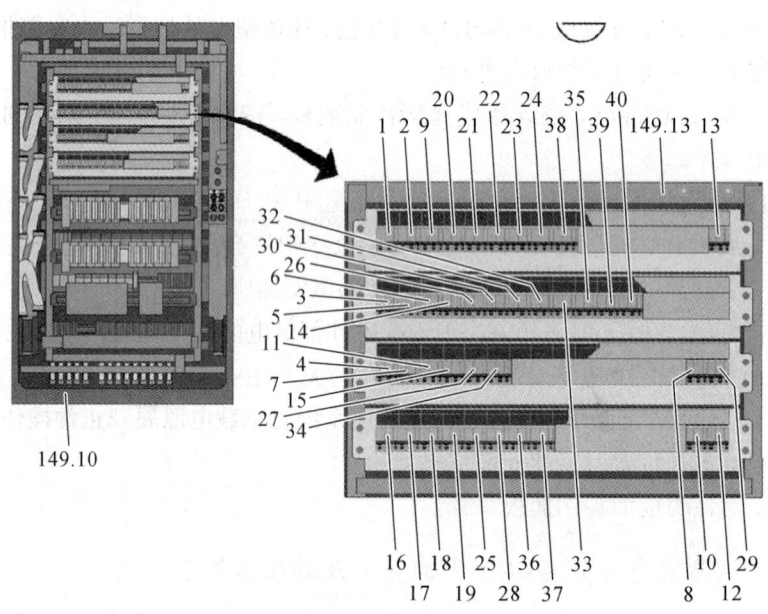

图 4-35　CRH380BL 型动车组 EC01/EC16 车 LSS 面板

1—"牵引控制单元 1 辅助供电 1"（=23-F01），16 A，自 BN1；
2—"牵引控制单元 1 直接供电"（=23-F03），16 A，自 BN1；
3—"智能外围终端 SKS 1/A"（=24-F11），4 A，自 BN1；
4—"智能外围终端 SKS 2/A"（=24-F12），4 A，自 BN2；
5—"智能外围终端 SKS 3/A"（=24-F13），4 A，自 BN1；

6—"MVB 中继器线路 A"(=24-F21), 2 A, 自 BN1;
7—"MVB 中继器线路 B"(=24-F22), 2 A, 自 BN2;
8—"紧凑式输入输出站 SKSB"(=24-F25), 4 A, 自 BN2/BD;
9—"BN1 紧急系统"(=32-F41), 25 A, 自 BN1;
10—"BN1 紧急系统转换 BD"(=32-F42), 25 A, 自 BD;
11—"BN2 紧急系统"(=32-F43), 16 A, 自 BN2;
12—"BN2 紧急系统转换 BD"(=32-F44), 16 A, 自 BD;
13—"Q42 紧急系统"(=32-F45), 4 A, 自 BN1;
14—"辅助电源负载控制"(=34-F78), 6 A, 自 BN1;
15—"拖拽使能"(=43-F09), 2 A, 自 BN2;
16—"自动过分相装置 GFX-3A"(=44-F31), 2 A, 自 BD;
17—"数据记录器"(=44-F51), 2 A, 自 BN1/BD;
18—"PIS 车辆控制器, UIC-防火箱"(=45-F11), 6 A, 自 BN1/BD;
19—"电话"(=45-F12), 0.5 A, 自 BN1/BD;
20—"旅客信息系统显示屏 1"(=45-F13), 6 A, 自 BN1;
21—"旅客信息系统显示屏 2"(=45-F14), 4 A, 自 BN1;
22—"900 kHz 中继器"(=45-F15), 4 A, 自 BN1;
23—"1 800 kHz 中继器"(=45-F16), 4 A, 自 BN1;
24—"备用中继器"(=45-F17), 4 A, 自 BN1;
25—"火警系统"(=49-F01), 6 A, 自 BN1/BD;
26—"主照明左, 阅读灯右"(=52-F11), 13 A, 自 BN1;
27—"主照明右, 阅读灯左"(=52-F12), 13 A, 自 BN2;
28—"应急灯 1"(=52-F13), 10 A, 自 BN1/BD;
29—"应急灯 2"(=52-F14), 10 A, 自 BN2/BD;
30—"客室逆变器"(=61-F16), 25 A, 自 BN1;
31—"空调系统控制"(=61-F30), 10 A, 自 BN1;
32—"挡风玻璃加热器"(=64-F11), 2 A, 自 BN1;
33—"电气柜左风扇"(=64-F15), 4 A, 自 BN1;
34—"电气柜右风扇"(=64-F16), 4 A, 自 BN2;
35—"轮缘润滑"(=73-F01), 2 A, 自 BN1;
36—"车钩连接"(=74-F11), 6 A, 自 BN1/BD;
37—"车钩连接状态"(=74-F14), 6 A, 自 BN1/BD;
38—"管路伴热"(=76-F01), 4 A, 自 BN1;
39—"外门控制"(=80-F01), 10 A, 自 BN1;
40—"内门控制"(=80-F03), 16 A, 自 BN1

图 4-36 所示为 TC02 车 LSS 面板。

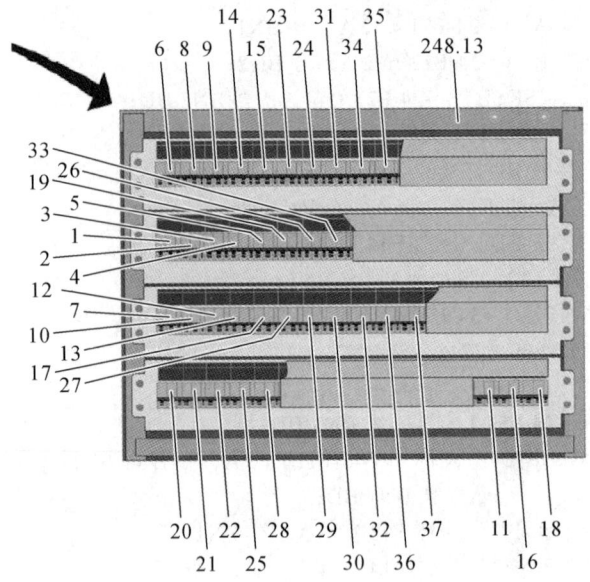

图 4-36　CRH380BL 型动车组 TC02 车 LSS 面板

1—"受电弓控制"（=21-F11），6 A，自 BN1；
2—"激活主断路器"（=21-F13），2 A，自 BN1；
3—"主断路器控制，另一牵引单元"（=21-F14），2 A，自 BN1；
4—"BUCHHOLZ 继电器"（=21-F15），2 A，自 BN1；
5—"辅助空气压缩机"（=21-F22），16 A，自 BN1；
6—"智能外围终端 SKS 1/A"（=24-F11），4 A，自 BN1；
7—"智能外围终端 SKS 2/A"（=24-F12），4 A，自 BN2；
8—"智能外围终端 SKS 3/A"（=24-F13），4 A，自 BN1；
9—"MVB 中继器线路 A"（=24-F21），2 A，自 BN1；
10—"MVB 中继器线路 B"（=24-F22），2 A，自 BN2；
11—"制动控制单元"（=28-F11），10 A，自 BD；
12—"防滑保护"（=28-F12），10 A，自 BN2；
13—"制动控制单元服务接口"（=28-F19），4 A，自 BN2；
14—"辅助变流器 1 控制接触器"（=31-F01），10 A，自 BN1；
15—"BN1 紧急系统"（=32-F41），25 A，自 BN1；
16—"BN1 紧急系统转 BD"（=32-F42），25 A，自 BD；
17—"BN2 紧急系统"（=32-F43），16 A，自 BN2；
18—"BN2 紧急系统转 BD"（=32-F44），16 A，自 BD；
19—"辅助电源负载控制"（=34-F78），6 A，自 BN1；
20—"紧急制动器回路旁路"（=43-F02），2 A，自 BN1/BD；
21—"PIS 车辆控制器，UIC-防火箱"（=45-F11），6 A，自 BN1/BD；
22—"电话"（=45-F12），0.5 A，自 BN1/BD；
23—"旅客信息系统显示屏 1"（=45-F13），6 A，自 BN1；
24—"旅客信息系统显示屏 2"（=45-F14），4 A，自 BN1；
25—"火警系统"（=49-F01），6 A，自 BN1/BD；
26—"主照明左，阅读灯右"（=52-F11），13 A，自 BN1；
27—"主照明右，阅读灯左"（=52-F12），13 A，自 BN2；
28—"应急灯 1"（=52-F13），10A，自 BN1/BD；

20—"客室逆变器"(=61-F16)，25 A，自 BN1；
30—"空调系统控制"(=61-F30)，10 A，自 BN1；
31—"电气柜左风扇"(=61-F15)，4 A，自 BN1；
32—"电气柜右风扇"(=64-F16)，4 A，自 BN2；
33—"卫生间控制"(=75-F01)，6 A，自 BN1；
34—"管路伴热"(=76-F01)，4 A，自 BN1；
35—"外门控制"(=80-F01)，10 A，自 BN1；
36—"外门控制"(=80-F02)，10 A，自 BN1；
37—"内门控制"(=80-F03)，16 A，自 BN1

图 4-37 所示为 VC03 车 LSS 面板。

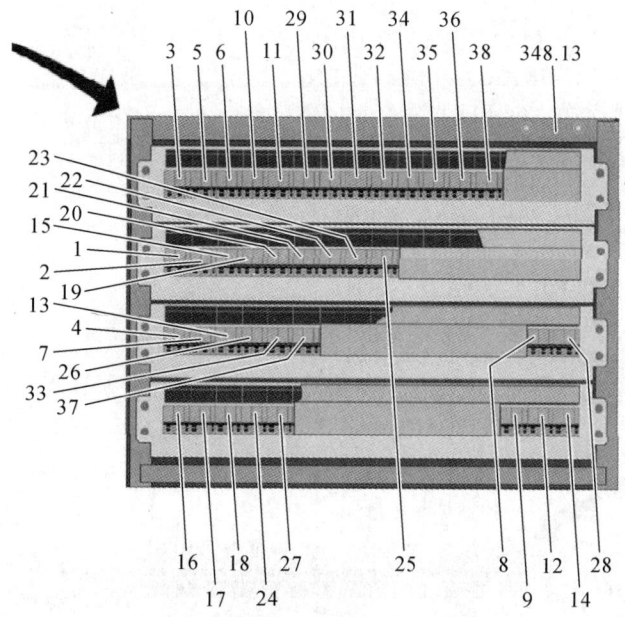

图 4-37　CRH380BL 型动车组 VC03 车 LSS 面板

1—"牵引控制单元 1 辅助供电 1"(=23-F01)，16 A，自 BN1；
2—"牵引控制单元 1 直接供电"(=23-F03)，16 A，自 BN1；
3—"智能外围终端 SKS1/A"(=24-F11)，4 A，自 BN1；
4—"智能外围终端 SKS2/A"(=24-F12)，4 A，自 BN2；
5—"智能外围终端 SKS3/A"(=24-F13)，4 A，自 BN1；
6—"MVB 中继器线路 A"(=24-F21)，2 A，自 BN1；
7—"MVB 中继器线路 B"(=24-F22)，2 A，自 BN2；
8—"智能外围终端 SKSB"(=24-F25)，4 A，自 BN1/BD；
9—"制动控制单元"(=28-F11)，10 A，自 BD；
10—"制动控制单元服务接口"(=28-F19)，4 A，自 BN2；
11—"BN1 紧急系统"(=32-F41)，25 A，自 BN1；
12—"BN1 紧急系统转 BD"(=32-F42)，25 A，自 BD；
13—"BN2 紧急系统"(=32-F43)，16 A，自 BN2；
14—"BN2 紧急系统转 BD"(=32-F44)，16 A，自 BD；
15—"辅助电源负载控制"(=34-F78)，6 A，自 BN1；
16—"紧急制动器回路旁路"(=43-F02)，2 A，自 BN1/BD；
17—"PIS 车辆控制器，UIC-防火箱"(=45-F11)，6 A，自 BN1/BD；

18—"电话"(=45-F12),0.5 A,自 BN1/BD;
19—"旅客信息系统显示屏1"(=45-F13),6 A,自 BN1;
20—"旅客信息系统显示屏2"(=45-F14),4 A,自 BN1;
21—"900 kHz 中继器"(=45-F15),4 A,自 BN1;
22—"1 800 kHz 中继器"(=45-F16),4 A,自 BN1;
23—"备用中继器"(=45-F17),4 A,自 BN1;
24—"火警系统"(=49-F01),6 A,自 BN1/BD;
25—"主照明左,阅读灯右"(=52-F11),13 A,自 BN1;
26—"主照明右,阅读灯左"(=52-F12),13 A,自 BN2;
27—"应急灯1"(=52-F13),10 A,自 BN1/BD;
28—"应急灯2"(=52-F14),10 A,自 BN2/BD;
20—"客室逆变器"(=61-F16),25 A,自 BN1;
30—"空调系统控制"(=61-F30),10 A,自 BN1;
31—"空气压缩机单元"(=64-F12),4 A,自 BN1;
32—"电气柜左风扇"(=64-F15),4 A,自 BN1;
33—"电气柜右风扇"(=64-F16),4 A,自 BN2;
34—"卫生间控制"(=75-F01),6 A,自 BN1;
35—"管路伴热"(=76-F01),4 A,自 BN1;
36—"外门控制"(=80-F01),10 A,自 BN1;
37—"外门控制"(=80-F02),10 A,自 BN1;
38—"内门控制"(=80-F03),16 A,自 BN1

图 4-38 所示为 FC04 车 LSS 面板。

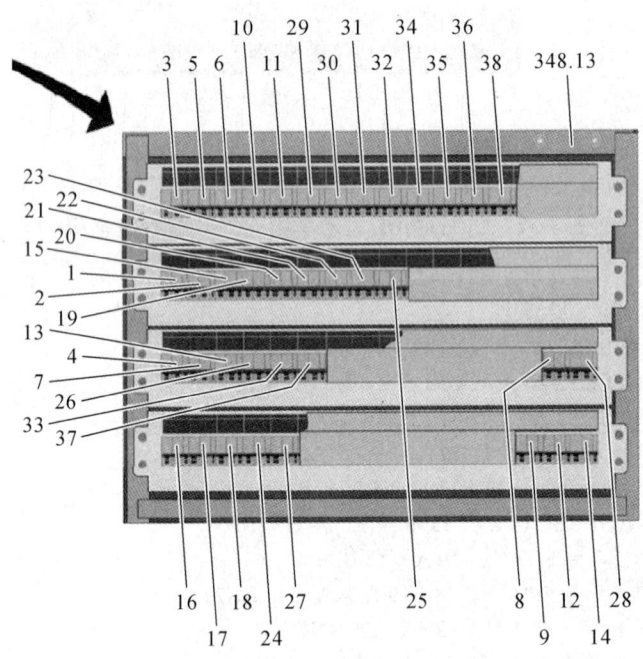

图 4-38 CRH380BL 型动车组 FC04 车 LSS 面板

1—"智能外围终端 SKS1A"(=24-F11),4 A,自 BN1;
2—"智能外围终端 SKS2A"(=24-F12),4 A,自 BN2;
3—"智能外围终端 SKS3A"(=24-F13),4 A,自 BN1;
4—"MVB 中继器线路 A"(=24-F21),2 A,自 BN1;

5—"MVB 中继器线路 B"（=24-F22），2 A，自 BN2；
6—"制动控制单元"（=28-F11），10 A，自 BD；
7—"防滑保护"（=28-F12），10 A，自 BN2；
8—"制动控制单元服务接口"（=28-F19），4 A，自 BN2；
9—"辅助变流器 2 控制接触器"（=31-F02），10 A，自 BN1；
10—"辅助变流器 3 控制接触器"（=31-F03），10 A，自 BN1；
11—"辅助变流器耦合连接"（=31-F04），4 A，自 BN2；
12—"BN1 紧急系统"（=32-F41），25 A，自 BN1；
13—"BN1 紧急系统转 BD"（=32-F42），25 A，自 BD；
14—"BN2 紧急系统"（=32-F43），16 A，自 BN2；
15—"BN2 紧急系统转 BD"（=32-F44），16 A，自 BD；
16—"充电机控制 SIBCOS 程序"（=32-F51），4 A，自 BN1；
17—"辅助电源负载控制"（=34-F78），6 A，自 BN1；
18—"自动列车保护 ATP 人机界面 2，BD 来自另一个牵引单元"（=42-F03），6 A，自 BD；
19—"TA 人机界面"（=42-F04），2 A，自 BD；
20—"TA 人机界面"（=42-F06），2 A，自 BD；
21—"紧急制动器回路旁路"（=43-F02），2 A，自 BN1/BD；
22—"PIS 车辆控制器，UIC-防火箱"（=45-F11），6 A，自 BN1/BD；
23—"电话"（=45-F12），0.5 A，自 BN1/BD；
24—"旅客信息系统显示器 1"（=45-F13），6 A，自 BN1；
25—"旅客信息系统控制器"（=45-F24），4 A，自 BN1；
26—"电视"（=47-F12），6 A，自 BN1；
27—"火警系统"（=49-F01），6 A，自 BN1/BD；
28—"主照明左，阅读灯右"（=52-F11），13 A，自 BN1；
29—"主照明右，阅读灯左"（=52-F12），13 A，自 BN2；
30—"应急灯 1"（=52-F13），10 A，自 BN1/BD；
31—"客室逆变器"（=61-F16），25 A，自 BN1；
32—"空调系统控制"（=61-F30），10 A，自 BN1；
33—"电气柜左风扇"（=64-F15），4 A，自 BN1；
34—"电气柜右风扇"（=64-F16），4 A，自 BN2；
35—"内门控制"（=80-F03），16 A，自 BN1；
36—"厨房电气"（=92-F01），10 A，自 BN1

5. 配电柜的工作原理

通过分析 CRH380BL 型动车组中、低压配电柜相应的电路图，可以弄清楚它们的工作原理。

CRH380BL 型动车组辅助系统电路图与 CRH380A 型动车组差异很大，是分车厢，按功能模式绘制的单元模块布线图。

（1）EC01/EC16 车低压直流系统有 22 张图纸，顺次为：

《=32-1　EC01 电池与配电之电池开/关》；
《=32-2　EC01 电池与配电之 DC 24 V 漏水电磁阀》；
《=32-3　EC01 电池与配电之 DC 24 V 漏水电磁阀》；
《=32-4　EC01 电池与配电之 DC 110 V 开关（BN1）》；
《=32-5　EC01 电池与配电之 110 V DC BN2》；
《=32-6　EC01 电池与配电之 110 V DC BD》；

《=32-7　EC01电池与配电之母排-A 110 V DC BN1》;

《=32-8　EC01电池与配电之母排-B 110 V DC BN1》;

《=32-9　EC01电池与配电之母排-C 110 V DC BN1》;

《=32-10　EC01电池与配电之母排-A 110 V DC BN2》;

《=32-11　EC01电池与配电之母排-A 110 V DC BD》;

《=32-12　EC01电池与配电之SIBAS-KLIP SKS》;

《=32-13　EC01电池与配电之母排-A 110 V DC BN2》;

《=32-14　EC01电池与配电之冗余供电》;

《=32-15　EC01电池与配电之冗余供电》;

《=32-16　EC01电池与配电之冗余供电》;

《=32-17　EC01电池与配电之冗余供电》;

《=32-18　EC01电池与配电之冗余供电》;

《=32-19　EC01电池与配电之直流110 V/交流230 V变换器》;

《=32-20　EC01电池与配电之总揽》;

《=32-21　EC01电池与配电之总揽》;

《=32-22　EC01电池与配电之总揽》。

EC01/EC16车中压交流系统有19张图纸,顺次为:

《=34-1　EC01交流配电之交流440 V母线排》;

《=34-2　EC01交流配电之交流440 V母线排》;

《=34-3　EC01交流配电之交流440 V母线排》;

《=34-4　EC01交流配电之车载变压器电源》;

《=34-5　EC01交流配电之水冷风扇1》;

《=34-6　EC01交流配电之水冷风扇2》;

《=34-7　EC01交流配电之水泵和牵引控制内部风扇》;

《=34-8　EC01交流配电之辅助供电消耗控制》;

《=34-9　EC01交流配电之辅助供电消耗控制》;

《=34-10　EC01交流配电之数字量输入》;

《=34-11　EC01交流配电之牵引电机风机1》;

《=34-12　EC01交流配电之牵引电机风机2》;

《=34-13　EC01交流配电之数字输出》;

《=34-14　EC01交流配电之数字输出》;

《=34-15　EC01交流配电之数字输出》;

《=34-16　EC01交流配电之空白页》;

《=34-17　EC01交流配电之空白页》;

《=34-18　EC01交流配电之水加热供电》;

《=34-19　EC01交流配电之总揽》。

(2) TC02车辅助变流器有6张图纸,顺次为:

《=31-1　TC02辅助变流器之电源110 V》;

《=31-2　TC02辅助变流器之空白页》;

《=31-3　TC02辅助变流器之锁闭EXT.电源ACU1》；

《=31-4　TC02辅助变流器之服务线》；

《=31-5　TC02辅助变流器之电源CIRCUIT漏水电磁阀ACU1》；

《=31-6　TC02辅助变流器之ACU总揽》。

TC02车低压直流系统有15张图纸，顺次为：

《=32-1　TC02蓄电池与直流配电之电池开/关》；

《=32-2　TC02蓄电池与直流配电之DC 110 V开关（BN1）》；

《=32-3　TC02蓄电池与直流配电之110 V DC BN2》；

《=32-4　TC02蓄电池与直流配电之110 V DC BD》；

《=32-5　TC02蓄电池与直流配电之母排-A 110 V DC BN1》；

《=32-6　TC02蓄电池与直流配电之母排-B 110 V DC BN1》；

《=32-7　TC02蓄电池与直流配电之母排-A 110 V DC BN2》；

《=32-8　TC02蓄电池与直流配电之母排-A 110 V DC BD》；

《=32-9　TC02蓄电池与直流配电之冗余供电》；

《=32-10　TC02蓄电池与直流配电之冗余供电 BN1/BD》；

《=32-11　TC02蓄电池与直流配电之冗余供电 BN1/BD》；

《=32-12　TC02蓄电池与直流配电之冗余供电 BN2/BD》；

《=32-13　TC02蓄电池与直流配电之SIBAS-KLIP SKS》；

《=32-14　TC02蓄电池与直流配电之直流110 V/交流230 V变换器》；

《=32-15　TC02蓄电池与直流配电之总揽》。

TC02车中压交流系统有14张图纸，顺次为：

《=34-1　TC02交流配电之交流440 V母线排》；

《=34-2　TC02交流配电之交流440 V母线排》；

《=34-3　TC02交流配电之交流440 V母线排》；

《=34-4　TC02交流配电之车载变压器电源》；

《=34-5　TC02交流配电之变压器冷却系统》；

《=34-6　TC02交流配电之变压器冷却系统》；

《=34-7　TC02交流配电之油泵》；

《=34-8　TC02交流配电之空白页》；

《=34-9　TC02交流配电之辅助电路》；

《=34-10　TC02交流配电之辅助电路》；

《=34-11　TC02交流配电之数字量输入》；

《=34-12　TC02交流配电之水加热供电》；

《=34-13　TC02交流配电之总揽》；

《=34-14　TC02交流配电之变压器冷却系统》。

（3）VC03车辅助变流器有1张图纸：

《=31-1　VC03辅助变流器之电源110 V》。

VC03车低压直流系统有15张图纸，顺次为：

《=32-1 VC03 蓄电池与直流配电之电池开/关》；
《=32-2 VC03 蓄电池与直流配 DC 110 V 开关（BN1）》；
《=32-3 VC03 蓄电池与 110 V DC BN2》；
《=32-4 VC03 蓄电池与直流配电之 110 V DC BD》；
《=32-5 VC03 蓄电池与直流配电之母排-A 110 V DC BN1》；
《=32-6 VC03 蓄电池与直流配电之母排-B 110 V DC BN1》；
《=32-7 VC03 蓄电池与直流配电之母排-A 110 V DC BN2》；
《=32-8 VC03 蓄电池与直流配电之母排-A 110 V DC BD》；
《=32-9 VC03 蓄电池与直流配电之冗余供电》；
《=32-10 VC03 蓄电池与直流配电之冗余供电 BN1/BD》；
《=32-11 VC03 蓄电池与直流配电之冗余供电 BN1/BD》；
《=32-12 VC03 蓄电池与直流配电之冗余供电 BN2/BD》；
《=32-13 VC03 蓄电池与直流配电之 SIBAS-KLIP SKS》；
《=32-14 VC03 蓄电池与直流配电之直流 110 V/交流 230 V 变换器》；
《=32-15 VC03 蓄电池与直流配电之总揽》。

VC03 车中压交流系统有 23 张图纸，顺次为：

《=34-1 VC03 交流配电之交流 440 V 母线排》；
《=34-2 VC03 交流配电之交流 440 V 母线排》；
《=34-3 VC03 交流配电之交流 440 V 母线排》；
《=34-4 VC03 交流配电之车载变压器电源》；
《=34-5 VC03 交流配电之水冷风扇》；
《=34-6 VC03 交流配电之水冷风扇》；
《=34-7 VC03 交流配电之水泵和牵引控制内部风扇》；
《=34-8 VC03 交流配电之辅助供电消耗控制》；
《=34-9 VC03 交流配电之辅助供电消耗控制》；
《=34-10 VC03 交流配电之数字量输入》；
《=34-11 VC03 交流配电之牵引电机风机》；
《=34-12 VC03 交流配电之牵引电机风机》；
《=34-13 VC03 交流配电之数字输出》；
《=34-14 VC03 交流配电之数字输出》；
《=34-15 VC03 交流配电之数字量输入》；
《=34-16 VC03 交流配电之空白页》；
《=34-17 VC03 交流配电之空白页》；
《=34-18 VC03 交流配电之空白页》；
《=34-19 VC03 交流配电之空白页》；
《=34-20 VC03 交流配电之采暖通风空调和压缩机》；
《=34-21 VC03 交流配电之水加热供电》；
《=34-22 VC03 交流配电之交流 440 V 母线排》；
《=34-23 VC03 交流配电之总揽》。

（4）FC04车辅助变流器有7张图纸，顺次为：

《=31-1　　FC04辅助变流器之电源110 V 辅助变流器2》；

《=31-2　　FC04辅助变流器之电源110 V 辅助变流器2》；

《=31-3　　FC04辅助变流器之电源110 V 辅助变流器3》；

《=31-4　　FC04辅助变流器之外部供电锁》；

《=31-5　　FC04辅助变流器之服务线辅助变流器2/3》；

《=31-6　　FC04辅助变流器之电源电路供应》；

《=31-7　　FC04辅助变流器之总揽》。

FC04车低压直流系统有22张图纸，顺次为：

《=32-1　　FC04蓄电池与直流配电之电池开/关》；

《=32-2　　FC04蓄电池与直流配电之蓄电池高接触器》；

《=32-3　　FC04蓄电池与直流配电之蓄电池/充电机箱》；

《=32-4　　FC04蓄电池与直流配电之充电机关闭接触器》；

《=32-5　　FC04蓄电池与直流配电之蓄电池/充电机箱》；

《=32-6　　FC04蓄电池与直流配电之蓄电池/充电机箱》；

《=32-7　　FC04蓄电池与直流配电之电池与配电》；

《=32-8　　FC04蓄电池与直流配电之电池与配电》；

《=32-9　　FC04蓄电池与直流配电之电池与配电》；

《=32-10　FC04蓄电池与直流配电之母排-A 110 V DC BN1》；

《=32-11　FC04蓄电池与直流配电之母排-B 110 V DC BN1》；

《=32-12　FC04蓄电池与直流配电之母排-A 110 V DC BN2》；

《=32-13　FC04蓄电池与直流配电之母排-A 110 V DC BD》；

《=32-14　FC04蓄电池与直流配电之冗余供电》；

《=32-15　FC04蓄电池与直流配电之冗余供电》；

《=32-16　FC04蓄电池与直流配电之冗余供电》；

《=32-17　FC04蓄电池与直流配电之冗余供电》；

《=32-18　FC04蓄电池与直流配电之SIBAS-KLIP SKS》；

《=32-19　FC04蓄电池与直流配电之SIBAS-KLIP SKS》；

《=32-20　FC04蓄电池与直流配电之直流110V/交流230V 变换器》；

《=32-21　FC04蓄电池与直流配电之总揽》。

《=32-22　FC04蓄电池与直流配电之蓄电池/充电机箱》

FC04车中压交流系统有7张图纸，顺次为：

《=34-1　　FC04交流配电之交流440 V 母线排》；

《=34-2　　FC04交流配电之交流440 V 母线排》；

《=34-3　　FC04交流配电之交流440 V 母线排》；

《=34-4　　FC04交流配电之车载变压器电源》；

《=34-5　　FC04交流配电之负载》；

《=34-6　　FC04交流配电之水加热供电》；

《=34-7　　FC04交流配电之总揽》。

专业知识二　电气故障诊断

1. 电气故障诊断策略

（1）全面收集故障资料。

详细了解故障现象及发生故障时的环境条件，包括车型、乘客、气候、路况、操作使用、维修保养及故障历史等。

（2）识读电路，分析原理，找出引发故障的可能原因。

阅读该车型电路图及相关资料，拆画与故障现象相关的电路，弄清电路工作原理、控制信息的传输及工作电流的走向，对系统电路进行关联性分析，以缩小故障诊断范围，找出造成该故障现象的可能原因。

（3）诊断故障原因，予以修复。

根据理论分析和工作经验，从最简单的可能原因开始，逐一排查。

特别注意，不要随意更换导线、电器元件或电气模块等，更不能带电更换，以免造成新的故障或人身伤害。

（4）验证是否恢复正常。

对电路进行系统检修后，应在所有模式下运转系统，确认所有工况的指标和功能均正常。

2. 常用电气故障诊断方法

（1）观察法。

电路、电气出现故障后，导线和电气元件可能产生高温、冒烟，甚至出现电火花、焦糊味等，可以通过观察和嗅觉（闻气味）来发现较为浅显的故障部位。

（2）测温法。

用手或点温计测量电气元件表面，根据温度高低进行故障诊断。电气元件正常工作时，应有合适的工作温度，若温度过高或过低，意味着有故障。例如，电动机运转无力时，若蓄电池极柱与导线接触不良，触摸时将有烫手的感觉。

（3）仪表法。

利用万用表、兆欧表等仪表对电气元件及线路进行检测，来确定电路故障部位。对高速动车组上越来越多的电子设备而言，仪表检测法有省时、省力和诊断准确的优点，但要求操作者必须具备熟练应用万用表的技能，以及对电气设备的原理、电路组成等准确地把握。

（4）断路法。

电气设备发生短路（搭铁）故障时，可用断路法判断，即将怀疑有短路故障的电路断开后，观察电气设备中短路故障是否仍然存在，以此判断电路短路的部位。

（5）更换法。

对于难以诊断且故障涉及面大的，可利用更换器件、部件或模块的方法来确定或缩小故障范围。

3. 电气故障常识

（1）电气设备在以下情况下容易发生短路故障：

① 电气设备的绝缘层老化、变质，有机械损伤，在高温、潮湿或腐蚀的作用下使绝缘层破坏。

② 安装和检修时发生接线或操作错误。

③ 过电压作用使绝缘层击穿。

④ 治理不严或维修不及时，有污物聚积或小动物（老鼠、蟑螂）钻入。

⑤ 电气元件自身质量不良，发生变质或变形卡死故障。

（2）有以下几种情况容易造成电气装置过载故障：

① 设计选用的配线或设备不合理，造成在额定负载下过热。

② 超载运行或连续使用时间超过设计值。

③ 带故障运行。如三相电动机缺相运行、三相变压器不对称运行，均可造成过热。

（3）有以下现象容易造成电气回路接触不良，发生过热故障：

① 不可拆卸的接头连接不牢、焊接不良或接头处混有杂质，都会增加接触电阻而导致接头过热。

② 可拆卸的接头连接不紧密或由于振动松动而导致过热。

③ 活动触头，如刀型开关触头没有足够的接触压力或表面粗糙不平，都会导致过热。

④ 电刷的滑动接点处，因压力不足、表面脏污、不光滑、火花太大而导致过热。

⑤ 铜质或铝质接头，因性质不同，在接头处发生电解、腐蚀现象导致过热。

（4）电机常用的绝缘等级有 A、E、B、C、F、H 六个等级，各级定子绕组最大的允许温度是 A 级——95 ℃，E 级——105 ℃，B 级——110 ℃，F 级——125 ℃，H 级——145 ℃。当电机绕组温升超过允许值时，因绝缘破坏而发生烧损。

（5）三相电路中出现热继电器动作的处理方法：

① 先检查该热继电器整定值是否规范，用万用表检查电源电压是否过高或过低，再测量电动机三相绕组阻值和对地绝缘。

② 上述确认正常后，按热继电器复位按钮，用钳型电流表检测三相电流。若三相不平衡或缺相，检查主电路。若三相平衡但偏高，说明电动机负荷过大，检查电机轴承。若电路和负载均正常，属热继电器误动作，应更换同型号热继电器。

（6）发生电气火警的处置方案。

遇有电气火警，随车机械师应沉着、果断、迅速、有效地采取应急措施加以控制，力避酿成触电、烧伤、烟毒等灾难，停电、灭火、疏散旅客等措施应与列车工作人员密切配合，同步进行。

① 发生电气火警应立即切断电源。因电气失火或四周失火危及电气线路，必须使用磷酸铵盐干粉灭火器扑救，或使用吸收空气中水分的二氧化碳灭火器，严禁泼水。

② 熄火的有效性取决于隔绝空气，如需挖洞、启口或打开分流器等孔口灭火时，应同步使用灭火器隔断空气，力避脱节，待火熄灭后进一步降温。

③ 车辆火警时，应尽快疏散旅客，避免烟毒伤人。

实训考核标准

一、配电柜检查、清洁作业考核标准

表 4-11　配电柜检查、清洁作业考核标准

序号	项目	配分	考核内容与评分标准	扣分记录	备注
一	安全	20分	1. 未按规定穿戴劳保用品，不允许参加考试		
			2. 未正确设置安全防护，不允许开始考试		
			3. 在作业过程中，考生发生轻伤及以上人身伤害事故，取消考试资格；发生碰伤出血，一处扣10分		
			4. 正确执行安全操作规程，每违反一条扣10分；发生电器打火、仪器仪表损坏等严重设备事故，取消考试资格		
二	过程	30分	1. 工具、材料整备齐全、正确，每漏或错一样扣5分		
			2. 按规定路线、顺序开展检查作业，一般顺序错乱或漏项一处扣2分，关键顺序错乱或漏项一处扣5分		
			3. 检查作业方法科学、合理，一般步骤错乱一处扣2分，重点步骤错乱一处扣5分		
三	质量	30分	1. 在作业过程中设计5个常见故障，未能发现故障，一处扣3分		
			2. 在作业过程中设计5个清洁点，未能正确处理，一处扣3分		
			3. 故障发现加清洁点处理，不足6处，按不及格处理		
			4. 执行文明生产规定，作业过程中工具、材料摆放整齐，作业完成时做到"活完地光"；不符合要求每次扣8分		
四	时间	20分	1. 按规定时间完成作业，每超过30 s 扣2分		
			2. 超过规定时间50%及以上，取消考试成绩		
合计		100			

二、故障处理基本操作作业考核标准

表 4-12　故障处理基本操作作业考核标准

序号	项目	配分	考核内容与评分标准	扣分记录	备注
一	安全	20分	1. 未按规定穿戴劳保用品，不允许参加考试		
			2. 未正确设置安全防护，不允许开始考试		
			3. 在作业过程中，考生发生轻伤及以上人身伤害事故，取消考试资格；发生碰伤出血，一处扣10分		

续表

序号	项目	配分	考核内容与评分标准	扣分记录	备注
一	安全	20分	4. 正确执行安全操作规程，每违反一条扣10分；发生电器打火、仪器仪表损坏等严重设备事故，取消考试资格		
二	过程	30分	1. 按规定顺序开展操作，一般顺序错乱或漏项一处扣2分，关键顺序错乱或漏项一处扣5分		
			2. 操作方法科学、合理，一般步骤错乱一处扣2分，重点步骤错乱一处扣5分		
三	质量	30分	1. 操作过程中选择5个典型故障未能发现故障并排除，一处扣6分		
			2. 故障发现并排除不足3处，按不及格处理		
			3. 执行文明生产规定，作业过程中工具、材料摆放整齐，作业完成时做到"活完地光"；不符合要求每次扣8分		
四	时间	20分	1. 按规定时间完成作业，每超过30 s扣2分		
			2. 超过规定时间50%及以上，取消考试成绩		
合计		100			

三、CRH380BL型动车组接地操作作业考核标准

表4-13 CRH380BL型动车组接地操作作业考核标准

序号	项目	配分	考核内容与评分标准	扣分记录	备注
一	安全	20分	1. 未按规定穿戴劳保用品，不允许参加考试		
			2. 未正确设置安全防护，不允许开始考试		
			3. 在作业过程中，考生发生轻伤及以上人身伤害事故，取消考试资格；发生碰伤出血，一处扣10分		
			4. 正确执行安全操作规程，每违反一条扣10分；发生电器打火、仪器仪表损坏等严重设备事故，取消考试资格		
二	过程	30分	1. 工具、材料整备齐全、正确，每漏或错一项扣5分		
			2. 按规定路线、顺序开展操作作业，一般顺序错乱或漏项一处扣2分，关键顺序错乱或漏项一处扣5分		
			3. 操作作业方法科学、合理，一般步骤错乱一处扣2分，重点步骤错乱一处扣5分		
三	质量	30分	1. 操作过程中设计10个常见故障未能发现故障并排除，一处扣3分		
			2. 故障发现并排除不足6处，按不及格处理		
			3. 执行文明生产规定，作业过程中工具、材料摆放整齐，作业完成时做到"活完地光"；不符合要求每次扣8分		

续表

序号	项目	配分	考核内容与评分标准	扣分记录	备注
四	时间	20分	1. 按规定时间完成作业，每超过30 s扣2分		
			2. 超过规定时间50%及以上，取消考试成绩		
合计		100			

思考题

1. CRH380A 型动车组 1~3 车中、低压配电柜检查、清洁作业中关键步骤是哪些？为什么？

2. CRH380A 型动车组故障处理基本操作中关键步骤是哪些？为什么？

3. 依据 CRH380A 型动车组 1~8 车辅助负载电路图，结合配电柜专业知识，分析各车厢配电柜元器件配置的相同之处和不同之处。

4. CRH380BL 型动车组 1 车/16 车中、低压配电柜检查、清洁作业中关键步骤是哪些？为什么？

5. CRH380A 型动车组故障处理基本操作中关键步骤是哪些？为什么？

6. CRH380BL 型动车组接地操作作业中关键步骤是哪些？为什么？

7. 结合相关专业知识，比较 CRH380A 型动车组配电柜与 CRH380BL 型动车组配电柜构造组成及检修作业两方面的相同点与不同点。

8. 请查阅《CRH 系列动车组典型故障案例》(中国铁路总公司编，中国铁道出版社 2015 年出版，第 241 页)，试分析"CRH380A（L）端解除开关不到位导致紧急制动"故障原因，梳理途中处理要点和库内检查处理要点。

9. 请查阅《CRH 系列动车组典型故障案例》(中国铁路总公司编，中国铁道出版社 2015 年出版，第 241 页)，试分析"CRH380A（L）辅助电源装置故障（故障代码 135）Ⅰ"故障原因，梳理途中处理要点和库内检查处理要点。

10. 请查阅《CRH 系列动车组典型故障案例》(中国铁路总公司编，中国铁道出版社 2015 年出版，第 242 页)，试分析"CRH380A（L）辅助电源装置故障（故障代码 135）Ⅱ"故障原因，梳理途中处理要点和库内检查处理要点。

11. 请查阅《CRH 系列动车组典型故障案例》(中国铁路总公司编，中国铁道出版社 2015 年出版，第 300 页)，试分析"CRH380BL 辅助变流器不工作"故障原因，梳理途中处理要点和库内检查处理要点。

12. 请查阅《CRH 系列动车组典型故障案例》(中国铁路总公司编，中国铁道出版社 2015 年出版，第 302 页)，试分析"CRH380BL 充电机不工作（故障代码 651D）"故障原因，梳理途中处理要点和库内检查处理要点。

13. 请查阅《CRH 系列动车组典型故障案例》(中国铁路总公司编，中国铁道出版社 2015 年出版，第 302 页)，试分析"CRH380BLBN1 失效"故障原因，梳理途中处理要点和库内检查处理要点。

14. 请查阅《CRH 系列动车组典型故障案例》(中国铁路总公司编，中国铁道出版社 2015 年出版，第 303 页)，试分析"CRH380BL230V 逆变器失效"故障原因，梳理途中处理要点和库内检查处理要点。

15. 通过本项目的学习，你掌握了哪些技能点和知识点，你认为本项目学习最困难的是什么内容，试说明原因。

参考文献

[1] 中国铁总公司. 铁路动车组运用维修规程[M]. 北京：中国铁道出版社，2013.

[2] 铁道部运输局装备部. 铁路动车组运用维修作业标准[M]. 北京：中国铁道出版社，2007.

[3] 中华人民共和国铁道部. CRH 系列动车组一级检修作业办法[M]. 北京：中国铁道出版社，2009.

[4] 中国铁路总公司劳动和卫生部，中国铁路总公司运输局. CRH2C 二阶段、CRH380A（L）型动车组机械师[M]. 北京：中国铁道出版社，2015.

[5]《CRH380A 型动车组应急故障处理蓝宝书》编委会. CRH380A 型动车组应急故障处理蓝宝书[M]. 北京：中国铁道出版社，2017.

[6]《CRH380A（L）型动车组看图识配件》编委会. CRH380A（L）型动车组看图识配件[M]. 北京：中国铁道出版社，2017.

[7] 中国铁路总公司劳动和卫生部，中国铁路总公司运输局. CRH380A（L）型动车组司机[M]. 北京：中国铁道出版社，2016.

[8] 中国铁路总公司劳动和卫生部，中国铁路总公司运输局. CRH3C、CRH380B（L）、CRH380CL 型动车组机械师[M]. 北京：中国铁道出版社，2015.

[9]《CRH380B 型动车组应急故障处理蓝宝书》编委会. CRH380B 型动车组应急故障处理蓝宝书[M]. 北京：中国铁道出版社，2017.

[10]《CRH380B（L）型动车组看图识配件》编委会. CRH380B（L）型动车组看图识配件[M]. 北京：中国铁道出版社，2017.

[11] 中国铁路总公司劳动和卫生部，中国铁路总公司运输局. CRH380B（L）型动车组司机[M]. 北京：中国铁道出版社，2016.

[12] 中国铁路总公司. 高速动车组技术[M]. 北京：中国铁道出版社，2016.

[13] 中国铁路总公司. CRH 系列动车组典型故障案例[M]. 北京：中国铁道出版社，2015.

[14] 宋雷鸣. 动车组供电牵引系统与设备[M]. 北京：北京交通出版社，2012.

[15] 邱成. 动车组辅助电气系统与设备[M]. 北京：北京交通出版社，2012.

[16] 史红梅. 动车组辅助电气系统与设备[M]. 北京：北京交通出版社，2012.

[17] 何洲红. 动车组辅助供电系统[M]. 成都：西南交通大学出版社，2012.